Kaum ein innerdeutsches Thema hat in jüngster Zeit die Gemüter stärker erhitzt als die Frage, ob und auf welcher Basis die Forschung an embryonalen Stammzellen zulässig ist. Es liegt ein Embryonenschutzgesetz mit einer Ergänzung zum Import menschlicher Stammzellen vor, das von den strikten Gegnern der Embryonenforschung nach wie vor für zu durchlässig gehalten wird. Auf der anderen Seite gibt es Experten, die das vorliegende Gesetz ebenfalls für ungenügend halten, aber aus anderen Gründen. Zu ihnen gehört Reinhard Merkel, der mit seiner Untersuchung zu provozierenden Ergebnissen kommt und der Ansicht ist, daß die Einwände gegen die Stammzellforschung verfassungsrechtlich nicht begründet sind und eine fragwürdige Selbstberuhigung der Gesellschaft höher bewerten als das konkrete Leiden und Sterben schwer kranker Menschen.

Prof. Dr. iur. Reinhard Merkel ist Ordinarius für Strafrecht und Rechtsphilosophie an der Universität Hamburg. Zahlreiche Veröffentlichungen. Er forscht in den Bereichen Strafrecht, rechtsphilosophische Grundlagenforschung und Recht und Ethik in der Medizin.

Reinhard Merkel

Forschungsobjekt Embryo

Verfassungsrechtliche und ethische
Grundlagen der Forschung
an menschlichen
embryonalen Stammzellen

Deutscher Taschenbuch Verlag

Originalausgabe
November 2002
Deutscher Taschenbuch Verlag GmbH & Co. KG,
München
www.dtv.de
© 2002 Deutscher Taschenbuch Verlag GmbH & Co. KG, München
Umschlagkonzept: Balk & Brumshagen
Umschlagfoto: © Getty Images/Yorgos Nikas
Satz: KCS GmbH, Buchholz/Hamburg
Gesetzt aus der Garamond und der Officina
Druck und Bindung: Druckerei C. H. Beck, Nördlingen
Gedruckt auf säurefreiem, chlorfrei gebleichtem Papier
Printed in Germany · ISBN 3-423-36294-4

Inhalt

Vorwort

Die folgende Untersuchung ist aus einem Gutachten hervorgegangen, das ich im Herbst 2001 für die Bundestagsfraktion der FDP verfaßt habe. Mit ihm zusammen entstand ein Entwurf zur Reform des geltenden Embryonenschutzgesetzes. Leicht verändert und damit politisch kompromißfähiger wurde er am 31. Januar 2002 von der FDP-Fraktion und etwa 60 Abgeordneten der CDU zur Abstimmung im Parlament gestellt und abgelehnt. In seiner ursprünglichen Gestalt beschließt er nun dieses Buch: als rechtspolitische Empfehlung an den Gesetzgeber.

Darin steckt ersichtlich eine Prognose: Auch der Bundestag der neuen Wahlperiode wird sich wieder mit der Forschung an embryonalen Stammzellen befassen müssen. Das »Stammzellgesetz« jedenfalls, das sein Vorgänger am 28. Juni 2002 verabschiedet hat, steht auf brüchigem rechtsethischen Grund. Weder sind die moralischen Maximen, auf die es sich beruft, überzeugend, noch entspricht ihren Vorgaben, was das Gesetz im einzelnen regelt. Denn es erlaubt deutschen Forschern, aus einer Quelle zu schöpfen, die es zuvor für vergiftet erklärt: den Import embryonaler Stammzellen, deren Gewinnung im gleichen Atemzug als Verletzung von Lebensrecht und Menschenwürde verworfen wird. Man mag den moralischen Selbstwiderspruch, der diese Paragraphen durchzieht, durchaus auf das Konto des politischen Kompromisses setzen, dem sie ihre mißratene Gestalt verdanken. Akzeptabel macht ihn das nicht. Was den politischen Alltag als Tugend kennzeichnen mag: um einer Einigung willen in Kauf zu nehmen, was man sachlich ablehnt, wird in der Sphäre ethischer Grundlagen zum heillosen Defekt – zur Unehrlichkeit, Doppelmoral, Heuchelei. Schon um aus dem

Schatten dieses Verdachts zu treten, sollte der Bundestag das Stammzellgesetz überprüfen und revidieren.

Zwei Wege sind denkbar. Nimmt man die grund- und menschenrechtlichen Prämissen des Gesetzes ernst, so darf man die davon gebotenen Konsequenzen nicht unterlaufen. Nicht einem Genehmigungsvorbehalt, sondern einem ausnahmslosen Verbot wäre der Stammzellimport zu unterwerfen. Freilich kann man auch jene Prämissen, die das Gesetz zugleich beschwört und ignoriert, genauer betrachten und ihre Anwendbarkeit auf den Embryonenschutz skeptischer befragen, als es der Gesetzgeber offenbar getan hat.

Das ist der Weg unserer Untersuchung. Er führt durch schwieriges, in Teilen kaum erforschtes Gelände im normativen Unterbau der Gesellschaft. Das verweist zunächst auf die Verfassung und die von ihr garantierten Grundrechte. Wir werden sehen, daß die verbreitete These, der Embryo sei vom Moment seiner Entstehung an Subjekt dieser Rechte und daher genauso zu schützen wie geborene Menschen, irrig und mit der geltenden Rechtsordnung nicht zu vereinbaren ist. Das negative Resultat der verfassungsrechtlichen Analyse öffnet den Weg für die Ethik. Und diese erlaubt nicht nur, sondern gebietet, den moralischen Status früher Embryonen anders zu bestimmen, nämlich geringer zu gewichten als den geborener Menschen. Das verdrängt den Embryo nicht aus der Sphäre schützender ethischer Normen. Aber es ermöglicht Abwägungen, die selbst seinen »Verbrauch« zu moralisch hochrangigen Zwecken nicht ausschließen. Die therapeutischen Ziele der Stammzellforschung sind ein solcher Zweck: die Suche nach Hilfe für kranke, leidende, sterbende Menschen.

Damit erweist sich das kategorische Verbot der Gewinnung embryonaler Stammzellen, das im Embryonenschutzgesetz festgeschrieben ist, als ethisch falsch. Es ist nicht, wie eine populäre öffentliche Selbstgewißheit hierzulande will, der Ausdruck einer hohen, sondern der einer irrigen Moral. Die folgenden Seiten wollen klären, warum.

1. Kapitel
Vorbemerkungen, methodische Unterscheidungen

A. Der wissenschaftliche Hintergrund; normative Grundfragen

I. Bedeutung der Stammzellforschung

Am 6. November 1998 erschien in der Fachzeitschrift »Science« ein Bericht amerikanischer Wissenschaftler, der die erstmalige Isolierung und Kultivierung sowie die zeitlich offenbar unbegrenzte Selbstreplikation von Stammzellen beschrieb, die aus menschlichen Embryonen in deren frühestem Stadium gewonnen worden waren.[1] Etwa zur selben Zeit erschien in den »Proceedings of the National Academy of Sciences« der USA ein weiterer Forschungsreport, der (ebenfalls zum ersten Mal) die Gewinnung pluripotenter Stammzellen aus Fetalgewebe darstellte, nämlich aus den sog. primordialen Keimzellen abortierter Embryonen bzw. Feten.[2] Diese Stammzellen unterscheiden sich von den aus frühen Embryonen gewonnenen in mancherlei Hinsicht. Sie firmieren daher in der internationalen Diskussion unter ihrer eigenen Kennzeichnung als »embryonic germ cells« (embryonale Keimzellen). Andererseits gleichen sie jenen in ihrer Pluripo-

---

[1] *Thomson/Iskovitz-Eldor/Shapiro/Waknitz/Swiergel/Marshall/Jones* (1998), 1145 ff. – Zur zeitlich lang ausgedehnten Proliferationsfähigkeit s. auch den späteren Bericht von *Amit/Carpenter/Inokuma/Choy-Pik/Harris/Waknitz/Itskovitz-Eldo/Thomson* (2000), 271 ff.

[2] *Shamblott/Axelman/Wang/Bugg/Littlefield/Donovan/Blumenthal/Huggins/Gearhart* (1998), 13726 ff.

11

tenz und damit in der Vielfalt ihrer möglichen Verwendungs-
weisen in Forschung und Therapie. Einige Besonderheiten
weisen sie allerdings auch in dieser Hinsicht auf.[3]

Außer den im engeren Sinne wissenschaftlichen Perspektiven skizzieren beide Berichte auch klinisch-therapeutische
Hoffnungen, die sich mit dieser Entwicklung verbinden.
Schon die wenigen Sätze, in denen das geschieht, machen neben dem sachlichen Umfang und der radikalen Neuartigkeit
auch die ethische Bedeutung der vorgestellten Möglichkeiten
offensichtlich: Sind solche Chancen nur entfernt realistisch,
dann gibt es eine gewichtige moralische und daher auch politische Pflicht zu ihrer Förderung. Denn sie sind Chancen der
Hilfe für eine unabsehbare Zahl schwerkranker, leidender,
sterbender Menschen. Und daß sie jedenfalls auf lange Sicht
realistisch sind, daran lassen beide Forschungsberichte keinen Zweifel. »Menschliche embryonale Stammzellen«,
schreibt James A. Thomson, wissenschaftlicher Leiter der
Forschergruppe, der die erstmalige Kultivierung solcher
Stammzellen gelungen ist, »faszinieren unsere Vorstellung,
denn sie sind unsterblich und haben ein fast unbegrenztes
Entwicklungspotential. […] Ihre Fähigkeit zur Vermehrung
und Entwicklung verspricht eine im Prinzip unbegrenzte
Versorgung mit spezifischen Zelltypen zu Transplantationszwecken für eine ganze Reihe von Erkrankungen, vom Herz-
infarkt über Morbus Parkinson bis zur Leukämie.«[4]

---

[3] Knapp zu beiden Forschungsberichten und zum Unterschied der beiden dort beschriebenen Stammzelltypen *Gearhart* (1998), 1061 f.; eingehend zu diesem Unterschied *National Institutes of Health* der U.S.A. [künftig: *NIH*] (2001), 13 ff.

[4] *Thomson*, in: *Holland/Lebacqz/Zoloth* (2001), 15 ff. (15); s. auch *Okarma*, ebd., 3 ff.;
s. schließlich den Forschungsbericht von *Smith* (2001), 435 ff. (v.a. 454 ff.).

II. Ethische und rechtliche Grundprobleme

Nicht weniger offenkundig sind freilich die ethischen und rechtlichen Probleme, die mit dem jeweiligen Ursprung dieser beiden Zelltypen verbunden sind. Embryonale Stammzellen im oben skizzierten engeren Sinn [künftig: »ES-Zellen«] werden der inneren Zellmasse früher Embryonen im sogenannten Blastozystenstadium entnommen.[5] Das Verfahren führt zum Absterben der restlichen Embryonalzellen. Und dies bedeutet, daß für die Gewinnung solcher Stammzellen lebende menschliche Embryonen im frühesten Stadium »verbraucht«, also abgetötet werden.[6]

Die Quelle embryonaler *Keimzellen* erscheint dagegen auf den ersten Blick weniger problematisch. Sie werden abgetriebenen Embryonen oder Feten entnommen. Daher ist der Vorgang ihrer Gewinnung selbst nicht (mehr) mit einer Zerstörung menschlichen Lebens verbunden. Freilich setzt er ersichtlich eine solche Zerstörung voraus und knüpft an sie an. Und da diese vorhergehende Tötung – die Abtreibung – ihrerseits von vielen Menschen als moralisch verwerflich beurteilt wird, da sie außerdem nach der Judikatur des Bundesverfassungsgerichts (BVerfG) im Regelfall der sog. beratenen (indikationslosen) Abtreibung während des ersten Schwangerschaftstrimesters rechtswidrig sein soll, fällt auch auf diese Art der Stammzellgewinnung das Zwielicht des moralischen Zweifels. Wir kennen nicht nur in der Ethik, sondern auch und sogar im Strafrecht verschiedene Formen eines nachträglichen Anschlusses an fremdes verwerfliches Verhalten, auf die wir das Verwerflichkeitsverdikt ohne weiteres ausdehnen. Man mag sich diesen normativen Zusammenhang von Vor- und Anschlußtat plastisch und etwas grob mit einer

---

[5] Etwa am 5. bis 6. Tag der Embryogenese; dazu eingehend *NIH* (2001), Appendix A: Early Development, A-3 f.

[6] Möglicherweise wird die Entnahme einzelner Zellen aus der inneren Zellmasse von Blastozysten einmal ohne Risiko für den danach noch implantierbaren Embryo möglich sein; freilich ist die Wissenschaft derzeit weit von solchen Fähigkeiten entfernt.

dem Strafrecht entlehnten Kennzeichnung als Problem der
»moralischen Hehlerei« verdeutlichen.

1. So wichtig und schwierig die damit angedeuteten Fragen
sind: ich werde im folgenden die Stammzellgewinnung aus
embryonalen Keimzellen nicht gesondert behandeln. Sie
liegt als Verwendung bereits abgestorbener Embryonen außerhalb des Regelungsbereichs des Embryonenschutzgesetzes (ESchG) und damit der Zuständigkeit unserer Untersuchung.[7] Gleichwohl sollten wir das von ihr aufgeworfene
ethische Problem gewissermaßen in theoretischer Reichweite
halten. Denn zwei seiner Facetten werden uns in ihrer abstrakten Gestalt auch im Zusammenhang der Forschung an
ES-Zellen beschäftigen:

(1) Zum einen das schon erwähnte Problem einer möglichen
»Anschlußverwerflichkeit«; es wird ersichtlich auch von
der ES-Zellforschung aufgeworfen, nämlich als die Frage,
ob vor dem Hintergrund des gesetzlichen Verbots der
Gewinnung von ES-Zellen in Deutschland gleichwohl
deren Import aus anderen Ländern zu Forschungszwecken in Betracht kommen kann. Das öffentliche
Stichwort hierzu lautet »Doppelmoral«: einerseits moralische Mißbilligung der Stammzellgewinnung, andererseits vorsätzliches daran Anknüpfen und davon Profitieren.

(2) Und zum andern die Frage, ob pluripotente Stammzellen
aus fetalem Keimgewebe eine vorzugswürdige Alternative zu ES-Zellen darstellen, nämlich eine ethisch wie
rechtlich zumindest weniger belastete Ressource für Forschung und Therapie. Auch mit diesem Problem ist die
Debatte um die ES-Zellforschung in einem angrenzenden
Zusammenhang bereits befaßt: mit der Frage, ob die Forschung an sogenannten adulten Stammzellen eine funk-

---

[7] Die möglicherweise (etwa nach § 168 StGB) strafbare Gewinnung solcher Stammzellen
erfüllt keinen der Tatbestände des ESchG; das folgt aus § 8 Abs.1 ESchG: »Embryonen«
im Sinn des Gesetzes sind nur solche, die *entwicklungsfähig* sind.

tional gleichwertige Perspektive eröffnet, die dann, da sie normativ unverdächtig ist, insgesamt vorzugswürdig wäre.

2. Auf diese beiden Fragen müssen auch im Kontext der Forschung an ES-Zellen Antworten gefunden werden. Daher werden uns dort als Anschauungs- und Vergleichsmaterie die normativen Probleme der embryonalen Keimzellen zumindest beiläufig wiederbegegnen.

B. Moral und Begründung: Vorbemerkungen

I. Allgemeine Quellen: Intuition? Theologie?

Damit sind der sachliche und der normative Hintergrund der gegenwärtigen Diskussion grob umrissen. Vor allem in ihrer massenmedialen Gestalt hat sie in den vergangenen eineinhalb Jahren eine Fülle von Einzelaspekten des Themas sichtbar werden lassen, zugleich aber deren schlüssige Ordnung und ihre rationale Klärung in einem wirren Labyrinth von Meinungen, Standpunkten, Bekenntnissen und Polemiken eher verhindert. Deutlich geworden ist dabei dies: Die öffentliche Meinung neigt mit einer gewissen Selbstverständlichkeit dazu, in Fragen der Ethik allein oder primär das jeweils individuelle Gewissen für die zuständige und hinreichende Auskunftsquelle zu halten. Allenfalls den Moraltheologen der großen Religionen, insbesondere der beiden christlichen Kirchen, wird eine darüber hinaus reichende Expertise zugetraut, diese Stimme des Gewissens für den Einzelnen vernehmbar zu machen. Beide Vorstellungen sind unrichtig oder jedenfalls unzulänglich.

1. Wohl gibt es in den Intuitionen der allermeisten Menschen eine fraglose Gewißheit und daher einen ebensolchen

Konsens hinsichtlich der fundamentalen Prinzipien der Ethik, also des moralisch richtigen Handelns.[8] Insofern und soweit sind solche Intuitionen durchaus verläßliche Indikatoren (wenn auch nicht Beweise) für die begründete Geltung der von ihnen vorausgesetzten oder behaupteten Normen. Das trifft zumindest für die Normal- und Alltagslagen des Lebens zu. Doch schon die Frage nach den Konsequenzen, die aus solchen Prinzipien für neuartige, ungewohnte oder seltene Situationen zu ziehen wären, führt oft zu Irrtümern, nämlich zu Auffassungen, die mit den jeweils eigenen ethischen Fundamenten nicht schlüssig zu vereinbaren sind. Die Schwierigkeiten nehmen regelmäßig erheblich zu, wenn es in komplizierten Situationen zu einer Kollision moralischer Maximen bzw. ethischer Prinzipien kommt, die *prima facie* zugleich und nebeneinander Geltung beanspruchen, sie aber aus Gründen der Logik nicht oder nicht gleichermaßen haben können. Die Vorschläge zur Auflösung solcher Normkonflikte erweisen sich nicht selten als Resultat vager Anmutungen, persönlicher Präferenzen, individueller Weltanschauungen oder sonst unbeglaubigter Empfindungen. Schon dem nächsten Diskussionsbeteiligten erscheinen sie daher oft unplausibel oder sogar unvertretbar. Sie vor allem sind daher der Stoff der öffentlichen Aufregung und die Quellen eines inzwischen dichten Nebels, der sich über die Mediendiskussion der Probleme unseres Themas gelegt hat. Es wird also anderer, besser begründeter ethischer Analysen bedürfen, um diese Probleme zu klären.

2. Eine verbreitete Überzeugung schreibt der Moraltheo-

---

[8] Ich verwende die Bezeichnungen »Ethik« und »Moral« – in Übereinstimmung mit ihrem weltweit vorherrschenden Gebrauch (aber anders, als es etwa *Jürgen Habermas* in seinem neuen Buch zu unserem Thema »Die Zukunft der menschlichen Natur« tut) – ungefähr in der folgenden Bedeutung: »Moral« heißt das Corpus aller unserer Maximen des richtigen Handelns; »Ethik« ist die Lehre von diesen Maximen, deren theoretische Reflexion und Begründung. Anders gewendet: die *Ethik* klärt und erklärt, wie das *moralische* Handeln des einzelnen aussehen und warum er so handeln soll; sie ist die Theorie der Moral. – Das ist eine grobe Kennzeichnung und manchmal ist die Abgrenzung schwer durchzuführen; daher werden »Ethik« und »Moral« nicht selten auch synonym verwendet, was freilich der Transparenz nicht dienlich ist.

logie eine besondere ethische Expertise zu. Das ist freilich zu optimistisch und im übrigen präzisierungsbedürftig. Jedenfalls in den beiden christlichen Kirchen wird die Morallehre überwiegend nicht mehr als Sammlung von Regeln verstanden, die bloße Ableitungen aus religiösen Bekenntnissen oder theologischen Dogmen wären. Vielmehr gilt sie dort, nicht anders als in der philosophischen Ethik, als Ergebnis einer auf Begründung und Konsistenz verpflichteten praktischen Vernunft. In dieser Selbstdeutung sind die christlichen Morallehren einfach Mitbewerber im Wettstreit um die besseren Argumente: reguläre Konkurrenten neben anderen, vor allem der Philosophie. Und daß sie in solcher Gestalt die Kompetenz eines über Jahrhunderte betriebenen profunden Räsonnements mitbringen, auf die der allgemeine ethische Diskurs der Gesellschaft nicht ohne Nachteil verzichten könnte, liegt auf der Hand.

Soweit sie dagegen die Quellen einzelner ethischer Normen rein theologisch bestimmen (und auch dies geschieht nicht ganz selten), als religiöse Bekenntnisse, vor denen nicht die Frage nach Gründen, sondern gläubiger Gehorsam angezeigt ist, unterlegen sie ihren Morallehren ein Fundament, das in einer säkularisierten und längst aus unterschiedlichen Kulturkreisen und Religionen zusammengesetzten Gesellschaft nicht mehr verbindlich zu machen ist. Als Grundlage rechtlicher Regelungen sind solche Begründungsweisen von Verfassungs wegen ausgeschlossen.[9] Das heißt selbstverständlich nicht, daß die so fundierten Normen falsch oder unvernünftig sein müßten. Sie decken sich im Gegenteil in ihren Inhalten weitgehend, wenn auch nicht vollständig, mit denen einer säkular begründeten Ethik. Nicht mehr verallgemeinerbar und daher als Grundlage einer verbindlichen Sozialethik untauglich ist aber der Modus ihrer Begründung: zuletzt der Verweis auf die Lehren einer göttlichen Offenbarung.

---

[9] Grundlegend zu diesem Prinzip der »Nicht-Identifikation«, der religiös-weltanschaulichen Neutralität des auf Glaubens- und Meinungsfreiheit verpflichteten Verfassungsstaates *Krüger* (1966), 178 ff.; ausführlich *Schlaich* (1972).

Das sei im Rahmen unseres Themas knapp illustriert: Wer die Norm eines grundrechtlichen Schutzes von Leben und Würde bereits des frühesten Embryos mit der theologischen Lehre von der Gottesebenbildlichkeit alles menschlichen Lebens begründet[10], oder wer das Leid schwerkranker Menschen, denen über die Forschung an embryonalen Stammzellen vielleicht einmal geholfen werden könnte, als Teilhabe am Leiden Christi deutet, die zu verhindern es deshalb keine hinreichend gewichtigen Gründe gebe, der demonstriert exemplarisch eine Form des Argumentierens, die für die gegenwärtige gesellschaftliche Diskussion irrelevant und für die rechtspolitische unzulässig ist.[11] Begründungen dieses Typs werde ich daher im folgenden ignorieren. Wo allerdings Argumente einer *prima facie* anderen, nämlich äußerlich rationalen Gestalt gleichwohl ihre Schlüssigkeit nur aus dem stillschweigenden Rückgriff auf rein religiöse Grundlagen des vorgestellten Typs beziehen können, werde ich darauf hinweisen: Auch ihnen fehlt ein tragfähiges Fundament.

II. Gang der Untersuchung

Das unübersichtliche Terrain der Probleme zu ordnen und einer rationalen Erkundung zugänglich zu machen, erscheint nur dann aussichtsreich, wenn vorweg einige wichtige begriffliche und methodische Unterscheidungen vorgenommen werden. Sie teilen die voluminöse Ausgangsfrage – die allgemeine nach dem gebotenen Schutz für frühe Embryonen – in eine Reihe leichter zugänglicher Elemente. Damit erst wird die gesamte Komplexität der Ausgangsfrage zugleich sichtbar und durchsichtig.

---

[10] Dazu *Schlüter* (1974), Sp. 814 ff.
[11] Über die Frage, ob der Embryo aus *anderen* Gründen in seinem Leben und seiner Menschenwürde zu schützen sei, ist damit nichts gesagt.

1. Einwände gegen die Zulässigkeit einer »verbrauchen-den« Embryonenforschung lassen sich in zwei unterschied-lichen Perspektiven formulieren:

(1) im Hinblick auf schützenswerte Belange des Embryos selbst;

(2) und im Hinblick auf solche der Allgemeinheit.

Zu den ersteren gehört der möglicherweise gebotene Lebens- und Menschenwürdeschutz, zu den letzteren etwa der Schutz der Gesellschaft vor unerwünschten und ab-schüssigen Entwicklungen jedweder Art und Richtung (»Dammbruch-« oder »slippery slope«-Gefahren), z. B. die Förderung einer ausgrenzenden Eugenik, die schleichende Minderung des gebotenen Respekts vor dem menschlichen Leben oder ähnliches.[12]

Zwischen beiden Problemkreisen gibt es ein normatives Rangverhältnis: Zuerst geklärt werden muß der Schutzstatus des Embryos. Denn daraus könnte sich ein kategorisches Verbot jeder verbrauchenden Forschung ergeben, das allen Abwägungen mit Gegengründen entzogen wäre. Weitere Überlegungen mit Blick auf die Gesellschaft wären damit gegenstandslos oder überflüssig. Dieses Verbot lautet so: Wer rechtlich oder ethisch Inhaber von Grundrechten ist, also Gleicher unter Gleichen mit allen anderen Menschen, der darf unter keinen Umständen allein zum Nutzen anderer ge-tötet, »verbraucht« werden.[13] Utilitaristische Erwägungen, die dieses Fundamentalprinzip unter bestimmten Vorausset-zungen zu überspielen erlauben, sind schon in ethischer Hin-sicht nicht plausibel.[14] Als normative Grundlage von Rechts-

---

[12] Zu weitverbreiteten Befürchtungen dieses Typs neuerdings *Habermas* (2001), v.a. 114 ff.

[13] Die im Strafrecht geläufigen Rechtfertigungsgründe selbst für vorsätzliche Tötungen, nämlich die Notwehr (§ 32 StGB) und den sog. Defensivnotstand (§ 34 StGB mit § 228 BGB), mag man durchaus *auch* als »nützlich« für andere – den jeweils rechtswidrig An-gegriffenen (bei § 32) und den Gefährdeten (bei § 34) – beschreiben. Aber auch in diesen Fällen gründet die rechtliche Tötungserlaubnis selbstverständlich nicht in solchen Nut-zenerwägungen, sondern in der *Zuständigkeit des Getöteten* entweder für den Angriff oder für die Entstehung der Gefahr; sie legitimiert also ebenso selbstverständlich nicht eine Tötung *allein* zum Nutzen anderer.

[14] Es sei allerdings darauf hingewiesen, daß alle mir bekannten modernen Lehren des Uti-

prinzipien sind sie inakzeptabel. Daran besteht auch unter verfassungsrechtlichen Gesichtspunkten kein Zweifel.

Gesellschaftsbezogene Erwägungen können daher erst dann bedeutsam werden, wenn geklärt ist, daß dem Embryo ein solcher Status als Grundrechtsträger nach geltendem Recht nicht zukommt und ethisch nicht einleuchtend begründbar ist.

2. Die zweite notwendige Unterscheidung ist die soeben angedeutete zwischen den beiden wesentlichen Quellen gesellschaftlich verbindlicher Normen, dem Recht und der sozialen Ethik. Die oben skizzierten Perspektiven – Blick auf den Embryo und Blick auf die Gesellschaft – können ersichtlich sowohl in rechtlicher, als auch in ethischer Hinsicht bezogen werden; daher müssen sie es auch, wenn die normative Klärung umfassend sein soll.

a) Dabei brauchen die vielfältigen und komplizierten Beziehungen zwischen beiden Normsphären nicht abstrakt bestimmt zu werden.[15] Daß sich jedenfalls im Bereich unseres Themas beide nicht unbedingt decken, also die geltende Rechtslage nicht zwingend ethisch beglaubigt sein muß und

---

litarismus ein solches Überspielen des genannten Fundamentalprinzips auf die eine oder andere Weise ebenfalls zu vermeiden suchen oder höchstens in eng begrenzten Extremfällen zulassen wollen; vgl. statt vieler die Überblicksdarstellung bei *Scarre* (1996), S. 152 ff., oder die eigene Konzeption von *Griffin* (1986), insbes. 224 ff. – Zur Kritik der Grundlagen des Utilitarismus s. *Nida-Rümelin* (1993).

[15] Dazu immerhin knapp: Recht regelt unter dem Gesichtspunkt größtmöglicher gleicher Freiheit aller primär die äußeren Beziehungen handelnder Subjekte zueinander, und zwar regelmäßig ohne sich dabei um die Gesinnungen der äußerlich korrekt Handelnden zu kümmern. Ethische Normen verlangen dagegen neben dem richtigen Handeln immer auch die dazu gehörende moralische Einstellung des Handelnden (*Funktionunterschied* und – innerhalb einer und derselben Person – sogar *Adressatenunterschied*, nämlich einmal auch der »innere«, Gesinnung innehabende Mensch, das andere Mal nur der äußerlich Handelnde). Darüber hinaus ge- und verbietet die Ethik mehr, als es dem Recht unter dem Gesichtspunkt der Freiheitssicherung zusteht (etwa Wohltätigkeit und Nächstenliebe); andererseits erzwingt das Recht unter Ordnungsgesichtspunkten auch Verhalten, das moralisch neutral, also der Ethik sozusagen egal ist. Beispiel: das Rechtsfahren im Straßenverkehr, das ja auch, wie in England, als Linksfahren erzwungen werden könnte (*Inhaltsunterschied*). Daß sich im übrigen die fundamentalen Handlungsnormen von Recht und Ethik inhaltlich im wesentlichen decken und in einer wohlgeordneten Gesellschaft decken müssen, daß also rechtliche Gebote grundlegenden ethischen Normen nicht widersprechen dürfen, sei beiläufig erwähnt, wiewohl es offensichtlich ist.

das ESchG möglicherweise weiterreichende Verbote enthält, als sie ethisch gefordert wären, liegt auf der Hand. Gerade darüber wird seit Monaten gestritten.

b) Auch zwischen Recht und Ethik gibt es für die Zwecke unserer Analyse ein normatives Rangverhältnis: Vorrangig zu klären ist die Rechtslage. Nicht weil die Normen des Rechts fundamentaler wären als die der Ethik, das sind sie nicht (im Gegenteil). Sondern weil sie anders als ethische Normen erzwingbar sind und grundsätzlich mit staatlicher Gewalt erzwungen werden. Sie haben also für die Wirklichkeit des gesellschaftlichen Lebens eine andere, gewissermaßen härtere Verbindlichkeit. Wenn daher der Lebens- und Würdeschutz des Embryos von den fundamentalen Artikeln des Grundgesetzes (Art. 1 Abs. 1 und Art. 2 Abs. 2) *de lege lata* erzwungen würde, so geriete jede ethische Reflexion in den Modus des Irrealis, den etwas esoterischen Status eines Glasperlenspiels. Diese Verfassungsartikel sind nicht nur zwingend, sondern auch änderungsfest. Art. 1 Abs. 1 (Menschenwürde) ist es schon formell und nach positivem Verfassungsrecht.[16] Art. 2 Abs. 2 (Grundrecht auf Leben) ist es jedenfalls der Sache nach, nämlich als eine, vielleicht *die* Grundnorm der neuzeitlichen Staatslegitimation überhaupt. Sie sind damit nicht nur dem Zugriff des einfachen, sondern auch dem des verfassungsändernden Gesetzgebers entzogen. Jedes ethische Räsonnement, das von ihrem zwingenden Schutzgehalt abweiche, wäre irreal oder jedenfalls folgenlos.

3. Damit sind die wichtigsten Weichen für die folgende Untersuchung gestellt. Weitere analytische Unterscheidungen werde ich jeweils dort vornehmen und kennzeichnen, wo sie notwendig oder nützlich sind.

---

[16] Nämlich von Art. 79 Abs. 3 GG einer verfassungsrechtlichen »Ewigkeitsgarantie« unterstellt.

2. Kapitel
Der Status des Embryos – I: Das geltende Recht

Auch hier sei zunächst eine bereits angedeutete Unterscheidung hervorgehoben: die zwischen dem einfachen Gesetz und der Verfassung.

A. Das einfache Gesetz: Embryonenschutzgesetz

I. Tatbestände und Verbote des ESchG

Hier gibt es auf unsere Grundfrage eine klare Antwort: Das ESchG verbietet jede verbrauchende Forschung an Embryonen bei Strafe (§ 2 Abs. 1 ESchG). Das gleiche gilt bereits für die Erzeugung eines Embryos zum Zweck seines Verbrauchs für die Stammzellentnahme. Es gilt sogar für das bloße »Unternehmen« einer solchen Erzeugung, also für die dazu erst ansetzende Versuchshandlung (§ 1 Abs. I Ziff. 2 ESchG). Schon sie wird als vollendetes Delikt mit Strafe bedroht. Damit genießt der extrakorporal erzeugte Embryo einen weitreichenden gesetzlichen Lebensschutz. Das mag man als ein einfachgesetzliches »Recht auf Leben« bezeichnen. Hilfreich wäre die Terminologie nicht. Denn dieses »Recht« hätte mit dem Grundrecht auf Leben nach Art. 2 Abs. 2 S. 1 GG nichts zu tun.[17] Das allein ist aber üblicherweise gemeint, wenn von

---

[17] Einfachgesetzlichen (wenngleich vielfach einschränkbaren) Lebensschutz genießen etwa auch Wirbeltiere (§ 17 Tierschutzgesetz), die keine Grundrechtsträger sind; niemand käme auf die Idee, das ein »Recht auf Leben« zu nennen.

einem Recht auf Leben gesprochen wird. Man sollte daher irreführende Suggestionen und Verwechslungen vermeiden und den Schutz, den das ESchG gewährt, nicht als den eines embryonalen Rechts auf Leben bezeichnen.

Nicht vom ESchG selbst verboten wird dagegen der Import embryonaler Stammzellen aus anderen Ländern. Das steht jedenfalls dann außer Zweifel, wenn die Stammzell-Linien, die die Quelle solcher Importe sind, bereits vor der Anfrage aus Deutschland existieren und nicht etwa ihretwegen erst hergestellt werden. Wäre dagegen das letztere der Fall, so käme bei entsprechender Kenntnis (Vorsatz) des deutschen Importeurs eine nach § 9 Abs. 2 S. 2 StGB strafbare Teilnahme an einer Straftat nach § 2 Abs. 1 ESchG in Frage: entweder Anstiftung oder Beihilfe zur »mißbräuchlichen Verwendung« eines Embryos »zu einem nicht seiner Erhaltung dienenden Zweck«, nämlich dem seiner Tötung zur Stammzellentnahme. Das wäre unbeschadet des Umstands strafbar, daß im Ursprungsland solcher importierten Stammzellen deren Entnahme, also die »Haupttat«, zu der angestiftet würde, nicht mit Strafe bedroht ist. Auf diese und manche anderen befremdlichen Folgen des § 9 Abs. 2 S. 2 StGB braucht hier nicht näher eingegangen zu werden; er ist geltendes Recht. Im übrigen dürfte es keine Schwierigkeiten bereiten, seine Strafdrohung durch entsprechende Klarstellungen bei einem eventuellen Stammzell-Import zu vermeiden.

Allerdings hat der Bundestag im Juni 2002 ein »Gesetz zur Sicherstellung des Embryonenschutzes im Zusammenhang mit Einfuhr und Verwendung menschlicher embryonaler Stammzellen«, kurz »Stammzellgesetz« (StZG), verabschiedet. Dessen § 4 Abs. 1 verbietet nun grundsätzlich auch den Import embryonaler Stammzellen aus anderen Ländern, in denen ihre Gewinnung legal ist. § 4 Abs. 2 StZG läßt Ausnahmen von diesem grundsätzlichen Verbot zu. Genehmigt werden kann danach der Import embryonaler Stammzellen, die vor dem 1. Januar 2002 aus »überzähligen«, also zu Fortpflanzungszwecken erzeugten und dafür nicht mehr verwendbaren Embryonen gewonnen wurden, und zwar, wie Abs. 3 formuliert, auf eine Weise, die nicht »offensichtlich im Widerspruch zu tragenden Grundsätzen der deutschen Rechtsordnung« steht. Ich werde später im moralphilosophischen Teil meiner Untersuchung der Frage nachgehen, ob sich in diesem Gesetz nicht eine fundamentale ethische Zwiespältigkeit ausdrückt, oder deutlicher: die gespaltene Zunge einer doppelten Moral, die von Taten zu profitieren versucht, denen sie zugleich das finstere Verdikt des Verstoßes gegen Menschenwürde und Lebensrecht anhängt und die sie in Deutschland für immer verboten wissen will. Daß zudem und jedenfalls über »die tragenden Grundsätze der deutschen Rechtsordnung« im Hinblick auf den Schutz des Embryos alles andere als Klarheit herrscht, beim Gesetzgeber sowenig wie in der Judikatur des Bundesverfassungsgerichts, werden wir sogleich sehen.

II. Handwerkliche Mängel; Möglichkeit der Änderung

An der skizzierten Rechtslage nach dem ESchG ist nichts umstritten, weil nichts daran zweifelhaft ist. Gewiß weist das Gesetz im übrigen eine Reihe systematischer Eigenwilligkeiten, Ungereimtheiten und handwerklicher Mängel auf.[18] Doch haben sie mit dem unmißverständlichen Verbot jeder verbrauchenden Forschung an Embryonen nichts zu tun. Auch die wissenschaftliche Kontroverse unter Strafrechtlern über die Frage der Zulässigkeit einer Präimplantationsdiagnostik an nicht mehr totipotenten Embryonalzellen[19] berührt jenes Verbot nicht.[20] Daß die Abtötung eines Embryos durch

---

[18] S. dazu v. a. *Schroeder* (1995), 533 ff.; *ders.* (1998), 333 ff.; s. auch die Kritik von *Günther* in: *Keller/Günther/Kaiser* (1992), B IV, Rnr. 26 ff.

[19] § 8 Abs. 1 ESchG setzt den Begriff der Totipotenz voraus, klärt ihn aber nicht *de lege*. Totipotenz heißt die grundsätzliche Fähigkeit der noch undifferenzierten Zellen des frühesten Embryos (der sog. Blastomeren), sich auch als jeweils einzelne, also nach Ablösung aus dem Zellverbund, zu einem vollständigen Individuum zu entwickeln. Auf natürlichem Wege entstehen so eineiige Zwillinge. Nach heute ganz überwiegender

die Entnahme seiner Stammzellen im Blastozystenstadium den Straftatbestand des § 2 Abs. 1 ESchG erfüllt, ist unbestritten und unbestreitbar.

Das ESchG ist ein einfaches Gesetz und kann deshalb geändert werden. Stehen freilich hinter dem Verbot seiner §§ 2 Abs. 2 und 1 Abs. 1 Ziff. 2 die Artikel 1 Abs. 1 und 2 Abs. 2 des GG, so scheidet die Möglichkeit einer solchen Änderung offensichtlich aus. Damit ist die Frage nach dem grundrechtlichen Status des Embryos gestellt.

Auffassung in der Molekularbiologie und Reproduktionsmedizin endet die Totipotenz der Blastomeren spätestens mit dem Erreichen des embryonalen Achtzellstadiums, also etwa dem 3. Tag nach der Fertilisierung; vgl. *Beier* (1999), 23 ff., 28 (m. w. N.)

[20] Für die Zulässigkeit einer solchen PID z. B. *Ratzel/Heinemann* (1997), 540; *Neidert* (1998), 347; *Schneider* (2000), 360; *Schreiber* (2000), A-1135; *Schroth* (2002), 170 ff. Die Frage berührt nicht die Embryonenforschung im eigentlichen Sinn und kann deshalb hier offenbleiben. Gleichwohl sei beiläufig angemerkt, daß die Auffassung, das geltende ESchG erlaube eine PID an nicht mehr totipotenten Zellen, irrig ist. Ihr Argument lautet so: Rechtmäßig nach dem ESchG handle, wer beim Umgang mit einem Embryo einen der vom ESchG geforderten richtigen Zwecke verfolge (§ 1 I: Herbeiführung einer Schwangerschaft; § 2 I: »Erhaltung« des Embryos); der eine PID durchführende Arzt beabsichtige primär die Herbeiführung einer Schwangerschaft; also handle er rechtmäßig. Das ist falsch. Das ESchG sagt keineswegs, daß die Verfolgung (auch) eines *richtigen* Zwecks die Handlung *rechtmäßig*, vielmehr sagt es, daß jede Verfolgung eines *falschen* Zwecks sie *rechtswidrig* mache. Es fordert also nicht nur ein Verfolgen des richtigen Zwecks, sondern läßt keinerlei falschen darüber hinaus zu. Dieser Unterschied ist bei Handlungen mit *mehreren* (teils bedingten) Zweckverfolgungen offensichtlich von entscheidender Bedeutung. Jede PID verfolgt immer auch und zuerst den Zweck eines Tests des Embryos, um damit das konkrete Festlegen des Zwecks der Anschlußhandlung (Verwerfung oder Implantation) abzuklären. Dieser Test »dient« (Gesetzeswortlaut!) – vor dem Hintergrund der möglichen Alternative einer sofortigen Implantation ohne Test – niemals der Erhaltung des Embryos, selbst wenn der solcherart als »unbedenklich« ermittelte Embryo danach eingepflanzt wird. Anders formuliert: Wenn allein Handlungen mit der Absicht, Zweck X zu verfolgen, zulässig sind, dann ist eine Handlung, die klären soll, ob man X oder non-X verfolgen will, wiewohl man X sofort verfolgen könnte, *immer* unzulässig – egal, welche Handlung danach vorgenommen wird. – Im Ergebnis daher richtig *Laufs* (1999), 16, 21; *derselbe* (1992), 79; *Beckmann* (1999), 65, 67.

B. Verfassungsrecht:
Zur Grundrechtssubjektivität des Embryos

Zwei verfassungsrechtliche Quellen kommen für eine Antwort in Betracht: der Text des Grundgesetzes selbst und die Judikatur seines verbindlichen Interpreten, des BVerfG.[21]

I. Primäre Rechtsquelle: der Text des Grundgesetzes

1. Das Grundgesetz selbst bleibt zu der Frage eines subjektiv grundrechtlichen Status des Embryos stumm. Daß Art. 1 Abs. 1 die Würde »des Menschen« und Art. 2 Abs. 2 »jedem«, also jedem Menschen, das Recht auf Leben garantiert und daß der menschliche Embryo ein lebendes Wesen ist, das zur Spezies Homo sapiens gehört, also im biologischen Sinne durchaus als »Mensch« bezeichnet werden kann, ändert daran nichts. Gesetzesbegriffe sind normative Begriffe. Ihre Bedeutung wird weder von den Naturwissenschaften noch vom Alltagssprachgebrauch festgelegt. Das zeigen die allermeisten, vermutlich alle unserer einfachgesetzlichen Normen, die den Begriff »Mensch« verwenden: Sie beziehen sich damit nur auf den geborenen Menschen. Prominentestes Beispiel ist § 1 BGB, der gerade dies ausdrücklich regelt. Auch die zahlreichen strafgesetzlichen Tatbestände, die von »Menschen« oder synonym von »Personen« oder einfach und ebenfalls synonym von »anderen« reden, meinen damit nur geborene Menschen. Dagegen heißt ein Embryo in der Sprache der einfachen Gesetze entweder »Ungeborenes« (§ 219 StGB) oder

---

[21] Daß die Rechtsprechung des BVerfG selbst eine authentische verfassungsrechtliche Quelle ist und angesichts des hochabstrakten Textes des GG als dessen handhabbare Konkretisierung auch sein muß, entspricht der ganz herrschenden Auffassung im Staatsrecht, wenngleich gegenüber diesem Umstand gelegentlich kritische Töne angeschlagen werden; zum Ganzen *Schlink* (1989), 161 ff.

»Leibesfrucht« (z. B. § 1615o BGB) oder eben, wie im ESchG, »Embryo«.

2. Daraus ergibt sich freilich nicht umgekehrt ein methodisch beglaubigter Schluß auf die gleiche Bedeutung des »Mensch«-Begriffs in der Verfassung. Als das Fundament der gesamten Rechtsordnung kann sie einem so zentralen Rechtsbegriff selbstverständlich eine andere, umfassendere Bedeutung geben, als es die einfachen Gesetze tun. Läßt also zwar § 1 BGB »die Rechtsfähigkeit des Menschen« erst mit der Geburt beginnen, so präjudiziert das für die Grundrechtsfähigkeit des Menschen nichts. Gewiß wären nahezu alle Grundrechte, die den Art. 1 und 2 nachfolgen, für den Embryo aus empirisch-praktischen Gründen nicht realisierbar. Aber das besagt nichts darüber, ob er von den beiden fundamentalen Grundrechten und etwa noch vom Gleichheitssatz des Art. 3 schützend erfaßt wird. Denn diese könnten ersichtlich auch ihm einen subjektivrechtlichen Status mit wichtigen Konsequenzen sinnvoll garantieren.[22]

3. Beide Bedeutungen, sowohl die den Embryo erfassende als auch die ihn ausschließende, können daher mit gleich plausiblen oder unplausiblen Gründen in den »Mensch«- bzw. »Jeder«-Begriff der Art. 1 Abs. 1 und Art. 2 Abs. 2 S. 1 hinein- und deshalb kann keine von ihnen einfach dort herausgelesen werden. Auch die geläufigen Methoden der juristischen Auslegung helfen dazu nicht. Daß der Gesetzeswortlaut als der einer rechtlichen Terminologie jede der beiden Bedeutungen, die ein- wie die ausschließende (aber nicht beide zusammen), tragen kann, haben wir gesehen. Eine systematische Auslegung mit Blick auf den Kontext der anderen Grundrechte ergibt schon deshalb keinen Befund, weil diese erstens gerade den – für den Em-

---

[22] Auch verschiedene andere Grundrechte können de facto nicht von allen Menschen konkret verwirklicht werden, z. B. von Neugeborenen nicht die Grundrechte der Meinungs- oder der Versammlungsfreiheit. Dafür mag man die geläufige Kategorie der (noch fehlenden) »Grundrechtsmündigkeit« heranziehen; man kann solche faktischen Fragen für die ganz andere des grundrechtlichen Status aber auch einfach ignorieren.

bryo ungeklärten – prinzipiellen Status als Grundrechtsträger voraussetzen und zweitens als Grundrechte für Embryonen sachlich ohnehin nicht in Betracht kommen. Die sog. teleologische Auslegung, also eigentlich die Sinn*gebung* (und weniger Sinnermittlung) durch den Interpreten nach Kriterien primär der normativen Vernunft und sekundär der pragmatischen Zweckmäßigkeit, setzt ersichtlich voraus, daß die Streitfrage, um die es hier geht, bereits entschieden ist: Wer den Embryo »als Menschen« für absolut schutzwürdig hält, wird ihm eben gerade den Schutz der Art 1 Abs. 1 und 2 Abs. 2 GG zusprechen; und wer jenes nicht tut, wird auch dieses ablehnen. Die Behauptung, man habe die eine oder die andere Deutung per »teleologische Auslegung« den Normen selbst entnommen, wäre nichts weiter als ein Hineinlesen des *eigenen* Telos in die Norm: eine maskierte petitio principii. Sie setzte jeweils für die Auslegung voraus, was mit dieser erst zu beweisen wäre.

4. In gewissem Maße aufschlußreich ist dagegen die sog. historische Auslegung, nämlich die Ermittlung des seinerzeitigen Willens des Verfassungsgesetzgebers selbst. Sie liefert einen deutlichen Anhalt für den bisherigen Negativbefund. Die streitige Frage war schon 1948 im zuständigen Ausschuß des Parlamentarischen Rates (PR) Gegenstand der Auseinandersetzung. Der Verlauf der Diskussion wird bündig zusammengefaßt und mit Nachweisen belegt von dem Verfassungsrechtler Wernicke in seiner Erstbearbeitung des Art. 2 Abs. 2 im Bonner Kommentar zum Grundgesetz. Die Passage ist für die Klärung der Auslegungsfrage bedeutsam. Daher sei sie vollständig und im Wortlaut zitiert:

»Mit der Gewährleistung des ›*Rechts auf Leben*‹ als Daseinsform hat nach v. Mangoldt ›auch das keimende Leben geschützt werden sollen‹ (Amtl. Ber. PR mimeogr. Drucks. S. 96, Bl. 8 [...]; ders. in AÖR 75, 1949, S. 280). Gegen solche Auslegung des Abs. II[1] bestehen jedoch Bedenken. Aus den Beratungen des PR ist zu diesem Punkt folgendes festzuhalten: Die DP-Fraktion forderte mit dem schriftlichen Antrag vom 19.11.1948 (PR Drucks. Nr. 298, S. 2) die Aufnahme folgender Bestimmung als besonderen Art. in das BGG.: ›Jeder Mensch hat das Recht auf Leben und körperliche Unversehrtheit. Das keimende Leben wird geschützt ...‹ In seiner 30. Sitzung stellte der GsA. dieses Problem zunächst zurück (StenProt. Bl. 18). Am 16.12.1948 erneuerte die DP ihren schriftlichen Antrag mit im wesentlichen gleichlautenden Wortlaut (PR Drucks. Nr. 398): Im GsA. wurde dann in der 32. Sitz. gelegentlich der Debatte über körperliche Unversehrtheit kurz erwähnt, daß beim Recht auf Leben an die ›Abtreibung‹ wie auch an die ›Euthanasie‹ gedacht sei (StenProt., Bl. 27). Die Hauptdebatte über dieses Problem erfolgte dann in der 2. Les. des HptA. (StenProt. Bl. 24 f.). Abg. Dr. Seebohm erklärte als Auffassung der DP-Fraktion, daß das Recht auf Leben ›nicht unbedingt auch das keimende Leben‹ umfasse; sollte aber die Formulierung ›Recht auf Leben‹ dieses Recht einschließen, so müßte dies ausdrücklich festgestellt werden (Bl. 24).

Namens der CDU/CSU-Fraktion trug darauf Abg. Frau Dr. Weber vor (Bl. 27), daß ihre Fraktion bei dem statuierten Recht auf Leben ›das Leben schlechthin‹ meine und der Ansicht sei, daß der Schutz des keimenden Lebens darin enthalten sei. Abg. Dr. Heuß erklärte dazu (Bl. 29), er stimme an sich mit Frau Dr. Weber überein, daß der Begriff des Lebens auch auf das keimende Leben ausgedehnt sei. Hierauf zog Abg. Dr. Seebohm den Antrag auf Aufnahme des besonderen Satzes über das keimende Leben zurück, da er auf Grund der unwidersprochen gebliebenen Erklärungen der Abg. Frau Dr. Weber und Dr. Heuß annahm, daß der HptA. einhellig dieser Meinung sei. Nachdem aber Abg. Dr. Greve für sich und eine Reihe seiner Fraktionskollegen gegen die Feststellung einhelliger Meinung ausdrücklich Verwahrung eingelegt hatte (Bl. 31), griff Abg.

Dr. Seebohm den DP-Antrag wieder auf (Bl. 32). In der Abstimmung lehnte der HptA. dann den DP-Antrag auf Aufnahme dieses Satzes: ›Das keimende Leben wird geschützt‹ bei einem Stimmenverhältnis von 7 dafür und 11 dagegen ab (Bl. 33). Später ist dieses Problem nicht mehr berührt worden. Aus den Beratungen des PR zieht v. Mangoldt (Amtl. Ber. Bl. 8) den Schluß, daß die ›von der DP im HptA. eingebrachten Anträge, einen besonderen Satz über den Schutz des keimenden Lebens einzufügen, nur deshalb keine Mehrheit gefunden hat, weil nach der im Ausschuß vorherrschenden Auffassung das zu schützende Gut bereits durch die gegenwärtige Fassung gesichert war‹. Diese Deutung der Beratungen des PR erscheint bedenklich, da im HptA. gegen die ausdehnende Auslegung ausdrücklich Widerspruch erhoben worden ist. Dieser Widerspruch hatte durch den DP-Antrag aus dem Wege geräumt werden sollen. Der HptA. hat jedoch die Aufnahme des von der DP gerade im Hinblick auf den Widerspruch beantragten Zusatzes über den Schutz des keimenden Lebens bei einem Stimmenverhältnis von 7 dafür und 11 dagegen abgelehnt. Diesen 11 Gegenstimmen (oder einzelnen von ihnen) zu unterstellen, daß die mit der Stimmabgabe erklärte Ablehnung nur besagen sollte, der Satz werde für überflüssig gehalten, erscheint nicht angängig. Die Klärung dieser Frage zugunsten der ausdehnenden Auslegung ist also im PR nicht erfolgt. Eine ausdehnende Auslegung auch auf den Schutz des keimenden Lebens erscheint daher bei dieser Sachlage nicht zulässig.«[23]

Dem ist nichts hinzuzufügen. Wernickes Darstellung und Deutung sind mit Gründen schwerlich bestreitbar. Dagegen erscheint v. Mangoldts Interpretation, ignoriert man ihre erkennbare politische Motivation, nachgerade abwegig. Ab-

[23] *Wernicke*, in: GG, Bonner Kommentar, (Erstbearb.), Art. 2 II, Erl. II. 2. b).

strakt: ein Antrag, x zu beschließen, der nur und genau deshalb gestellt wurde, weil man x erkennbar für noch nicht einhellig beschlossen hielt, sei deshalb abgelehnt worden, weil man x für schon einhellig beschlossen hielt. Vor diesem Hintergrund mutet es eher befremdlich an, wenn das BVerfG im ersten sog. Fristenlösungsurteil von 1975 nach durchaus korrektem Zitat einschlägiger Passagen aus den Protokollen des PR davon spricht, die Entstehungsgeschichte des Art. 2 Abs. 2 S. 1 GG lege es nahe, »daß die Formulierung ›jeder hat das Recht auf Leben‹ auch das keimende Leben einschließen sollte«. Das legt sie keineswegs, weit eher legt sie das genaue Gegenteil nahe. Der Senat stützt seine Vermutung einerseits auf den Umstand, daß bei der dritten Lesung des Verfassungsentwurfs im Parlamentarischen Rat (1949), also lange nach den hier im Zitat dargestellten Vorgängen, die Abgeordneten Dr. Seebohm und Frau Dr. Weber noch einmal ihre Überzeugung zum Ausdruck brachten, der Embryo sei in der nun beschlossenen Formulierung mit erfaßt; und andererseits darauf, daß diese Bekundung der beiden Abgeordneten »ohne Widerspruch« geblieben sei.[24] Überzeugend ist das vor dem im obigen Zitat skizzierten historischen Hintergrund nicht.

Auch das BVerfG will aber seine »Naheliegens«-Vermutung nicht als eindeutiges Auslegungsergebnis aufgefaßt wissen; es erklärt sie lediglich, wenngleich unplausibel, für plausibler als die »gegenteilige Ansicht«. Daher kann die Frage hier offenbleiben. Es ist normenlogisch nicht geboten, entweder den Ein- oder den Ausschluß des Embryos durch den Verfassungstext selbst positiv und eindeutig festzustellen, also ein logisches *tertium non datur* vorauszusetzen. Vielmehr ist ohne weiteres eine Auslegung möglich, die den einschlägigen Normen zu dieser Frage einfach nichts, nämlich ein Schweigen entnimmt, also sowohl den Argumenten für als auch denen gegen den Ein- bzw. den Ausschluß jeweils ein *non liquet*, ein »nicht ausreichend« attestiert.

---

[24] BVerfGE 39, 1 (40).

Zur Vermeidung von Mißverständnissen: Ein solches Auslegungsergebnis bedeutet nicht, daß damit auch dem Embryo selbst ein verfassungsrechtlich unentscheidbarer Status, sozusagen im normativen Niemandsland zwischen zwei *non liquets* zugeschrieben würde.[25] Das wäre allerdings ausgeschlossen. Einen solchen Status kennt das Verfassungsrecht nicht. Alle lebenden Wesen sind entweder Grundrechtsträger oder sie sind es nicht (*tertium non datur*). Es bedeutet nur, daß uns die Verfassungsrechtsquelle »Grundgesetztext« *allein* die Statusfrage nicht beantwortet. Da wir aber (unbestritten) in der Judikatur des BVerfG eine zweite genuine Verfassungsrechtsquelle haben, ist dies für die Notwendigkeit, eine Antwort zu geben, unschädlich. Jeder Jurist weiß, daß sich die Frage nach dem in Deutschland geltenden Verfassungsrecht nicht mit dem Studium von 146 Artikeln des GG, sondern nur mit dem von mehr als 100 Bänden verfassungsgerichtlicher Entscheidungen beantworten läßt. Daß das BVerfG auch den von ihm genuin *gesetzten*, nämlich konkret bestimmten verfassungsrechtlichen Normen die Gestalt von Ergebnissen einer Auslegung des GG-Textes gibt und geben muß, steht dieser Einsicht nicht entgegen. Solange in dem naturgemäß hochabstrakten und daher außergewöhnlich weiten Rahmen ihrer sprachlichen Form verfassungsgesetzliche Normen eine solche Konkretisierung noch nicht erfahren haben, sind regelmäßig mehrere, oft weit divergierende Auslegungen möglich und mit dem Normtext verträglich. Erst die Festlegung seitens der dafür zuständigen Instanz schafft das konkret geltende Recht – und bleibt damit gleichwohl im Legitimationsrahmen staatsrechtlicher Grundsätze, v. a. des Prinzips der Gewaltenteilung. An all dem ist im übrigen rechtstheoretisch nichts Ungewöhnliches.

5. Festhalten können wir nun: Die Aussage, schon der hi-

---

[25] Für den »präimplantiven« Embryo (bis zum 13. Tag seiner Entwicklung) gleichwohl in diese Richtung argumentierend *Coester-Waltjen* (1984), 230 ff. (235); überzeugend ist das nicht.

storische Verfassungsgeber habe den Embryo als Grundrechtsträger in den subjektivrechtlichen Schutzbereich der Art. 1 Abs. 1 und 2 Abs. 2 S. 1 GG eingeschlossen, ist nicht begründbar – sowenig wie die gegenteilige, daß er ihn ausgeschlossen habe.[26] Der einzige Anhaltspunkt, den die vier geläufigen Modi juristischer Auslegung liefern, spricht vielmehr für die wenig überraschende Einsicht, daß die Frage schon damals nicht konsensfähig entscheidbar war. Deshalb hat keine der denkbaren Antworten einen ausweisbaren Niederschlag im Verfassungstext gefunden.[27]

6. Dieses Ergebnis läßt sich auch nicht mit der methodischen Maxime einer »weiten Grundrechtsauslegung« oder der »Vorzugswürdigkeit weiter Tatbestandstheorien« der Grundrechte korrigieren, wie sie im Verfassungsrecht und in der Judikatur des BVerfG gefordert bzw. behauptet wird.[28] Maxime wie Vorzugswürdigkeits-Attest sind gewiß richtig. Sie setzen aber als Auslegungs- (und nicht Erzeugungs-)Regeln für Grundrechte ganz offenkundig eben deren Existenz voraus – und damit ebenso offenkundig die ihrer Inhaber als *Rechts*inhaber.[29] Die Maxime, »Rechte aller Rechtsinha-

---

[26] Ich setze dabei und im folgenden mit der der durchgängigen Rspr. des BVerfG und der ganz vorherrschenden Lehre im Verfassungsrecht den Charakter des Art. 1 Abs. 1 als eines echten subjektiven, mit der Verfassungsbeschwerde durchsetzbaren Grundrechts voraus; vgl. nur BVerfGE 15, 283; 28, 151; 49, 286; 50, 256; 45, 187; 72, 105, u. ö.; aus der Lit. *Benda* (1994), 161 ff., Rnr. 7 ff.; *Höfling*, in: *Sachs* (1999), Rnr. 3 ff. zu Art. 1 I; *Starck*, in: *v. Mangoldt/Klein/Starck* (1999), Art. 1 Abs. 1 Rnr. 18 (alle m. w. N.). – Die Gegenstimmen hierzu in der Literatur, die in Art. 1 Abs. 1 lediglich ein objektives »Grundprinzip«, aber kein Grundrecht sehen, haben im einzelnen bedenkenswerte Gründe (vgl. etwa *Dreier*, in: *ders.* (Hg.) (1996), Rnr. 72 zu Art. 1 I [m. w. N.]; *Geddert-Steinacher* (1990), 164 ff.; *Enders* (1997), 113 ff.) Sie geben aber vor dem Hintergrund der insofern gänzlich schwankungsfreien Judikatur des BVerfG nicht das geltende Recht wieder.

[27] In der Sache ebenso *Herzog* (1969), 441 f.: Die streitige Frage sei im PR »nicht voll ausgetragen worden« und daher allein mittels historischer Auslegung nicht zu klären. Daß Herzog seinerseits in dem zitierten Aufsatz einen Einschluß des Embryos fordert, beruht auf seinen weiteren und eigenen Erwägungen.

[28] So *Höfling* (1987), 47 f., 172 ff.; *ders* (1995), 26 ff. (31 f.), jeweils m. w. N.; aus der Judikatur des BVerfG z. B. BVerfGE 6, 55 (72); E 32, 54 (71), sowie die erste Abtreibungsentscheidung BVerfGE 39, 1 (38).

[29] Das ist ein begrifflicher, also ein zwingender und zugleich trivialer Zusammenhang: Subjektive Rechte gibt es eben nur als Rechte von Subjekten, im Modus des »Gehabtwerdens« von Inhabern.

ber X« weit oder, wie das BVerfG meist formuliert, »wirkungskräftig« auszulegen, kann daher schon aus logischen Gründen nichts zur Klärung der Frage beitragen, wer ein X ist oder sein sollte. Diese X-Zugehörigkeit setzt sie für ihre Anwendbarkeit in jedem Einzelfall voraus und kann sie deshalb nicht selbst begründen.

Damit bleibt es bei unserem Auslegungsergebnis: Das Grundgesetz selbst schweigt zu der Frage eines subjektiv-grundrechtlichen Status des menschlichen Embryos.

II. Sekundäre Rechtsquelle: die Judikatur des BVerfG

1. Wenden wir uns daher der zweiten Quelle verfassungsrechtlicher Normen zu. Anders als der Verfassungstext ist bekanntlich das BVerfG zu unserer Frage nicht stumm geblieben. Vielmehr hat es in den beiden Entscheidungen zur sog. Fristenlösung des Abtreibungsproblems zum grundrechtlichen Status des Embryos nachdrücklich Stellung bezogen.[30] Das ist beiläufig der Grund, warum die Abtreibungsproblematik und ihre rechtliche Regelung – entgegen oft erhobenen politischen Forderungen – aus der gegenwärtigen Diskussion um die Embryonenforschung nicht herausgehalten werden können. Wir haben keine andere verfassungsrechtlich verbindliche Quelle, der sich Direktiven zur Klärung des Grundrechtsstatus von Embryonen entnehmen ließen, als die beiden Abtreibungsurteile des BVerfG.

Daher müssen deren Grundlagen genau geprüft werden. Sie präsentieren allerdings ein höchst komplexes Labyrinth von Behauptungen, Argumenten, Prinzipien und Normen, das schwer zu durchschauen und daher, wenn ich recht sehe, in wichtigen Punkten seines Inhalts und seiner Konsequenzen auch undurchschaut geblieben ist. Für das Anliegen unserer Untersuchung sind solche Fragen offensichtlich von

---

[30] BVerfGE 39, 1 ff. (1975); E 88, 203 ff. (1993).

entscheidender Bedeutung. Das erklärt – soviel vorweg zur Legitimation – die Ausführlichkeit und die Intensität der folgenden Analyse. Man mag ihr zustimmen oder nicht: eine Klärung der hier behandelten Probleme ist für die Diskussion über die verbrauchende Embryonenforschung notwendig.

2. Die maßgeblichen Leitsätze der beiden BVerfG-Entscheidungen sprechen, jedenfalls *prima facie*, eine eindeutige Sprache. Im ersten Urteil (1975) diese:

»1. Das sich im Mutterleib entwickelnde Leben steht als selbständiges Rechtsgut unter dem Schutz der Verfassung (Art. 2 Abs. 2 Satz 1, Art. 1 Abs. 1 GG). Die Schutzpflicht des Staates verbietet nicht nur unmittelbare staatliche Eingriffe in das sich entwickelnde Leben, sondern gebietet dem Staat auch, sich schützend und fördernd vor dieses Leben zu stellen.

2. Die Verpflichtung, das sich entwickelnde Leben in Schutz zu nehmen, besteht auch gegenüber der Mutter.

3. Der Lebensschutz der Leibesfrucht genießt grundsätzlich für die gesamte Dauer der Schwangerschaft Vorrang vor dem Selbstbestimmungsrecht der Schwangeren und darf nicht für eine bestimmte Frist in Frage gestellt werden.

4. Der Gesetzgeber kann die grundgesetzlich gebotene rechtliche Mißbilligung des Schwangerschaftsabbruchs auch auf andere Weise zum Ausdruck bringen als mit dem Mittel der Strafdrohung. […]«

In der zweiten Entscheidung (1993) werden einerseits die Konturen der zitierten Leitsätze 1 bis 3 des früheren Urteils, aber andererseits auch die Möglichkeit der Zurücknahme einer staatlichen Strafdrohung (Leitsatz 4) schärfer profiliert:

»1. Das Grundgesetz verpflichtet den Staat, menschliches Leben, auch das ungeborene, zu schützen. Diese Schutzpflicht hat ihren Grund in Art. 1 Abs. 1 GG; ihr Gegenstand und – von ihm her – ihr Maß werden durch Art. 2 Abs. 2 GG näher bestimmt. Menschenwürde kommt schon dem ungeborenen menschlichen Leben zu. Die Rechtsordnung muß die rechtlichen Voraussetzungen seiner Entfaltung im Sinne eines eigenen Lebensrechts des Ungeborenen gewährleisten. Dieses Lebensrecht wird nicht erst durch die Annahme seitens der Mutter begründet.

2. Die Schutzpflicht für das menschliche Leben ist bezogen auf das einzelne Leben, nicht nur auf menschliches Leben allgemein.

3. Rechtlicher Schutz gebührt dem Ungeborenen auch gegenüber seiner Mutter. [...]

4. Der Schwangerschaftsabbruch muß für die ganze Dauer der Schwangerschaft grundsätzlich als Unrecht angesehen werden und demgemäß rechtlich verboten sein (Bestätigung von BVerfGE 39, 1 [44]). Das Lebensrecht darf nicht, wenn auch nur für eine begrenzte Zeit, der freien, rechtlich nicht gebundenen Entscheidung eines Dritten, und sei es selbst der Mutter, überantwortet werden.

[...]

11. Dem Gesetzgeber ist es verfassungsrechtlich grundsätzlich nicht verwehrt, zu einem Konzept für den Schutz des ungeborenen Lebens überzugehen, das in der Frühphase der Schwangerschaft in Schwangerschaftskonflikten den Schwerpunkt auf die Beratung der schwangeren Frau legt, um sie für das Austragen des Kindes zu gewinnen, und dabei auf eine indikationsbestimmte Strafdrohung und die Feststellung von Indikationstatbeständen durch einen Dritten verzichtet.«

Vor einer Klärung des rechtlichen Inhalts und der logischen Konsequenzen dieser Leitsätze und weiterer Normgebote, die das Urteil von 1993 in den tragenden Passagen seiner Begründung aufstellt, sind eine Reihe grundlegender verfassungsrechtlicher Unterscheidungen und Prinzipien klarzustellen. Ohne deren Verständnis erschließt sich der Gehalt der zitierten Entscheidungen nicht.

3. Beide Urteile betonen die dem Staat grundgesetzlich auferlegte »Schutzpflicht« für das ungeborene Leben. Schutzpflichten sind sog. positive Pflichten, nämlich solche zum (schützenden) *Handeln*, und nicht, wie es dem Primärsinn der Grundrechte entspricht, negative Pflichten: solche zum *Unterlassen* eines rechtsverletzenden Verhaltens. Das Anknüpfen des BVerfG an Schutzpflichten ist eine selbstverständliche Konsequenz des Umstands, daß die Grundrechtstatbestände zunächst und unmittelbar nur subjektive Abwehrrechte gegen den Staat formulieren. Art. 2 Abs. 2 S.1 etwa verbietet eigene Tötungshandlungen des Staates gegen Grundrechtsträger. Eine unmittelbare abwehrrechtliche Drittwirkung der Grundrechte im Verhältnis ihrer Träger zueinander, also die Möglichkeit der Geltendmachung eines grundrechtlichen Abwehrrechts des Bürgers X gegen die Bürgerin Y oder vice versa, gibt es nicht.[31]

a) Gleichwohl garantiert die Rechtsordnung den Schutz des Lebens selbstverständlich nicht nur gegen den Staat, sondern auch im Verhältnis der Bürger untereinander. Das tut sie unmittelbar und sinnfällig mit den Normen des einfachen Gesetzes, vorrangig denen des Strafrechts. Ein solcher Schutz ist nach vermutlich allen Theorien der neuzeitlichen Staatsphilosophie seit Thomas Hobbes, insbesondere ihrer vertragstheoretischen Varianten[32], ein notwendiges Element der Legitimität des Staates und seiner rechtlichen Zwangsord-

---

[31] Ich ignoriere hier die vereinzelten Stimmen in Literatur und Judikatur, die jedenfalls nominell von einer unmittelbaren Drittwirkung der Grundrechte in bestimmten Bereichen des Zivilrechts sprechen. Hauptvertreter dieser Theorie war *H. C. Nipperdey*, dem das Bundesarbeitsgericht gefolgt ist. Auch diese Lehre setzt jedoch zunächst die Auffassung der Grundrechte »im klassischen, engeren Sinne als subjektive öffentliche Rechte […] gegen den Staat« voraus (*Nipperdey* in: *Enneccerus/Nipperdey* [1959], 91). Eine darüber hinaus bestehende *Drittwirkung spezifischer Art* läßt sich konstruieren. Aber – und darauf kommt es mir hier an – sie kann jedenfalls »nicht darin bestehen, daß Rechte des Bürgers gegenüber dem Staat zugleich Rechte des Bürgers gegen Bürger sind. Dies ist aus begrifflichen Gründen ausgeschlossen und wird von keinem Vertreter der Theorie der unmittelbaren Drittwirkung behauptet. Ein Recht des Bürgers gegen den Staat ist als solches definitionsgemäß kein Recht des Bürgers gegen einen Bürger« (*Alexy* [1986], 489).

[32] Die seit *John Rawls* (1971) eine vitale Renaissance erleben; zu den vertragstheoretischen Staatstheorien umfassend *Kersting* (1994).

nung. Dieser Status als der einer staatlichen Fundamentalnorm legt es nahe, seinen zwingenden Urgrund in der Verfassung, nämlich dem Lebensgrundrecht selbst zu sehen.
Dem entspricht denn auch, soweit ich sehe, ein durchgängi-
ger Konsens in der heutigen Staatsrechtslehre. Daraus ergibt
sich konstruktiv die Notwendigkeit, den grundgesetzlichen
Abwehrrechten und den ihnen korrespondierenden staatlichen Unterlassungspflichten zusätzlich positive Schutzpflichten des Staates zuzuordnen, die sich auf das Verhältnis
der Grundrechtsträger untereinander beziehen und es als
Rechtsverhältnis, also als gewaltfreies garantieren. Diese
Schutzpflichten sind in den zitierten Leitsätzen der beiden
BVerfG-Entscheidungen gemeint.

b) Damit sind zunächst und unmittelbar objektivrechtliche
staatliche Pflichten statuiert. Ihr Inhalt, ein aktives (schüt-
zendes) Handeln des Staates[33], charakterisiert sie, wie erwähnt, als positive Pflichten. Das BVerfG spricht in diesem
Zusammenhang daher auch von »objektiven Normen« oder
von »objektivrechtlichen Wertentscheidungen der Verfassung«, die im System der Grundrechte verbürgt seien und
»für alle Bereiche der Rechtsordnung gelten«.[34] Das bedeutet
jedoch nicht, daß sie »bloß« objektive staatliche Pflichten
(und sonst nichts) wären. Vielmehr korrespondieren ihnen
nach heute kaum noch bestrittener Auffassung der Staatsrechtslehre und des BVerfG echte subjektive Rechte des Bürgers gegen den Staat.[35]

---

[33] In jederlei Form des Staatshandelns denkbar, de facto vorrangig als Gesetzgebung und
Gesetzesvollzug, aber auch als sonstiges Verwaltungs- sowie als judikatives Handeln.

[34] BVerfGE 49, 89 (141) (Kalkar-Beschluß), unter Verweis auf die »ständige Rechtsprechung« des Gerichts, sowie im einzelnen auf BVerfGE 7, 198 (205); 35, 79, (114), und auf
E 39, 1 (41 f.) – das erste Fristenlösungsurteil; s. auch BVerfGE 56, 54 (73); 73, 261 (269).

[35] Ausführlich zum Schutzpflicht-Aspekt der Grundrechtsgewährleistung und seiner subjektiv-rechtlichen Seite *Isensee*, in *Isensee/Kirchhof* (2000), § 111, Rnr. 165 ff., 183 ff.;
Alexy (1986), 410 ff.; aus der Kommentarliteratur v. a. *Jarass/Pieroth* (2000), Rn. 5 ff. vor
Art. 1; *Sachs*, in *ders.* (Hg.) (1999), Rn. 41 vor Art. 1; *Höfling*, ebd., Art. 1 Rnr. 38; *Dreier*,
in: *ders.* (1996), Rn. 64 vor Art. 1; *Enders*, in: *Friauf/Höfling* (Hg.) (2000), Rn. 70 vor Art.
1. – Nach früher wohl vorherrschender Ansicht war an die ausdrücklich positivierte
Schutzpflicht zugunsten der Menschenwürde in Art. 1 Abs. 1 S. 2 des GG anzuknüpfen
und dessen Schutzgebot auf die nachfolgenden Grundrechte zu übertragen; vgl. *Dürig*,

38

Diese sind genuiner Bestandteil der Grundrechte» selbst und teilen daher deren normativen Status. Die Verletzung einer solchen staatlichen Schutzpflicht verletzt deshalb zugleich das jeweilige Grundrecht, auf dessen Gegenstand (»Rechtsgut«) sich das Schutzgebot bezieht. Grundrechte haben also zwei subjektivrechtliche Dimensionen: die unmittelbar abwehrrechtliche, gerichtet auf Unterlassungen (negative Pflichten), und die schutzrechtliche, gerichtet auf positives Handeln (die Erfüllung positiver Pflichten) des Staates. Beide sind mit der Verfassungsbeschwerde durchsetzbar.[36]

c) Vor allem im Hinblick auf Art. 1 Abs. 1 entnimmt das BVerfG dem System der Grundrechte bzw. ihrer »objektiven Wertordnung«[37] noch einen dritten Normtypus, der tatsächlich *nur* objektivrechtlicher Natur ist. Er umfaßt staatliche Pflichten, die auch jenseits der geschützten Sphären individueller Grundrechtsträger einen allgemein grundrechtsfreundlichen Modus der Erfüllung aller Staatsaufgaben gewährleisten sollen. »Menschenwürde« in dieser weiten Perspektive ist nach dem BVerfG »nicht nur die individuelle Würde der jeweiligen Person, sondern die Würde des Menschen als Gattungswesen«.[38] Seit seinen Anfängen in der Antike haftet dem Würde-Begriff auch diese zweite, speziesbezogene Bedeutung an. In der Moral- und Rechtsphilosophie Kants, deren Einfluß auf die Würde-Konzeption des Grundgesetzes außer Zweifel steht, spielt sie eine grundlegende,

in *Maunz/Dürig u. a.* (1958 ff.), Rnr. 16 zu Art 1 Abs. 1 sowie Rnr. 103 zu Art. 1 Abs. 3; teilweise ähnlich *Starck*, in *v. Mangoldt/Klein/Starck* (1999). Die vom BVerfG und der heute weit überwiegenden Lehre bevorzugte Auffassung leitet dagegen die subjektivrechtlichen Schutzansprüche unmittelbar aus den Grundrechten selbst ab.

[36] Freilich mit erheblich unterschiedlicher Reichweite der Kontrollmöglichkeiten; dazu sogleich unter 3.

[37] So der vom BVerfG in ständiger Rspr. verwendete Terminus; s. etwa BVerfGE 39, 1 (41). – Daß sich diese Figur, die vielerlei Einwänden ausgesetzt ist, als Theorie systematisch aufeinander bezogener oberster *Prinzipien* rational rekonstruieren läßt, hat *Alexy* gezeigt; s. *ders.* (1986), 130 ff., 134 ff. An der Bezeichnung hängt nichts. Ich verwende »Wertordnung« daher hier mit der rationalen Rückendeckung durch Alexys Rekonstruktion.

[38] BVerfGE 87, 209 (228).

dem Individualaspekt in gewissem Sinn sogar übergeordnete Rolle.[39]

Dieses gattungsbezogene Würdekonzept ist ein objektivrechtliches Derivat aus Art. 1 Abs. 1 GG. Es schützt nicht fundamentale Belange des Einzelnen, sondern ein normativsymbolisches Bild der Menschheit von sich selbst – in aller Unschärfe und Wandelbarkeit, die einem solchen Bild im Wechsel der Zeiten und Kulturen notwendig anhaften.[40] Es verpflichtet den Staat nach heute fast einhelliger Überzeugung vor allem zur Abwehr von Entwicklungen, die die »Unverwechselbarkeit« der Spezies Homo sapiens bedrohen und damit zugleich die Möglichkeit jedes Menschen zur Identifikation mit der Gattung, der er angehört. Substantielle Eingriffe in dieses Menschheitsbild sind auch dann unzulässig, wenn durch sie kein Individuum beeinträchtigt wird. Als hauptsächliche Beispiele werden das reproduktive Klonen von Menschen, der »verbessernde« genetische Eingriff in die menschliche Keimbahn und ähnliches genannt.[41] Aber auch der gebotene postmortale Schutz, das Verbot eines unwürdigen Umgangs mit Leichen etwa oder der nachwirkende Schutz von Persönlichkeitsrechten wie Ehre und Ansehen sind weitaus plausibler hier, im nur objektivrechtlichen Bereich des Art. 1 Abs. 1 anzusiedeln als im subjektivrechtlichen des Grundrechts.[42]

---

[39] S. *Kant* (1907), 462: »Die Menschheit selbst ist die Würde«; anschließend betont Kant die Pflicht, »die Würde der Menschheit an jedem anderen Menschen praktisch anzuerkennen«. – Zur »noch heute fortwirkenden Prägekraft« von Kants Würdekonzeption (aber auch zu ihren spezifisch juristischen Grenzen) *Dreier*, in *ders.* (1996), Rnr. 11 ff. zu Art. 1. Zu den beiden Bedeutungen des Würde-Begriffs in der philosophischen Tradition *Horstmann* (1980), Sp. 1124; *Birnbacher* in: *Leist* (Hg.), (1990), S. 266 ff.(268 f.); *Bayertz* (1995), 465 ff. (471 ff.).

[40] Ich komme später, im ethischen Teil dieser Untersuchung, auf die Schwierigkeit der Handhabung eines so offenen und undeutlichen Begriffs zurück.

[41] S. dazu etwa *Höfling*, in *Sachs* (Hg.) (1999), Rnr. 23, 42.

[42] Das ist im Verfassungsrecht nicht unbestritten; z.T. wird eine fortbestehende Grundrechtssubjektivität nach dem Tod angenommen; s. etwa *Höfling*, a. a. O., Rnr. 53 f. (m. w. N.); zutr. dagegen *J. Ipsen* (2001), Rnr. 214 (m. w. N.). – Die Annahme einer postmortalen Grundrechtsträgerschaft übersieht unlösbare metaphysische Paradoxien, die man sich mit der Stilisierung Toter zu Inhabern subjektiver Rechte und damit zu *aktuell* subjektiv verletzbaren Wesen zuzieht; dazu etwa *Feinberg* (1984), 79 ff.; *Callahan* (1986/87),

Diese rein objektive Funktion des Menschenwürdesatzes deutlich zu profilieren, ist für die Zwecke unserer Untersuchung aus zwei Gründen wichtig: Zum einen eröffnet sie ersichtlich das Risiko von Verwechslungen mit einem Teil der subjektivrechtlichen Gehalte des Art. 1 Abs. 1 GG, nämlich den (auch) objektiven grundrechtsbezogenen Schutzpflichten. Und solche Verwechslungen tauchen auch in der gegenwärtigen Diskussion um den rechtlich gebotenen Embryonenschutz tatsächlich auf. Zum andern zeigt sie, daß es jedenfalls einen beliebigen Umgang mit menschlicher physischer Substanz nicht geben kann, selbst wenn diese nicht (mehr) der Körper einer grundrechtsgeschützten Person sein sollte. Das zielt nicht zuletzt auf die biomedizinische Forschung und damit auf das Grundrecht der Wissenschaftsfreiheit aus Art. 5 Abs. 3. Es ist zwar nominell unbeschränkt, kann dies aber, wie alle Einzelgrundrechte, nicht materiell sein.[43] Andererseits ist schon hier deutlich, daß der bloß objektiv-rechtliche, speziesbezogene Schutzreflex aus Art. 1 Abs. 1, anders als das subjektive Grundrecht, aus vielerlei Gründen weitreichenden Abwägungen und Einschränkungen zugänglich und ihrer auch bedürftig ist. Wäre nur er es, der in Fragen der Embryonenforschung mit Art. 5 Abs. 3 GG

341 ff. Außerdem: Schützt man Leichen als subjektivrechtliche Inhaber einer (»unantastbaren«!) Menschenwürde, dann werden zahlreiche unbestritten zulässige Formen des Umgangs mit ihnen unerklärlich: die Möglichkeit einer Autopsie bei Verbrechensverdacht (auch *gegen* den etwa zuvor erklärten Willen des Verstorbenen), die Organentnahme, die Zerstückelung zu rein didaktischen Zwecken im Anatomieunterricht, nicht zu reden von dubiosen, aber immerhin diskutierten Formen wie der Verwendung von Leichen zu »Crash-Tests« in der Automobilindustrie (nach zu Lebzeiten erteilter Genehmigung des Verstorbenen natürlich). Wer würde denn, auch diese Frage liegt nahe, im Ernst die Aufbewahrung des vor Jahren im Ötztal gefundenen, als »Ötzi« berühmt gewordenen Leichnams als Museums- und Forschungsobjekt unter Hinweis auf ein *gegenwärtiges subjektives Grundrecht* des vor Tausenden von Jahren Verstorbenen für verboten erklären wollen? – Die zutreffende Auffassung, wonach in solchen Fällen nur die »Spezieswürde« Schutzgut sei, spiegelt sich wider in der herrschenden Auffassung der Strafrechtslehre zu § 168 StGB (Störung der Totenruhe): Das Verbot »beschimpfenden Unfugs« an Leichen gründet im Schutz der Pietät, also im Interesse aller *Lebenden* an der Unversehrtheit des Menschenbildes, nicht aber im subjektiv-rechtlichen Schutz des Toten.

[43] Unbestritten; s. statt aller *Jarass/Pieroth* (2000), Rnr. 84.

(und mit den ethischen Gründen für eine solche Forschung) in Abwägung zu bringen wäre, so wäre deren Ergebnis keineswegs präjudiziert. Ob er es ist und nicht vielmehr das subjektive Grundrecht selbst, bleibt freilich zu klären.

d) Betont sei noch einmal: mit dieser »bloß« objektivrechtlichen Reflexwirkung der Grundrechte, insbesondere der Menschenwürdenorm, auf alle Bereiche staatlicher Aufgaben dürfen die zuvor skizzierten individuell grundrechtsbezogenen und daher mit subjektiven Rechten flankierten Schutzpflichten nicht verwechselt werden. Ein solcher Fehler liegt durchaus nahe; und er unterläuft denn auch in der gegenwärtigen Diskussion um den rechtlichen Embryonenschutz sogar verfassungsrechtlichen Autoren[44]. Denn bei beiden Pflichttypen handelt es sich um solche positiver Art, beide haben eine unmittelbar objektivrechtliche Dimension und beide werden daher auch meist mit dem Etikett »objektiv« versehen. Doch haben die grundrechtsbezogenen Schutzpflichten, wie wir gesehen haben, anders als die nur objektivrechtlichen Staatsaufgaben eine echte subjektivgrundrechtliche Kehrseite zugunsten des Bürgers. Deren Mißachtung durch den Staat, nämlich die Verweigerung eines hinreichenden Schutzes, ist daher zugleich eine Verletzung des Grundrechts selbst.

4. Mit all dem ist über den *Norminhalt* solcher grundrechtsbezogenen Schutzpflichten, also die für einen hinreichenden Schutz jeweils konkret gebotenen Maßnahmen, noch nichts gesagt. Freilich lassen sich diese aus prinzipiellen Gründen auch nicht eindeutig bestimmen. Das unterscheidet sie und die ihnen zugeordneten Schutzansprüche des Bürgers von den klassisch grundrechtlichen Abwehransprüchen und den zugehörigen (negativen) Unterlassungspflichten des Staates.

a) Der strukturelle Unterschied beider Normtypen besteht in folgendem: Abwehrrechte verbieten dem Staat etwas – im

---

[44] Etwa *Faßbender* (2001), 2745 (2750); genauer zu dieser Kritik unten zu Anm. 52.

weitesten Sinne verletzende Eingriffe in den geschützten Bereich. Schutzpflichten dagegen gebieten ihm etwas – eben Schutz, Hilfe, Förderung o. ä. Ein Verbot verletzender Eingriffe bedeutet, daß *jede* Handlung, die einen solchen Eingriff darstellt, und damit *alle zusammen* verboten sind. Dagegen bedeutet ein Gebot zu Schutz, Hilfe oder Förderung keineswegs, daß jede schützende, helfende, fördernde Handlung geboten wäre, geschweige denn alle zusammen. Vielmehr wird ein solches Gebot bereits durch eine einzige zum Schutz etc. geeignete Handlung erfüllt. Beispielhaft: Wem verboten ist, zu töten, der muß jede von unzählig vielen möglichen Tötungshandlungen unterlassen, also stets alle. Wer dagegen verpflichtet ist, einen Ertrinkenden vor dem Tod zu retten, der mag dies durch eine eigene schwimmerische Aktion, durch die Veranlassung einer solchen bei einem anderen, durch Zuwerfen eines Rettungsrings, durch schnelles Organisieren eines Bootes und Rudern zur Unglücksstelle, durch Mobilisierung der Badeaufsicht, durch einen Anruf bei der nebenan gelegenen Polizeistation oder durch dies und das ansonsten Mögliche bewerkstelligen. Geboten ist ihm nur eine einzige von allen (vielleicht zahlreichen) geeigneten Maßnahmen.[45]

Man sieht: Eingriffs- und Verletzungsverbote sind in ihrem Normgehalt eindeutig bestimmt – *alles* Verletzende ist zu unterlassen, *nichts* davon ist erlaubt.[46] Schutzpflichten dagegen sind typischerweise inhaltlich unbestimmt – nur *eine einzige* von oft vielen geeigneten Schutzmöglichkeiten ist geboten. Daraus folgt, daß der Verpflichtete regelmäßig aus einem

---

[45] Etwas technischer: Bei Verletzungsverboten ist die Unterlassung jeder einzelnen Verletzungshandlung notwendige und erst die Unterlassung aller dieser Handlungen hinreichende Bedingung der Normerfüllung. Bei Schutzgeboten ist, sofern mehrere Handlungen schutzgeeignet sind, keine von ihnen notwendige, aber jede von ihnen bereits hinreichende Bedingung der Normerfüllung; vgl. hierzu *Alexy* (1986), 420 ff.

[46] Selbstverständlich mag es schwierig sein, die Sphäre verbotener Grundrechtseingriffe genau zu ermitteln und vom Bereich der – etwa per Gesetzesvorbehalt – erlaubten abzugrenzen, also zu bestimmen, *ob überhaupt* ein Verbot vorliegt. Aber das ist eine ganz andere Frage; sie tut nichts zur Sache unserer Analyse des Inhalts eines *gegebenen* Verbots.

mehr oder weniger breiten Spektrum geeigneter Handlungs-
alternativen auswählen kann, welche er durchführen will.[47]
Für diese Auswahloption hat die Verfassungsdogmatik einen
gängigen Begriff: den des »Beurteilungsspielraums«.

b) So erklärt sich der im Zusammenhang mit grundrechtsbezogenen Schutzpflichten stets hervorgehobene Hinweis,
dem Staat und damit primär dem Gesetzgeber stehe hier
regelmäßig eine Vielzahl von Entscheidungs- und Gestal-
tungsmöglichkeiten zur Verfügung.[48] Das ist, wie wir gesehen
haben, die normenlogische Folge der Struktur positiver
Pflichten. Daher gibt es insofern auch keinen Dissens in Verfassungsrechtslehre und -judikatur. Dieser Spielraum selbst
ist einer verfassungsgerichtlichen Kontrolle nicht zugänglich.
Innerhalb seiner Grenzen ist jede schutzgeeignete Maß-
nahme zulässig und rechtens. Der grundrechtliche Schutzanspruch des Bürgers beschränkt sich daher auf die Einhaltung
dieser Grenzen. Sie markieren für den Staat, was in der verfassungsrechtlich eingespielten Terminologie »Untermaßver-
bot« heißt.[49] Darüber hinaus erzwingen sie nichts.

5. Erst vor diesem Hintergrund lassen sich die verfassungsgerichtlichen Entscheidungen zur Abtreibung bzw.
zum Schutz des Embryos transparent machen. Auf der Hand
liegt, daß es auf dem skizzierten Gesamtgebiet grundrechts-
bezogener Normtypen erhebliche Risiken für Irrtümer, Inkonsistenzen und Selbsttäuschungen gibt. Das ist sowohl an
den beiden Urteilen selbst als auch an den verworrenen wissenschaftlichen Debatten in ihrer Folge demonstrierbar. Vor
allem (aber nicht nur) gilt es für die Frage nach der »Unter-

---

[47] Gewiß sind Bedrohungen denkbar, gegen die nur eine einzige Schutzmaßnahme geeignet
ist; dann ist diese und mit ihr ein exakt bestimmtes Handeln geboten. Da sie zugleich die
Menge aller geeigneten Maßnahmen vollständig erfüllt, werden mit ihr allein zugleich
»alle« geeigneten Handlungen durchgeführt.

[48] Aus der Judikatur des BVerfG z. B. BVerfGE 39, 1 (42, 44) (1. Fristenlösungsurteil), E 46,
160 (164) (Schleyer-Urteil) sowie E 88, 203 (254) (2. Fristenlösungsurteil). Aus der Lit.
statt vieler *Jarass/Pieroth* (2000), Rnr. 6 vor Art. 1; *Alexy* (1986), 421 f.

[49] Zum Begriff *Isensee*, in *Isensee/Kirchhof* (Hg.) (2000), Rnr. 165 f.

maßgrenze« für den gebotenen staatlichen Schutz. Denn dabei geht es ersichtlich um einen in hohem Grade unbestimmten, normativen Begriff. Da er dem Staat einen breiten Spielraum zur Bestimmung und Verwirklichung des Gebotenen beläßt, eröffnet er die Möglichkeit zahlreicher Kontroversen, die aus unterschiedlichen Wertungen entstehen und insofern auf jeweils schwer oder unbeweisbaren Argumenten beruhen. Das bedeutet freilich nicht, daß hier nicht auch fundamentale Rechtsprinzipien im Spiel sind, die keinem Dissens ausgesetzt, die deshalb hinreichend beweiskräftig und die außerdem für die Klärung der Streitfragen von maßgeblicher Bedeutung sind.

III. Subjektivrechtlicher oder bloß objektiver Grundrechtsschutz? Stimmen in der Verfassungsrechtslehre

1. In den oben zitierten Leitsätzen der beiden Fristenlösungs-Entscheidungen erstreckt das BVerfG eine aus Art. 1 Abs. 1 und 2 Abs. 2 S. 1 abgeleitete staatliche Schutzpflicht unmißverständlich auch auf das »ungeborene« bzw. »das sich im Mutterleib entwickelnde« menschliche Leben. Welchen Typus von Schutzpflicht – den grundrechtsbezogenen, subjektivrechtlich flankierten oder den *bloß* objektivrechtlichen (z. B. des speziesbezogenen Menschenwürdeschutzes)? Angesichts des Nachdrucks der Formulierungen beider Urteile mag die Frage erstaunlich anmuten. Sie wird aber vom Senat der ersten Entscheidung (1975) selbst aufgeworfen. Die Form, in der das geschieht, legt freilich schon erste Zweifel an der Konsistenz der verfassungsgerichtlichen Argumente zum Status des Embryos nahe:

> »Hingegen braucht die im vorliegenden Verfahren wie auch in der Rechtsprechung und im wissenschaftlichen Schrifttum umstrittene Frage nicht entschieden zu werden, ob der nasciturus selbst Grundrechtsträger ist oder aber wegen mangelnder Grundrechtsfähigkeit ›nur‹ von

45

den objektiven Normen der Verfassung in seinem Recht auf Leben geschützt wird.«[50]

a) Das ist eine irritierende Bemerkung. »*Sein*« Recht auf Leben – und er selbst gleichwohl möglicherweise kein Grundrechtsträger? Ein Recht auf Leben, das zwar *jemandes* Recht und auch von der Verfassung geschützt, aber dennoch vielleicht kein subjektives Grundrecht ist – was wäre das: ein Recht auf Leben zweiter Klasse? Auch bleibt das Gericht die Aufklärung darüber schuldig, wie und warum eine objektiv-rechtliche Schutzpflicht zugunsten eines Wesens X aus Grundrechten abzuleiten wäre, die X (möglicherweise) gerade nicht zustehen.[51]

Beide Einwände mögen sich, wenngleich mühsam, ausräumen lassen. Dabei ist die Möglichkeit eines Grundrechts auf Leben »2. Klasse« als unvereinbar mit dem Begriff eines Lebensgrundrechts, als eine *contradictio in adiecto*, von Anfang an zu verwerfen. Was man vielleicht annehmen könnte, wäre ein bloßer Präzisionsmangel der Formulierung, der sich als Redaktionsversehen beiläufig korrigieren ließe, etwa so: »... oder ob *sein Leben* [nicht: sein *Recht* auf Leben] nur von den objektiven Normen der Verfassung geschützt wird«. Oder es mag das »Recht auf Leben«, von dem die Rede ist, als nur einfachgesetzliches, nämlich von der damals (1975) geltenden Abtreibungsregelung gewährtes Recht gedeutet werden. Und schließlich mag sich der Rekurs auf die Grundrechte für ein bloß objektives Schutzgebot zugunsten von Nichtgrundrechtsträgern immerhin mit der stillschweigenden Voraussetzung halbwegs plausibel machen lassen, daß der Embryo (wie ja etwa auch ein menschlicher Leichnam) jedenfalls zur Spezies Homo sapiens gehört.

---

[50] BVerfGE 39, 1 (41).

[51] Es käme ja auch niemand auf die Idee, die objektive Schutzpflicht zugunsten von Tieren aus den Grundrechten abzuleiten, sofern man nicht, wie es Kant getan hat, diese Schutzpflicht als Gebot unserer eigenen »Gattungswürde« auffaßt; dafür spricht ja manches, es hätte aber ersichtlich zur Folge, daß *dieser* Tierschutz nichts anderes als Menschen(würde)schutz wäre. Damit wäre dann der Grundrechtsbereich selbstverständlich eröffnet.

Überzeugend ist das alles nicht. Einerseits enthielt der damals dem BVerfG vorgelegte und von ihm verworfene § 218 a des 5. StrafrechtsreformG gerade kein »Lebensrecht« des Embryos mehr, sondern im Gegenteil eine Fristenregelung der Abtreibung. Hätte das BVerfG tatsächlich das Fehlen einer Grundrechtsträgerschaft bei Embryonen ernsthaft unterstellt, so hätte es seine ja immerhin grundrechtlich gestützte Intervention in die dann genuine Zuständigkeit des einfachen Gesetzgebers erheblich aufwendiger begründen müssen. Denn schließlich wäre dann zum Schutz eines »Lebensrechts« interveniert worden, dessen Existenz sich (voraussetzungsgemäß) allein dem einfachen Gesetz verdankte und daher doch, so möchte man annehmen, der einfachgesetzlichen Disposition erheblich weitergehend anheimgestellt bleiben durfte als ein verfassungsrechtliches. Und andererseits wären angesichts des Umstands, daß der Embryo (anders als ein Leichnam) ganz gewiß ein lebendes Mitglied der Spezies Homo sapiens ist, zumindest einige Erwägungen im Hinblick auf das Gleichbehandlungsgebot des Art. 3 Abs. 1 GG erforderlich gewesen, hätte man wirklich zugeben wollen, daß Grundrechte, die allen anderen lebenden Mitgliedern dieser Spezies zukommen, ihm (vielleicht) nicht zustehen. Zu beiden Problemen findet sich jedoch in der Entscheidung kein Wort.

b) Dieses unstimmige Offenlassen des Grundrechtsstatus von Embryonen bedarf deshalb einer ausführlichen Erörterung, weil es in der verfassungsrechtlichen Literatur eine lange Spur der Mißdeutungen gezogen hat, die bis in die gegenwärtige Diskussion um die verbrauchende Embryonenforschung reicht. Auch dort inspiriert es noch immer Argumente, die nicht haltbar sind. Mit ihnen müssen wir uns daher ebenfalls genauer befassen. Zwei markante Beispiele aus jüngster Zeit mögen das exemplarisch verdeutlichen.

(1) Aus den zutreffenden Prämissen, daß es (*erstens*) bei der Frage des Schutzes von menschlichem Leben und menschlicher Würde gegen Verletzungen seitens Dritter um

objektive Schutzpflichten – die sog. Drittwirkung von Grundrechten – gehe und daß (*zweitens*) das BVerfG die Frage des Grundrechtsstatus von Embryonen ausdrücklich offengelassen habe, zieht *Faßbender* den irrigen Schluß, der Embryonenschutz sei nach verfassungsgerichtlicher Judikatur eine staatliche Pflicht, die »›nur‹ über den *objektivrechtlichen* Gehalt der Grundrechte vermittelt« werde und kein subjektivrechtliches Pendant habe. Auch das BVerfG habe demnach, so der Autor, »eine *subjektivrechtliche* Verbürgung der Grundrechte des Embryos« abgelehnt. Daher gebe es keine durchschlagenden verfassungsrechtlichen Einwände gegen die Präimplantationsdiagnostik.[52]

α) Nichts gegen dieses Ergebnis. Aber dessen Begründung durch *Faßbender* ist unhaltbar. Irrig ist der Schluß von der objektiven Schutzpflicht auf eine »*nur* objektiv-rechtlich vermittelte« Pflicht. Wir haben oben gesehen, daß nach der insofern durchgängigen Rechtsprechung des BVerfG und nach der ganz vorherrschenden Auffassung der Staatsrechtslehre den grundrechtsbezogenen objektiven Schutzpflichten zugleich subjektive Rechte des Geschützten entsprechen, die den Grundrechten selbst als genuiner Bestandteil zuzuordnen sind. Sie setzen somit den Status des Geschützten als Grundrechtsträger voraus. Man kann im übrigen schon aus logischen Gründen nicht von einer »bloß« objektiven staatlichen Schutzpflicht für das Grundrecht auf Leben aus Art. 2 Abs. 2 GG sprechen, ohne damit den so Geschützten eo ipso zum Inhaber ebendieses Grundrechts zu erklären. Was aus Art. 2 Abs. 2 wäre denn sonst der *Gegenstand* des (»bloß« objektiven) Schutzes? Ein Recht ohne Inhaber?

Auch kann man nicht, wie es *Faßbender* tut, vom Problem der »Drittwirkung der Grundrechte« sprechen, also vom Schutz grundrechtlicher Rechtsgüter gegen Angriffe Privater,

---

[52] *Faßbender* (2001), 2745 ff., die Zitate S. 2750, 2749 (Hervorhebungen dort). – Schon hier wäre an Faßbender die gleiche Frage zu richten wie an das BVerfG: Was das denn sein solle – »Grundrechte« *ohne* »subjektiv-rechtliche Verbürgung« (also Grundrechte ohne Inhaber)?

ohne dabei diese Drittwirkung zwingend als eine zwischen zwei Grundrechtsträgern vorauszusetzen. »Drittwirkung der Grundrechte« – wessen? Nun, ihrer Inhaber selbstverständlich, also hier (und in Faßbenders Argument): der Embryonen. Grundrechtliche Drittwirkung bezeichnet immer die Wirkung der Grundrechte auf das Verhältnis zweier Grundrechtssubjekte. Es käme ja jenseits der Embryonendebatte niemand ernsthaft auf die Idee, das Verbot der Tötung von Nicht-Grundrechtsträgern, etwa von Wirbeltieren (§ 17 TierSchG), als eine Frage der Drittwirkung der Grundrechte zu beurteilen.

Schließlich: Der von *Faßbender* betonte Hinweis des BVerfG auf den weiten Spielraum des Gesetzgebers für die konkrete Ausgestaltung des grundrechtlich gebotenen Schutzes hat mit der Frage des Grundrechtsstatus des Embryos nichts zu tun.[53] Denn dieser Status ist für jenen Spielraum offenkundig logische Bedingung. Aus dessen Weite läßt sich daher nicht, wie *Faßbender* offenbar annimmt, ein Argument dafür gewinnen, es gehöre eben auch noch zu diesem Spielraum, den Status des Embryos als den eines Nicht-Grundrechtsträgers festzulegen. Ganz im Gegenteil. Eine grundrechtsbezogene Pflicht zum Schutz – mag ihr »Spielraum« so groß sein, wie man will – wird jedenfalls nicht dadurch erfüllt, daß man den Status des Schutzobjekts als eines solchen rechtlich beseitigt. Konkret: Wer die Pflicht hat, das Rechtsgut des Grundrechts auf Leben gegen Dritte zu schützen, und wäre es »nur objektiv«, der muß dabei den Status des Geschützten als den eines Grundrechtssubjekts stets voraussetzen und darf ihn keinesfalls antasten; denn damit würde er das Rechtsgut Leben nicht mehr als Grundrechtsgut schützen, sondern als solches zugleich mit dem Status seines Inhabers beseitigen, mag er dadurch dessen biologisches Leben auch noch so gut schützen. Es ist die stärkste Form der Nichterfüllung einer Pflicht, sie abzuschaffen, indem man ihren Gegenstand

---

(rechtlich) beseitigt. Auch dies ist keine Frage der Wertung, sondern der Logik.

β) Sind also Embryonen, wie *Faßbender* annimmt, keine Grundrechtssubjekte, dann kann es bei ihrem »bloß objektiven« Schutz nicht um den des grundrechtlichen Rechtsguts aus Art. 2 Abs. 2 und ebensowenig um die Frage der »Drittwirkung« von Grundrechten gehen. Geht es dagegen genau darum, wie *Faßbender* ebenfalls annimmt, dann müssen Embryonen Grundrechtssubjekte sein. *Faßbenders* Begründungsstrategie ist daher logisch inkonsistent und nicht akzeptabel.

(2) Anders argumentiert der Staatsrechtslehrer *Jörn Ipsen*.[54] Auch er konstatiert eine aus Art. 1 Abs. 1 GG abgeleitete, aber nur objektivrechtliche Pflicht des Staates zum Schutz von Embryonen. Deren Grundrechtssubjektivität bestreitet er; denn sie sei mit dem geltenden, vom BVerfG als verfassungsgemäß akzeptierten Recht zur Abtreibung nicht zu vereinbaren. Doch vermeidet er den Fehler *Faßbenders* und kennzeichnet diese Pflicht nicht als eine zum (objektiven) Schutz des subjektiven Grundrechts bzw. als dessen »Drittwirkung«. Vielmehr rechnet er sie ausdrücklich dem oben [II. 2. c)] erörterten dritten Normtypus zu: den Pflichten mit *nur* objektivrechtlicher Gewährleistung, die sich nicht auf Grundrechte beziehen. Und er verdeutlicht diese Zuordnung einleuchtend mit einem Hinweis auf den exemplarischen Fall jenes Normtypus: den postmortalen »Nachwirkungen« der Menschenwürde für den Umgang mit Leichen, die eben keine Grundrechtssubjekte mehr sind.[55]

α) Das ist schlüssig und in der Sache überzeugend. Freilich ist es mit den beiden Urteilen des BVerfG nicht in Einklang zu bringen. Deutlicher noch als die erste von 1975 zeigt das die zweite Entscheidung von 1993.[56] *Ipsen* will diese Konsequenz nicht ziehen; vielmehr versucht er, das BVerfG für

---

[54] *J. Ipsen* (2001), 989 ff.
[55] *J. Ipsen*, a. a. O., S. 993.
[56] Dazu sogleich nachfolgend im Text unter 2.

seine eigene Auffassung zu reklamieren. Er begründet das mit einer Wendung, die an Palmströms berühmte Weisheit erinnert, das nicht sein könne, was nicht sein darf: Die Position, der Embryo sei Subjekt der Menschenwürde, sei »vom BVerfG weder im ersten noch im zweiten Abtreibungsurteil *expressis verbis* vertreten worden und hätte nur um den Preis eines evidenten inneren Widerspruchs vertreten werden können.«[57]

Versteht man unter »Position, die ein anderer vertreten hat« das, was dieser andere gemeint oder als seine Auffassung kundgetan hat, so ist *Ipsens* Behauptung über die vom BVerfG vertretene bzw. angeblich nicht vertretene Position zum grundrechtlichen Subjektstatus des Embryos demonstrierbar unrichtig. Der Hinweis auf das Fehlen einer ausdrücklichen Bekräftigung dieses Status »*expressis verbis*« ist nur der Griff nach dem Strohhalm jener oben zitierten, schon in sich unschlüssigen Bemerkung aus BVerfGE 39, 41, in der das Gericht meint, auch ohne eine solche ausdrückliche Bekräftigung auskommen zu können. Aber der Senat widerspricht dieser Indifferenz und damit sich selbst schon wenige Seiten später mit Nachdruck: »Jedes menschliche Leben – auch das erst sich entwickelnde Leben – ist als solches gleich wertvoll und kann deshalb keiner irgendwie gearteten unterschiedlichen Bewertung [...] unterworfen werden.« (S. 59) Daraus folgt zwingend und im Modus des Erst-recht-Schlusses, daß die fundamentalste aller Bewertungen, die der Zuerkennung eines Status als Grundrechtssubjekt, zwischen geborenem und ungeborenem Leben keinesfalls unterschiedlich ausfallen darf. Die zweite Abtreibungsentscheidung (1993) formuliert das als ihr Fundament, wie wir sogleich sehen werden, nicht weniger unmißverständlich. *Ipsens* Versuch, das BVerfG vor dem Attest eines »evidenten inneren Widerspruchs« zu bewahren, und zwar auch um den Preis einer ebenso evidenten Umdeutung der verfassungsgericht-

[57] *J. Ipsen* (2001), 992, Hervorhebung ebd.

lichen »Position«, ist verständlich und mag als noble Geste aufgefaßt werden. Akzeptabel ist er nicht.

β) Das hat, von der unrichtigen Exegese abgesehen, vor allem den folgenden Grund[58]: Wer einen solchen Widerspruch unbedingt bestreiten will und daher dessen mögliches Vorliegen nicht eingehend prüft, der versäumt die notwendige Auseinandersetzung mit den Konsequenzen, sollte dieser Widerspruch am Ende doch gegeben sein. Denn wäre dies der Fall, so müßte geklärt werden, welcher der beiden kollidierenden Teile des Widerspruchs in seinem Geltungsanspruch zu weichen hat, da aus logischen Gründen nicht beide nebeneinander Bestand haben können. Konkret: Dann wäre keineswegs evident, daß *Ipsens* Behauptung zuträfe, der Embryo könne wegen der vom BVerfG akzeptierten Abtreibungsregelung keinen grundrechtlichen Subjektstatus haben. Vielmehr könnte es sich genau umgekehrt verhalten: Das Akzeptieren der Abtreibungsregelung seitens des Gerichts könnte zu streichen sein, weil diese mit jenem Subjektstatus unvereinbar und daher verfassungswidrig wäre.

γ) Genau diese Position vertreten viele juristische, nicht bloß weltanschauliche Gegner der gegenwärtigen Regelung in § 218 a StGB, und zwar unter nachdrücklicher Berufung auf die eine und dezidierter Ablehnung der anderen Seite dessen, was sie als »Grundwiderspruch« des zweiten Fristenlösungsurteils bezeichnen.[59] Wer sich mit dieser Auffassung, die von vielen profunden Kennern der Materie vertreten wird, nicht befaßt, weil er einen möglichen inneren Widerspruch der Abtreibungsjudikatur des BVerfG leugnet,

---

[58] Und abgesehen ebenfalls von dem Umstand , daß man sich in so hochumstrittenen Fragen für die eigene Auffassung besser nicht auf unplausible Bundesgenossen beruft.

[59] *Tröndle*, (1995), 3009 ff. (3010); *ders.* in: *Tröndle/Fischer* (1999), Rnr. 14 a vor § 218 (m. zahlr. w. N.); – Leider hat Fischer in der 50., neuesten Aufl. diese und weitere Passagen der gründlichen Dokumentation des Theorienstreits, die Tröndle erarbeitet hatte, gestrichen.) Ebenso *Rudolphi*, in: *ders. u. a. (2000)*, Rnr. 38 ff. vor § 218 (m. w. N.); weiterhin zahlreiche Beiträge in der »Zeitschrift für Lebensrecht« (seit 1991) und der »Schriftenreihe der Juristen-Vereinigung Lebensrecht« (inzwischen 17 Bde.). Zur Kritik der Widersprüchlichkeit bereits der alten Rechtslage vor 1993 *Jerouschek* (1989), 279 ff.

da dieser eben ein Widerspruch wäre und deshalb offenbar nicht sein könne, der wird die Gegenseite mit sämtlichen weiteren Argumenten kaum noch beeindrucken. Daher muß die Frage, ob *Ipsens* Behauptung zutrifft, geklärt werden.

2. Bereits der erste der oben zitierten Leitsätze aus BVerfGE 88, 203 widerspricht *Ipsens* Befund eindeutig: »Menschenwürde kommt schon dem ungeborenen menschlichen Leben zu.« Also: nicht aus dem rein objektivrechtlichen Gesichtspunkt des Schutzes unser aller (der Gattungs-)Menschenwürde müsse der Staat den Embryo schützen (wie etwa Leichen), sondern weil diesem selbst Menschenwürde zukomme. Es ist nicht zu sehen, was das sein sollte, wenn nicht genau das, was nach Art. 1 Abs. 1 auch allen anderen Menschen zukommt. Der zweite Leitsatz unterstreicht dies ausdrücklich: »Die Schutzpflicht für das ungeborene Leben ist bezogen auf das einzelne Leben, nicht nur das Leben allgemein.« Unmißverständlich dann zu Art. 2 Abs. 2 GG: »Die Rechtsordnung muß die rechtlichen Voraussetzungen seiner [d. i. des ungeborenen menschlichen Lebens] Entfaltung im Sinne eines eigenen Lebensrechts des Ungeborenen gewährleisten. Dieses Lebensrecht wird nicht erst durch die Annahme seitens der Mutter begründet.« Es ist ausgeschlossen, das anders zu interpretieren als im Sinne der Zubilligung eines subjektiven Grundrechts auf Leben aus Art. 2 Abs. 2 S. 1. Und ihn benennt das Gericht als Grundlage seiner Deduktion auch ausdrücklich.[60]

Schließlich bekräftigen auch die Entscheidungsgründe mehrfach diese Position der zitierten Leitsätze. Und sie tun das ebenfalls mit einem Nachdruck, der jeden vernünftigen

---

[60] Wer – wie *Ipsen* – dieser Formulierung eine andere Bedeutung unterlegt, um das Negativ-attest eines verfassungsgerichtlichen Widerspruchs zu vermeiden, der zieht dem BVerfG einen weitaus peinlicheren Vorwurf zu, nämlich den, es wisse in seinem genuinen Zuständigkeitsbereich als das dafür kompetenteste deutsche Gericht gleichwohl nicht, was »eigenes Recht auf Leben« im Zusammenhang mit Art. 2 Abs. 2 S. 1 GG einfach *objektiv* bedeute – eben ein subjektives Grundrecht auf Leben. Einen solchen Vorwurf wird niemand ernsthaft erheben wollen.

Zweifel ausschließt. Auf S. 251 der Entscheidung etwa betont der Senat noch einmal die Pflicht des Staates zum Schutz jedes einzelnen ungeborenen Lebens aus Art. 1 Abs. 1; denn die Menschenwürde komme »nicht erst« dem geborenen, sondern »schon dem ungeborenen« Menschen zu. Dann zitiert das Gericht zustimmend § 10 I 1 des Preußischen Allgemeinen Landrechts: »Die allgemeinen Rechte der Menschheit gebühren auch den noch ungeborenen Kindern schon von der Zeit ihrer Empfängniß.« Das »nicht erst – sondern schon« und die »allgemeinen Rechte« der Menschheit »auch« für Ungeborene demonstrieren zwingend, was gemeint ist: Jeweils dasselbe soll geborenen wie ungeborenen Menschen zustehen, nämlich dieselbe Menschenwürde und dieselben »allgemeinen Rechte«. Dann, nach einer wiederholenden Bekräftigung des im ersten Leitsatz hervorgehobenen »eigenen Lebensrechts« des Nasciturus, heißt es: »Dieses Lebensrecht, das [...] dem Ungeborenen schon aufgrund seiner Existenz zusteht, ist das elementare und unveräußerliche Recht, das von der Würde des Menschen ausgeht.« (S. 252).

Mit welchen Gründen zu bestreiten wäre, daß in all diesen Bemerkungen von einem echten subjektiven Grundrecht die Rede ist, vermag ich nicht zu sehen. Im Ton fragloser Selbstverständlichkeit hat denn auch die Verfassungsrichterin Graßhof, Mitglied des erkennenden Zweiten Senats bei der Entscheidung von 1993, eineinhalb Jahre danach genau dies als die Auffassung der Senatsmehrheit, der Frau Graßhof angehörte, klargestellt: »Damit hat der Nasciturus gemäß Art. 2 Abs. 2 S. 1 ein Recht auf Leben und gemäß Art. 1 Abs. 1 GG Anspruch auf Achtung der Würde, die jedem menschlichen Leben zukommt.«[61]

Argumente, die dem Urteil eine andere Meinung des Gerichts entnehmen oder unterschieben wollen, sind aussichtslos. Wer den Inhalt der zitierten Leitsätze und Urteilsgründe

---

[61] Graßhof (1995), 372.

ablehnt, muß sie kritisieren; als Bestätigung reklamieren kann er sie nicht.

3. Noch nicht eindeutig geklärt ist allerdings, ob das BVerfG die bisher erörterten Gründe für den verfassungsrechtlichen Subjektstatus des Embryos auf *alle* Phasen der embryonalen Entwicklung ab der Kernverschmelzung der beiden Gameten (Ei- und Samenzelle) bezogen wissen wollte. Die Frage ist für den Gegenstand unserer Untersuchung offensichtlich von erheblicher Bedeutung. Denn Stammzellen, deren Gewinnung hier zu beurteilen ist, werden dem Embryo im frühesten Blastozystenstadium, nämlich am 5. Tag seiner Entwicklung entnommen.[62] Ist er nach den Direktiven des BVerfG auch da schon als Grundrechtssubjekt geschützt?

a) Eine unbefangene Lektüre der beiden Entscheidungen legt dies nahe. Zweifelhaft wird es durch § 218 Abs. 1 S. 2 StGB. Er klassifiziert Handlungen, die den Embryo *in vivo* vor dem Abschluß seiner Nidation im Uterus abtöten, nicht als Schwangerschaftsabbruch und stellt sie damit rechtlich frei. In dem Gesetzentwurf, der dem BVerfG 1975 vorlag, regelte dies sachlich identisch eine damals vorgeschlagene Neufassung des § 218 Abs. 1 S. 1. Die beiden Paragraphen waren indes nicht unmittelbarer Prüfungsgegenstand der Vorlagen für die jeweilige Normenkontrolle. Denn sie waren schon im Vorfeld beider Verfahren allseits unbeanstandet geblieben, und sie blieben es in den Entscheidungen selbst ebenfalls. Das darf, wiewohl formell jenseits des jeweiligen Kontrollgegenstands gelegen, dennoch als Attest ihrer verfassungsrechtlichen Unbedenklichkeit verstanden werden. Das BVerfG formuliert in der zweiten Abtreibungsentscheidung dieses Attest auch ausdrücklich in einer beiläufigen Erklärung einem *obiter dictum.*[63] Damit liegt sofort die weitere Erwägung nahe, daß alle Embryonen im pränidativen Alter, also bis zum Abschluß des 13. Tages nach ihrer – *in vivo* oder *in vitro* – er-

---

[62] S. *NIH* (2001), 13.
[63] BVerfGE 88, 203 (251): »verfassungsrechtlich unbedenklich«.

folgten Befruchtung vom Grundrechtsschutz des Lebens und der Menschenwürde ausgenommen werden sollten.[64]

b) Gleichwohl dürfte dies nicht der Auffassung des BVerfG entsprechen. Das wird deutlich, wenn man die tragenden Gründe der beiden Entscheidungen über das bisher Zitierte hinaus genauer betrachtet. Die prinzipiellen Argumente des Gerichts für die Grundrechtssubjektivität des embryonalen Lebens lassen für die Frage ihrer Anwendbarkeit keine sinnvolle Unterscheidung zwischen prä- und postnidativer Entwicklung zu. Lediglich im Hinblick auf den förmlichen Gegenstand seiner Prüfung beschränkt sich das Gericht naturgemäß auf die ihm jeweils vorgelegten Gesetzesentwürfe und widmet deshalb der in beiden Verfahren ungerügten Ausklammerung des pränidativen (oder »Präimplantations«-)Embryos keine weitergehende Betrachtung. Doch beziehen sich die tragenden Argumente eindeutig auch auf ihn. Nach der Feststellung einer staatlichen Schutzpflicht aus Art. 1 Abs. 1 und 2 Abs. 2 S. 1 heißt es etwa in BVerfGE 39: »Wo menschliches Leben existiert, kommt ihm Menschenwürde zu […].«[65] Da der Embryo vor dem 13. Tag seiner Entwicklung zweifelsfrei genauso »menschliches Leben« ist wie danach, erstreckt dieser Satz den Würdeanspruch deutlich auch auf die Präimplantationsphase der embryonalen Entwicklung. Dann heißt es weiter: »Die von Anfang an im menschlichen Sein angelegten potentiellen Fähigkeiten genügen, um die Menschenwürde zu begründen.« Auch dieser

---

[64] Hier und im folgenden ist mit »Präimplantations-« oder »Pränidationsstadium« die Zeit vor der Nidations*reife* nicht einer tatsächlichen Nidation gemeint (da in vitro erzeugte Embryonen ja möglicherweise niemals implantiert werden). Embryonen in diesem frühesten Stadium werden in der internationalen Diskussion oft als »pre-embryos« bezeichnet. Die normative Bedeutsamkeit des (normalen) Nidationszeitpunkts etwa zwei Wochen nach der Befruchtung soll damit offenbar unterstrichen, nämlich sogar begrifflich als Beginn dessen markiert werden, was allererst den Status als Embryo ausmachen kann. Ob das die Klärung der normativen Probleme fördert, ist freilich zweifelhaft. Jedenfalls können die ethischen wie die rechtlichen Sachprobleme nicht dadurch gelöst werden, daß man einfach eine neue Definition einführt. Zu dieser Terminologie und ihren sachlichen Gründen *Jones/Telfer* (1995), 32 ff., *Mori* (2000), S. 38 ff.

[65] BVerfGE 39, 1 (41).

Satz läßt (von der Fragwürdigkeit seiner Behauptung hier noch abgesehen) keine sinnvolle Unterscheidung zwischen Prä- und Postimplantations-Embryo zu. Denn die »potentiellen Fähigkeiten« des ersteren sind genau dieselben wie die des letzteren. Alles dies unterstreicht schließlich mit einigem Aplomb der bereits zitierte Satz, wonach »jedes menschliche Leben« als »gleich wertvoll« jedem anderen auch normativ gleichstehe, nämlich »keiner irgendwie gearteten unterschiedlichen Bewertung [...] unterworfen werden« dürfe.[66] In der verfassungsrechtlichen Literatur besteht daher weitgehend Einigkeit, daß nach den Kriterien des BVerfG in der Frage der Grundrechtssubjektivität eine solche Unterscheidung zwischen Prä- und Postnidationsphase der embryonalen Entwicklung nicht gemacht werden könne.[67]

c) Die Konsequenz, die hieraus von der vorherrschenden Lehre im Strafrecht zu § 218 Abs. 1 S. 2 StGB gezogen wird, lautet: Der vollständige Rückzug des Strafrechtsschutzes, ja des Rechts insgesamt, vom Präimplantations-Embryo könne nicht materiellrechtlich, sondern nur mit den unlösbaren Beweisproblemen erklärt werden, die durch eine tatbestandliche Erfassung schon der pränidativen Phase typischerweise entstünden. Denn wer könnte (und auf welche Weise) schon nachweisen, daß z. B. eine implantierte Spirale und nicht eine natürliche Ursache zum Abgang eines Embryos vor dessen Einnistung im Uterus geführt habe, sofern dieser Abgang überhaupt irgendwem, die Schwangere eingeschlossen, bekannt werden könnte. Daher sei der rechtliche Rückzug aus diesem Bereich praktisch vollständiger tatsächlicher Unzugänglichkeit »verfassungsrechtlich hinnehmbar«.[68] Gewiß

---

[66] BVerfGE 39, 1 (59).

[67] Vgl. *Enders* (1997), 493 f.; *Rüfner*, in: *Isensee/Kirchhof* (Hg.) (2000), § 116 Rnr. 17; *Lorenz*, ebd., Bd. VI (2001), § 128 Rnr. 10; *Isensee* (1986), 1645 ff.; *Graf Vitzthum* (1985), 209, jeweils m. w. N.; s. auch *Dreier*, in: *ders.* (Hg.) (1996), Art. 1 I Rnr. 47, Anm. 110., der die Grundrechtssubjekt-These des BVerfG ablehnt, aber nach deren Kriterien eine Differenzierung zwischen Prä- und Postimplantations-Embryo ebenfalls für unbegründbar hält.

[68] Ganz h. M. im Strafrecht; statt aller *Lackner/Kühl* (2001), Rnr. 8 zu § 218 (m. w. N.).

mag man hier fragen, wieso in einem Bereich so fundamentaler Grundrechte wie dem des Lebens und der Menschenwürde bloße Beweisprobleme den gänzlichen Rückzug des Rechts »hinnehmbar« machen – und nicht nur ihre vom Grundsatz *in dubio pro reo* programmierten negativen Ergebnisse. Doch mag das hier offenbleiben.[69] Denn jedenfalls hat das BVerfG diesen Rückzug akzeptiert.

d) Der dafür meistgenannte Grund einer unüberwindlichen Beweisnot hätte jedoch für die Stammzellgewinnung aus in-vitro-fertilisierten Embryonen kein Gewicht. Handelt es sich beim frühesten Stadium einer Schwangerschaft um einen Sachverhalt, der der Wahrnehmung Dritter, ja der Schwangeren selbst praktisch vollständig entzogen ist, so trifft dies für eine komplizierte und aufwendige Forschungstätigkeit im Labor offensichtlich nicht zu. Ein verbotener »Verbrauch« auch frühester Embryonen vor dem 13. Tag ihrer Entwicklung wäre hier den Ermittlungs- und Nachweismethoden im üblichen Rahmen zugänglich. Die prinzipiellen Argumente des BVerfG in den Abtreibungsentscheidungen erfassen, wie wir gesehen haben, auch dieses embryonale Stadium als grundrechtlich geschütztes. Somit kann aus dem Akzeptieren des § 218 Abs. 1 S. 2 StGB, also der rechtlichen Schutzlosigkeit von Präimplantations-Embryonen, nicht geschlossen werden, die Tötung pränidativer »Forschungsembryonen« im Labor würde vom BVerfG ebenfalls gebilligt. Für die weitere Untersuchung sei daher vorausgesetzt, daß die eigenen Grundlagenargumente des Gerichts ihm nicht gestatten würden, die Stammzellfor-

[69] Zu einer plausibleren (materiellrechtlichen) Begründung, die an die bis zur Nidation noch mögliche Zwillingsbildung und damit an den noch nicht endgültigen Abschluß der Individuierung des Embryos anknüpft und freilich schon deshalb die Zuschreibung subjektiver Grundrechte in dieser frühesten Phase des Lebens verneint, s. *Merkel* (1998), 141; dieses Argument (neben dem der Beweisprobleme) auch bei *Rudolphi* in: *ders. u. a. (2000)*, Rnr. 10 vor § 218 (m. w. N.). Jedenfalls diese Sicht der Dinge wird übrigens (außerhalb Deutschlands) durchaus auch von der katholischen Moraltheologie geteilt; vgl. dazu die wohl umfassendste philosophische Analyse des Problems aus christlich-theologischer Sicht von *Ford* (1988) 181 f.

schung schon und allein deshalb zu akzeptieren, weil dabei nur Embryonen *vor* dem Zeitpunkt ihrer möglichen Nidation »verbraucht« würden.[70]

Ob es andererseits mehr als nur beweistechnische, nämlich materiell-normative Gründe gibt, den Embryo vor dem 13. Entwicklungstag anders und in geringerem Maß zu schützen als danach, ist eine primär ethische Frage. Erst nach ihrer Klärung läßt sich beurteilen, welche Antwort das Recht geben sollte. Daher soll die Frage an dieser Stelle noch auf sich beruhen. Ich komme im Ethikteil unserer Untersuchung darauf zurück.[71]

e) Der gegenwärtige Zusammenhang mag der richtige Ort für die Bereinigung eines Mißverständnisses sein, das immer wieder durch die öffentliche Diskussion über die verbrauchende Embryonenforschung geistert. Von deren Befürwortern wird nicht selten das folgende Argument vorgetragen: Die Zulässigkeit nidationshemmender Mittel, vor allem sog. Spiralen, zeige, daß die Rechtsordnung die Tötung frühester Embryonen gestatte. Denn solche Mittel verhindern bekanntlich nicht die Entstehung von Embryonen, sondern deren Einnistung in die Uterusschleimhaut. Daher sollte, so das Argument, aus Gründen der normativen Konsistenz auch zugunsten hochrangiger Forschungsziele eine Tötung von Embryonen erlaubt sein. Die Überlegung ist freilich schief und jedenfalls ungenau. Denn die Verhinderung der embryonalen Nidation durch eine Spirale stellt sich dem genaueren Blick normativ nicht als aktive Tötung, sondern als bloße Unterlassung dar, nämlich als Verweigerung der Aufnahme des Embryos in die für ihn lebenserhaltende Sphäre. Daß die Spirale, die dies bewirkt, zuvor aktiv eingesetzt wurde, ändert daran nichts. Es bedeutet lediglich, daß die Mutter des Embryos ihm jene lebenserhaltende Sphäre – die ihres eigenen

---

[70] Ebenso *Böckenförde*, der Mitglied des erkennenden Zweiten Senats im zweiten Fristenlösungsurteil war, in: *Geyer* (Hg.) (2001), 112 f.
[71] S. immerhin schon die in Anm. 69 angedeuteten Argumente.

Körpers – verschließt, sie ihm vorenthält, kurz: es unterläßt, sie ihm zur Verfügung zu stellen.

Der Gedanke läßt sich leicht veranschaulichen. Man denke sich jemanden, der, in seiner Berghütte sitzend, während eines Schneesturms beobachtet, wie ein verirrter Wanderer in dem offensichtlichen Bestreben, sich vor dem Sturm zu retten, auf die Hütte zuläuft. Deren Inhaber, dem dies mißfällt, steht auf, geht zur Tür und verschließt sie. Der Wanderer versucht vergeblich einzudringen und kommt schließlich im Sturm ums Leben. Gewiß hat der Hüttenbesitzer aktiv gehandelt, nämlich seine Tür verschlossen. Diese Aktivität war nach allgemeinen Regeln auch (mit)ursächlich für den Tod des Wanderers. Es besteht aber gleichwohl kein Zweifel, daß sie rechtlich wie ethisch nicht als aktiver Totschlag, sondern nur als Unterlassen einer lebensrettenden Hilfeleistung zu beurteilen ist. In dieser normativen Struktur ist das Beispiel ersichtlich deckungsgleich mit dem Fall der Verwendung einer Spirale: Auch dabei wird das lebensrettende Eindringen eines anderen in die eigene Sphäre verhindert, nämlich das Eindringen des Embryos in die Schleimhaut des Uterus. In beiden Fällen organisiert jemand seinen eigenen Zuständigkeitsbereich (aktiv) so um, daß dieser gegenüber »Eindringlingen« abweisend, also »passiv« wird, nämlich jede Hilfe verweigert – kurz: ein Unterlassen verwirklicht.

Der umstandslose Schluß von der Zulässigkeit der Nidationshemmung auf die Zulässigkeit der aktiven Embryonentötung – und *diese* ist es selbstverständlich, was bei einer verbrauchenden Embryonenforschung geschähe – ist daher falsch. Gewiß ließe sich, sofern man schon früheste Embryonen als Grundrechtsträger beurteilt, seitens der spiralverwendenden Frau eine besondere Pflicht zur Überlebenshilfe für den von ihr immerhin (mit)erzeugten Embryo begründen, also das, was im Strafrecht »Garantenpflicht« heißt. Denn die Frau hat ihn in die Lage gebracht, in der er der Aufnahme in ihren Uterus zu seinem Überleben bedarf. Die Verletzung dieser Pflicht durch Verwendung einer Spirale mag man daher für moralisch tadelnswert und entgegen § 218 Abs. 1 S. 2 StGB auch für rechtlich sanktionierbar halten. Gleichwohl tötet die Frau den Embryo nicht aktiv, wie es im Rahmen der verbrauchenden Embryonenforschung mit ihm geschähe.

Richtig ist allerdings auch das folgende: Der Staat, der eine solche Prozedur unbeanstandet zuläßt, zieht damit von frühen Embryonen genau denjenigen Schutz zurück, der ihm gegenüber geborenen Menschen unstreitig grundrechtlich geboten ist. *Dafür* spielt die Frage, ob das tolerierte tödliche Verhalten ein aktives Tun oder ein Unterlassen ist, keine Rolle. Nähme die Rechtsordnung ein tödliches Unterlassen von Müttern gegenüber ihren *geborenen* Kindern reaktionslos hin – etwa in Fällen lebensbedrohlicher Krankheiten –, so läge darin zweifelsfrei eine Verletzung der staatlichen Schutzpflicht aus Art. 2 Abs. 2 GG, so wie es eben nach dem tatsächlich geltenden Recht außer Zweifel steht, daß ein solches mütterliches Unterlassen rechtswidriger Totschlag ist. Daß der Staat eine entsprechende Schutzpflicht gegenüber pränidativen Embryonen für nicht geboten hält, nicht dagegen, daß diese ohnehin massenhaft (per Spirale) aktiv getötet werden dürften, ist daher allerdings ein deutliches Indiz für ihre rechtliche Exklusion aus dem Schutzbereich der Grundrechte. Verwechseln sollte man beides freilich nicht.

An dieser Stelle hat man mit einem vor allem in der politischen Debatte beliebten Einwand zu rechnen, nämlich diesem: Der Grund für die Erlaubnis von Nidationshemmern sei ein ganz anderer; der Staat könne doch schließlich nicht in Schlafzimmern oder gar in Gebärmüttern nachsehen, ob dort Spiralen verwendet würden.[72] Nun wohl, das kann er gewiß nicht. Dennoch liegt der Hinweis gänzlich neben der Sache. Nicht das Unterbleiben solcher absurden Schnüffeleien ist es, was die Ausklammerung des Frühembryos aus dem grund-

---

[72] Mir selbst ist er mehrfach, zuletzt von *Margot von Renesse* (SPD), der Vorsitzenden der Bundestags-Enquete-Kommission »Recht und Ethik der modernen Medizin«, bei einer Podiumsdiskussion entgegengehalten worden.

rechtlichen Schutz anzeigt. Sehr wohl aber ist es der Umstand, daß der Staat die freie Produktion, den öffentlichen Vertrieb, die werbewirksame Anpreisung, die ungehinderte Kommerzialisierung solcher Spiralen anstandslos hinnimmt.[73] Diese sind aber, folgt man der Lebensrechtsthese, Instrumente, deren Funktion sich ausschließlich und vollständig erschöpft in ihrem Einsatz gegen das Leben grundrechtsgeschützter Menschen. Entspräche dies wirklich geltendem Recht, hätte der Staat hier also wirklich eine grundrechtliche Lebensschutzpflicht, so wäre die reaktionslose Hinnahme einer solchen Kommerzialisierung von »Menschenvernichtungswerkzeugen par excellence« gänzlich indiskutabel und eindeutig verfassungswidrig. Daß sie es nicht ist, daß sie im Gegenteil von angesehenen Leuten und Firmen anstandslos, öffentlich und gewinnbringend betrieben werden darf, bestätigt unser obiges Indiz: die Exklusion jedenfalls des frühesten Embryos aus der Sphäre des Rechts.

IV. Zusammenfassung; Ausblick

Der bisher dargestellten Judikatur des BVerfG ließen sich zahlreiche gewichtige Einwände verfassungsrechtlicher wie rechtsethischer Provenienz entgegenstellen.[74] Bezweifeln kann man insbesondere, ob der essentialistische, gleichsam substanz-ontologische Würdebegriff, den das Gericht voraussetzt, rational begründbar, sinnvoll und praktikabel ist.[75] Einwände dieser und anderer Art werden in der wissenschaftlichen Diskussion seit langem erhoben und erörtert. Auf sie kommt es indes für unseren gegenwärtigen Zweck

[73] Die funktionsgleiche sog. »Pille danach« wurde als »Tetragynon« 1985 vom Bundesgesundheitsamt ohne weiteres zugelassen; vgl. dazu *Hirsch* (1987), 12 ff.

[74] Vgl. nur *Dreier*, in: *ders.*, (Hg.) (1996), Rnr. 37 ff.,

[75] Plausibler dürfte ein am Modell sog. kontraktualistischer Argumente, also moderner Sozialvertrags-Theorien entwickelter Würde-Begriff sein; grundlegend in diesem Sinne *Hofmann* (1993), 353 ff.; ähnlich *Neumann* (1998), 153 ff.

nicht an. Was wir hier zunächst klären wollen, sind die Direktiven des geltenden Rechts. Zu ihnen gehören vor allem die verbindlichen verfassungsgerichtlichen Maßgaben für die Auslegung und Anwendung des Grundgesetzes. Sie statuieren, wie wir gesehen haben, eindeutig die Grundrechtssubjektivität des Embryos. Selbstverständlich gehört es zu einer produktiven wissenschaftlichen Diskussion, dieser Auffassung des BVerfG auch mit prinzipiellen Einwänden zu begegnen. Und gerade in dieser Debatte darf man dabei durchaus mit Gründen auf die künftige Zustimmung der Wissenschaft hoffen. Solange jedoch die des BVerfG nicht abzusehen ist, müßte ein solches Unternehmen jedenfalls rechtspolitisch folgenlos bleiben.

Die nun unmittelbar anschließende Kritik sollte daher nicht in einem solchen Sinne mißverstanden werden. Sie greift die Auffassung des BVerfG zum Grundrechtsstatus des Embryos nicht an, sondern setzt sie voraus und klärt ihre Konsequenzen. Sie verbleibt damit noch gänzlich im Rahmen der Analyse des geltenden Rechts. In der geläufigen juristischen Formel: sie argumentiert *de lege lata*, nicht *de lege ferenda*. Erinnert sei an die Schlußbemerkungen zu unserem obigen 1. Abschnitt: Sollte die nun entwickelte Position des BVerfG das geltende Verfassungsrecht verbindlich und abschließend widergeben, so wären abweichende ethische und damit auch rechtspolitische Postulate nur im Modus des Irrealis, bestenfalls des Potentialis artikulierbar, nämlich als eine Art Appell an das Gericht, seine Judikatur irgendwann künftig zu ändern.[76] Doch wird sich zeigen, daß die bisher dargestellte Auffassung des BVerfG trotz dessen verfassungsgesetzlicher Auslegungs- und Definitionsmacht dem geltenden Recht *nicht* entspricht.

---

[76] Ähnlich *Benda* in *Geyer* (Hg.) (2001), S. 247 ff. (260): »Dem [*d. i. der Position des BVerfG zur Menschenwürde des Embryos*] mag widersprechen, wer will; aber ignorieren sollte auch die politische Diskussion solche Aussagen nicht [...]. Entsteht ein Konflikt, so wird ihn nicht der Rechtsphilosoph, sondern das Bundesverfassungsgericht abschließend entscheiden.«

C. Die weiteren verfassungsgerichtlichen Maßgaben in BVerfGE 88, 203 und ihre rechtlichen Folgen

Hier mag eine persönliche Vorbemerkung gestattet sein. Die nun folgende Kritik ist in gewissem Sinne fundamentaler Art. Sie sollte gleichwohl nicht als eine *ad hominem* mißverstanden werden, etwa als Zweifel an der – dem höchsten Richteramt in unserer Rechtsordnung angemessenen – besonderen juristischen Befähigung der Mitglieder des erkennenden Senats in der Entscheidung von 1993. Solche Zweifel habe ich nicht im mindesten, so wenig übrigens wie daran, daß die politische wie rechtliche Autorität des BVerfG als »Hüter der Verfassung«[77] nicht angetastet werden darf, ja im Gegenteil gegen mancherlei politische Anfechtung nachdrücklich verteidigt werden muß.

Daß dies wissenschaftliche Kritik nicht ausschließt, ist selbstverständlich und bleibt es auch dann, wenn die Kritik im oben apostrophierten Sinne fundamental, also, wenn man so will, destruktiv ausfällt. Der Verfasser dieser Zeilen weiß, daß die damalige Abtreibungsentscheidung des BVerfG über die Klärung der rechtlichen Fragen hinaus, gewollt oder nicht, eine weitere schwierige Aufgabe zu erfüllen hatte: in einem Konflikt, der die Gesellschaft nachhaltig zu erschüttern drohte, den Rechtsfrieden zu gewährleisten, dem Entstehen von Fundamentaloppositionen zur Rechtsordnung vorzubeugen. Daß dies ersichtlich gelungen ist, ist politisch kein geringes Verdienst. Der theoretische Preis war freilich, wie wir sehen werden, hoch: eine Argumentation, die eine Art normenlogischer Quadratur des Kreises unternommen hat. Das will sagen: in der Sache mußte sie scheitern.

---

[77] Vgl. zu diesem verfassungsgeschichtlich bedeutsamen Topos, den auch das BVerfG gelegentlich für sich beansprucht (BVerfGE 1, 184 [195 ff.]; E 40, 88 [93]), die Kontroverse zwischen *Carl Schmitt* (1931) und *Hans Kelsen* (1931), 576 ff. Kelsen weist mit überzeugenden Gründen den machtstaatlich inspirierten Vorschlag Schmitts, der Reichspräsident solle dieser »Hüter« sein, zugunsten des Postulats eines Verfassungsgerichts zurück.

I. Die Anordnungen des Gerichts und ihre Unvereinbarkeit mit der behaupteten Rechtswidrigkeit »beratener« Abtreibungen

Aus der Feststellung des subjektiv-grundrechtlichen Schutzstatus auch für den frühesten Embryo leitet das Gericht im 4. seiner Leitsätze das Gebot ab, alle bloß »beratenen« (nichtindizierten) Abbrüche als rechtswidrig zu qualifizieren. In den Entscheidungsgründen fügt es diesem Verdikt die folgenden verbindlichen Maßgaben für den Gesetzgeber an:[78]

(1) Der Abtreibungsvertrag zwischen Arzt und Schwangerer, nach dem zitierten Leitsatz Nr. 4 eine Verabredung zur rechtswidrigen Tötung einer grundrechtsgeschützten Person, ist entgegen den §§ 134, 138 BGB wirksam;[79]

(2) jede Nothilfe zugunsten des Embryos wird verboten;[80]

(3) die Schwangere hat für die Zeit des Abbruchs einen Anspruch auf Lohnfortzahlung; dieser werde von der Rechtswidrigkeit der Abtreibung nicht nur nicht ausgeschlossen, sondern von dem zugrundeliegenden Beratungskonzept nachgerade geboten;[81]

(4) der Staat, der in den ersten drei Leitsätzen zum Schutz jedes einzelnen Embryos vor rechtswidriger Tötung verpflichtet wird, und zwar auch gegen die Mutter, wird – in Übereinstimmung mit dem vorgelegten SFHG von 1992[82] – anschließend außerdem dazu verpflichtet, »ein ausreichendes und flächendeckendes Angebot sowohl

---

[78] Zur Bindungswirkung bzw. (in bestimmten Fällen) unmittelbaren Gesetzeskraft verfassungsgerichtlicher Entscheidungen § 31 BVerfGG i. V. m. Art. 94 Abs. 2 S. 2 GG. Bindend ist jedenfalls der jeweilige Entscheidungstenor und sind die tragenden Gründe. Hierzu gehören die im folgenden zitierten Anordnungen ohne Zweifel: Denn nur *zusammen mit ihnen* akzeptiert das Gericht die »Beratungsregelung« als verfassungsgemäß.

[79] BVerfGE 88, 203 (295).

[80] A.a.O., S. 279.

[81] A.a.O., S. 324; zur Zulässigkeit der Kostenübernahme für den Abbruch durch die Sozialhilfe (da die Möglichkeit, den Abbruch durch einen Arzt vornehmen zu lassen, gesichert werden müsse), S. 321 f.

[82] Dort Art. 15 Nr. 2. In anderen Vorschriften wurde – den Vorgaben des BVerfG mehr oder weniger folgend – das SFHG durch das SFHÄndG geändert und ist in dieser Gestalt als SchKG (Schwangerschaftskonfliktgesetz) 1995 in Kraft getreten (BGBl I 1050).

ambulanter als auch stationärer Einrichtungen zur Vornahme von Schwangerschaftsabbrüchen sicherzustellen«.[83]

(5) Fünf Jahre später unterstellt der 1. Senat im Urteil vom 27.10.1998 die ärztliche Tätigkeit des »beratenen« Schwangerschaftsabbruchs – nach den früheren Leitsätzen: des rechtswidrigen Tötens grundrechtsgeschützter Personen – ausdrücklich dem Grundrechtsschutz der Berufsfreiheit aus Art. 12 GG.[84]

1. Keine dieser Anordnungen, von ihrer Gesamtheit zu schweigen, ist konsistent mit der Behauptung einer fortbestehenden Rechtswidrigkeit des »beratenen« Abbruchs zu vereinbaren. Das liegt auf der Hand und ist in der anschließenden wissenschaftlichen Diskussion selbstverständlich nicht unbemerkt geblieben.[85] Doch ist diese Feststellung für die Klärung der rechtlichen Folgen des Urteils noch nicht ausreichend. Hervorzuheben ist, daß die Kollision jedenfalls der unter (4) zitierten Anordnung mit dem vorherigen Rechtswidrigkeitsverdikt über den »beratenen« Abbruch für eine der beiden Normierungen zwingend destruktiv ist. Entweder ist die Anordnung des BVerfG selbst rechtswidrig oder der »beratene« Schwangerschaftsabbruch, auf den sie sich bezieht, ist es nicht. Eine gesetzlich bzw. verfassungsgerichtlich angeordnete staatliche Pflicht zur Bereitstellung einer ausreichenden Menge von Einrichtungen (strafrechtlich gesprochen: Beihilfe[86]) zur massenhaften rechtswidrigen Tö-

[83] BVerfGE 88, 328 f.

[84] BVerfGE 98, 265.

[85] Vgl. aus der umfangreichen juristischen Literatur, die diese Kritik teilt, nur *Tröndle/Fischer* (1999), Rnr. 14 ff. vor § 218; *Eser*, in: *Schönke/Schröder* (2001), § 218 a Rnr. 14; *Rudolphi*, in: *ders. u. a.* (2000), Rnr. 38, 40 vor § 218; eindringlich *Jakobs* (2000), 37 (»gewaltiger Selbstwiderspruch«).

[86] Daran ändert der Umstand, daß der »beratene« Abbruch nach der vom BVerfG verfassungsrechtlich gebilligten Regelung des § 218 a Abs. 1 keinen Straftatbestand erfüllt, selbstverständlich nichts. Nicht um *strafbare* Beihilfe (§ 27 StGB) geht es, wohl aber um *rechtswidrige* zum rechtswidrigen Handeln von Haupttätern. – Im übrigen: soweit Abbrüche in Kliniken mit *hoheitlicher* Trägerschaft vorgenommen werden, eine Möglichkeit, die das BVerfG ausdrücklich anerkennt (BVerfGE 88, 203 [329]), wären sie dem Staat sogar als *täterschaftlich* begangene rechtswidrige Taten unmittelbar zuzurechnen.

tung grundrechtsgeschützter Personen auch nur mit den Fundamentalbedingungen des Rechtsstaats zu vereinbaren, ist offensichtlich ausgeschlossen. Deutlicher: sie ist schon normenlogisch unmöglich. Da die Beihilfe zur rechtswidrigen Haupttat hier zwingend selbst rechtswidrig ist[87], heißt diese Anordnung, knapp formuliert: Der Staat ist von Rechts wegen zum Unrecht verpflichtet. Das ist, sagt der Bonner Strafrechtler und Rechtsphilosoph *Günther Jakobs* treffend, »entweder als Aufforderung an den Staat zur Mitwirkung bei der Zerstörung der Struktur der Gesellschaft (nämlich des Rechts) ein – wörtlich – perverses Verlangen oder aber die Preisgabe des eben nur noch nominell durchgehaltenen Postulats der Rechtswidrigkeit des Abbruchs«.[88] Die Kollision so deutlich zu formulieren heißt, sie entscheiden. Es ist schon begrifflich ausgeschlossen, den Selbstwiderspruch des BVerfG dadurch zu beheben, daß man ihn als Statuierung einer staatlichen Rechtspflicht zur Rechtswidrigkeit, also zur (partiellen) Unrechtsstaatlichkeit auffaßt.[89]

2. Dagegen läßt sich nicht einwenden, daß Beihilfe (hier die staatliche) zu rechtswidrigen Haupttaten durchaus ihrerseits rechtmäßig sein könne. Gewiß ist das denkbar. Sofern der Gehilfe nur mit einer Unterstützung der Haupttat deren Täter am Begehen einer wesentlich gravierenderen Tat zu hindern vermag, steht ihm ein Rechtfertigungsgrund zu (§ 34 StGB, Notstandshilfe), und dem Haupttäter selbstverständlich nicht. Salopp gesprochen: Rechtmäßig ist die Förderung einer rechtswidrigen Bagatelle hier deshalb, weil man gerade und nur mit ihr dem so Unterstützten bei einer Ungeheuer-

---

[87] Genauer dazu sogleich unter 2.

[88] *Jakobs* (2000), 407.

[89] Ebenfalls Unrechtsteilnahme ist, setzt man die Rechtswidrigkeit der »beratenen« Abtreibung voraus, der gesetzliche Zwang zur Scheinerteilung nach der Beratung (§ 219 Abs. 2 S. 2 StGB, § 7 SchKG). Der Schein *kann* für die Schwangere nur eine Funktion haben: die Voraussetzung eines Abbruchs nach § 218 a Abs. 1 Ziff. 1 zu erfüllen (eine Schwangere, die nach der Beratung *nicht* abtreiben will, hat keine Verwendung dafür). Der Staat, der die Erteilung zwingend vorschreibt (§ 7 Abs. 3 SchKG), leistet daher Beihilfe zur Haupttat.

lichkeit in den Arm fallen kann. Beispielhaft: »Ein Täter verlange eine Axt zur Zertrümmerung einer fremden Sache und drohe glaubhaft, wenn er das Werkzeug nicht erhalte, werde er eine Geisel erschießen.«[90] Die Hingabe der Axt ist Beihilfe zur rechtswidrigen Sachbeschädigung, aber ihrerseits als Notstandstat zur Verhinderung eines Totschlags gerechtfertigt.

a) Freilich setzt die Konstellation nach fundamentalen Rechtsprinzipien stets dreierlei voraus: Erstens, daß eine Konfliktlage überhaupt zu Lasten des an ihrer Entstehung unbeteiligten Opfers der Haupttat aufgelöst werden darf. Zweitens, daß die dem Opfer dabei aufgebürdeten »Kosten« erheblich geringer zu veranschlagen sind, als der mit ihnen abgewendete Schaden. Und drittens und a fortiori, daß diese Kosten jedenfalls nicht in der Tötung des Opfers bestehen. Denn niemand, der Rechtssubjekt ist, kann rechtlich verpflichtet sein, das eigene Leben aus Solidarität zugunsten anderer, die ohne sein Zutun in Not geraten sind, zu opfern bzw. opfern zu lassen.[91]

b) Nimmt man mit dem BVerfG einen Grundrechtsstatus des Embryos an, dann sind jedenfalls die zweite und die dritte Voraussetzung im Interessenkonflikt »beratener« Abtreibungen ganz offensichtlich nicht erfüllt. Schon deshalb kommt eine Rechtmäßigkeit der staatlichen Beihilfe zur rechtswidrigen Abtreibung nicht in Betracht. Die mit dem Abbruch verfolgten Lebensqualitätsinteressen der Schwangeren können in ihrem rechtlichen Gewicht nicht

---

[90] Beispiel von *Jakobs* (2000), 23.

[91] Die Situation hat also mit der Tötung eines *rechtswidrig Angreifenden in Notwehr* schon prinzipiell nichts zu tun. Notstandstaten zwingen Unbeteiligte zum solidarischen Opfer, Notwehrtaten wahren das Recht gegen das Unrecht. Gerade in der Debatte um unser Thema ist immer wieder folgendes öffentlich zu hören (lesen): Abtreibung geschehe eben in einer Notstandslage; sie beweise daher nichts gegen die Grundrechte des Embryos; denn in *Notwehr* dürfe schließlich auch getötet werden, ohne daß der Grundrechtsstatus des Getöteten zu bezweifeln sei. Das ist ein gänzlich verfehltes Argument. Etwa so als wollte jemand aus dem Umstand, daß Gläubiger ihre säumigen Schuldner per Klageandrohung zur Zahlung nötigen dürfen, ein allgemeines Recht ableiten, in Situationen eigener Geldnot x-beliebige andere zu erpressen.

»wesentlich« (§ 34 StGB) vor dem zu ihren Gunsten vernichteten Leben des Embryos rangieren – *wenn* dieses subjektivgrundrechtlich geschützt ist. Sie bleiben dann vielmehr ganz zweifelsfrei wesentlich dahinter zurück. In der obigen saloppen Formulierung: Es ist rechtlich ausgeschlossen, die Tötung einer grundrechtsgeschützten Person als genau jene Bagatelle zu beurteilen, die man fördern dürfte, um eine andere Person vor einer drohenden »Ungeheuerlichkeit« zu retten.[92] Im übrigen: Wäre es nicht ausgeschlossen, dann wäre ersichtlich nicht nur die (staatliche) Beihilfe zur Abtreibung rechtmäßig, sondern auch diese selbst. Bagatellen zur Abwendung von Ungeheuerlichkeiten darf auch der Haupttäter begehen, nicht nur sein Unterstützer. Dies genau, die Rechtmäßigkeit der Haupttat »beratene Abtreibung«, hat aber das BVerfG in seinem Leitsatz 4 ausgeschlossen. Damit muß nach seinen eigenen Prämissen auch die staatliche Teilnahme, die es freilich dennoch anordnet, stets rechtswidrig sein.

c) Das Prinzip, das der hier skizzierten Notstandsbegrenzung zugrunde liegt, ist auch für unsere weitere Analyse von Bedeutung. Daher sei es knapp erläutert. Sein normativer Inhalt gehört zu den Fundamenten des Rechts. »Not kennt kein Gebot« ist kein akzeptables Prinzip der Rechtfertigung. Wohl darf in einer Notlage auch jemandem, der für ihr Entstehen unzuständig ist, ein solidarisches Opfer zugunsten eines anderen auf- bzw. abgezwungen werden.[93] Soll aber das Recht nicht in seiner Grundstruktur zerstört werden, so darf

---

[92] Daß diese letztere hier in einer (bloßen) Lebens*qualitäts*bedrohung besteht, also im Vergleich zum Abwendungsmittel Lebens*vernichtung* auch keine »Ungeheuerlichkeit« darstellen kann, ist die logische Komplementärseite hiervon.

[93] Sog. Aggressivnotstand, der einfach deshalb so heißt, weil der gefahrabwendende Eingriff in Rechtsgüter eines unbeteiligten Dritten diesem gegenüber eine Aggressionshandlung darstellt (und nicht, wie etwa bei der Notwehr, eine Verteidigung). – Die Zulässigkeit einer Rechtfertigung von Aggressivnotstandshandlungen war in der Entwicklung des liberal-freiheitlichen Rechtsbegriffs, der unserer heutigen Rechtsordnung zugrunde liegt, keineswegs unbestritten (und ist es in manchen anderen Ländern, z. B. den USA, auch heute noch nicht). Immanuel Kant etwa, der diesen freiheitlichen Rechtsbegriff maßgeblich mitgeformt hat, lehnt *rechtlich* aufgezwungene Solidaritätspflichten im Notstand strikt und ausnahmslos ab; s. *Kant* (1907), 236.

diese zwangsrechtlich aufgenötigte Solidarität nicht über das Opfernmüssen ersetzbarer oder bagatellarischer Lebensgüter hinausgehen. Niemals kann sie eine Pflicht zur Opferung des eigenen Lebens für andere und daher nie ein Recht dieser anderen zur Tötung begründen.[94] Deshalb ist auch eine rechtmäßige Beihilfe zur Tötung des Eingriffsopfers im Aggressivnotstand stets ausgeschlossen: Denn auch zur Verhinderung von (anderen) Ungeheuerlichkeiten (seines Töters!) muß sich niemand töten lassen.

Dies alles gehört zu den Grundlagen des Rechts und steht in der Notstandslehre außer Streit. Deshalb mutet es befremdlich an, wenn ein so bekannter Verfassungsrechtler wie Ernst Benda zur Begründung einerseits der geltenden Abtreibungsregelung und andererseits des Verbots jeder »verbrauchenden« Embryonenforschung schreibt, »daß der Gesetzgeber nur in äußersten Ausnahmefällen die Verletzung des Rechts auf Leben erlauben darf, […] nämlich nur dann, wenn nur auf diese Weise das Leben eines anderen Menschen gerettet werden kann oder schwerste Gesundheitsgefahren von ihm abgewendet werden können«.[95] Das darf der Gesetzgeber auch in solchen Ausnahmefällen ganz gewiß nicht! Und wer das bezweifelt, möge die Abwegigkeit seiner Skepsis an der Vorstellung einer Gesetzesnorm ermessen, die es erlaubte, ihn, den Zweifelnden, zu töten, »wenn nur auf diese Weise das Leben eines anderen gerettet werden kann«. Was Benda mit seiner Behauptung, die er ersichtlich nur an Tötungen im Abtreibungskonflikt überprüft, in Wahrheit tut, ist genau das, was er *in abstracto* für verfassungswidriges Unrecht erklärt: Er schließt den Embryo aus dem Kreis der

---

[94] Selbstverständlich schon nicht zur Opferung von weitaus weniger: »Kein Unbeteiligter muß auch nur seinen kleinen Finger der linken Hand opfern, um einem anderen das Leben zu erhalten.« (*Jakobs* [2000], 27.) Man erwäge das an Beispielen wie einer (zwangsrechtlichen!) Pflicht zur Nierenspende für ansonsten vom Tod bedrohte andere. Darüber hinaus ist *jede* rechtlich erzwungene »Sozialisierung« des Körpers eines Rechtssubjekts für andere ausgeschlossen. Auch dies garantieren die fundamentalen Grundrechte aus Art. 1und 2 GG.

[95] *Benda*, in: *Geyer* (Hg.) (2001), 255 f.

Grundrechtssubjekte aus. Und man darf sich und ihn gewiß ohne maliziösen Ton fragen, warum ihm ein solcher Satz, der im Hinblick auf geborene Menschen etwas nachgerade Ungeheuerliches behauptet, mit Blick auf den Embryo so glatt über die Lippen oder aus der Feder geht.

d) Damit ist die Frage nach der ersten unserer oben [unter a)] aufgezählten Voraussetzungen für die Möglichkeit einer rechtmäßigen Teilnahme (des Staates) an rechtswidrigen Haupttaten (beratenen Abtreibungen) ebenfalls beantwortet: Wohl darf ein Notstandskonflikt grundsätzlich sogar zu Lasten Dritter, die für seine Entstehung gänzlich unzuständig sind, gelöst werden. Aber eben nur in den engen Grenzen der Solidaritätspflicht, die das Recht jenen Dritten abverlangen und aufzwingen darf, also niemals zu Lasten ihres Lebens.[96] Und diese Grenzen werden noch einmal deutlich enger, wenn gerade die andere Konfliktpartei, zu deren Gunsten der Dritte solidarisch in Anspruch genommen wird, ihrerseits für die Entstehung des Konflikts zuständig oder verantwortlich ist.[97] Wer von den beiden Parteien des Schwangerschaftskonflikts, Schwangere oder Embryo, mit Gründen dafür zuständig gemacht werden kann, daß dieser in den Uterus jener hineingelangt ist, bedarf wohl keines weiteren Räsonnements.

e) An all dem ist nichts zweifelhaft. Ist also der Embryo Grundrechtssubjekt und muß seine Tötung daher, wie das BVerfG sagt, »für die ganze Dauer der Schwangerschaft [...] rechtlich verboten sein«, so ist jede staatliche Mitwirkung an dieser Tötung ebenfalls rechtswidrig. Das BVerfG selbst hat daran, jedenfalls *in abstracto,* keinen Zweifel, wenn es in ebenjenem zweiten Abtreibungsurteil schreibt: »Der Staat darf sich an der Tötung ungeborenen Lebens nicht beteiligen,

---

[96] Beiläufig: Aus den dargelegten Gründen ist die populäre Behauptung, schließlich gehe es bei einer Abtreibung ja auch um fundamentale Grundrechte der Schwangeren und deshalb müsse eben eine Abwägung zu Lasten des embryonalen Lebens zulässig sein, abwegig – *falls* der Embryo den gleichen Grundrechtsstatus hat wie die Schwangere (und falls man nicht *ihn* für den Konflikt zuständig machen kann; dazu sogleich im Text unter 3.).

[97] Zum angedeuteten Problem einer dem Notstandstäter zurechenbaren Notstandslage *Küper* (1983).

solange er von der Rechtmäßigkeit dieses Vorgangs nicht überzeugt sein kann. Die Schutzkonzeption der Beratungsregelung läßt indes keinen Raum, dem Staat eine solche Überzeugung zu vermitteln.«[98] Das Gericht übersieht aber offenbar, daß die in seinen Urteilsgründen getroffenen oder bestätigten Anordnungen dem Staat gerade diese rechtswidrige Beteiligung an »beratenen« Abtreibungen verbindlich vorschreiben. Damit ist der selbstdestruktive Grundwiderspruch der Entscheidung fixiert: Eine Rechtspflicht zum Unrecht ist normenlogisch unmöglich.

f) Die dargelegten Prinzipien machen übrigens noch etwas anderes deutlich: Auch § 218 a Abs. 2 StGB, nämlich die vom BVerfG bestätigte[99] Rechtmäßigkeit der sog. *indizierten* Abtreibung, ist jedenfalls in der Mehrzahl seiner typisierten Einzelfälle mit einem Grundrechtsstatus des Embryos nicht zu vereinbaren. Es ist nicht zu sehen, wie (z. B.) die »Gefahr einer schwerwiegenden Beeinträchtigung des [...] seelischen Gesundheitszustandes« (§ 218 a Abs. 2), die allein auf der Erwartung einer bestimmten abnormen Konstitution des späteren Kindes und keineswegs auf dem Zustand des Schwangerseins beruht[100], die Tötung des Ungeborenen in einem Konflikt, für den es schlechterdings »nichts kann«, zu rechtfertigen vermöchte – falls dieses Ungeborene ein Grundrechtssubjekt mit gleichem Anspruch auf Menschenwürde und Lebensrecht wäre, wie es die Schwangere selbst ist. Treffend sagt *Ipsen*, eine solche »›Rechtssubjektivität‹ [...] verdiente diesen Namen nicht«.[101]

Man verdeutliche sich dies nur an der Situation eines mit schweren Schädigungen soeben geborenen Kindes. Niemand käme auf die Idee, hier über ein Recht der Mutter, das Kind

---

[98] BVerfGE 88, 203 (316).

[99] BVerfGE 88, 203 (273) und passim.

[100] Und dies, nämlich eine verkappt embryopathische, auf der Schädigung des Fetus beruhende Indikation ist der weit überwiegende Hauptfall des »medizinisch-sozialen« Indikationstypus in § 218 a Abs. 2.

[101] Nicht zustimmen kann man ihm lediglich in der Behauptung, das BVerfG habe eine solche Grundrechtssubjektivität auch nicht vertreten; vgl. meine Erörterung oben.

töten zu lassen, auch nur nachzudenken, selbst wenn es für sie die künftige »Gefahr einer schwerwiegenden Beeinträchtigung des [...] seelischen Gesundheitszustandes« (§ 218 a Abs. 2 StGB) darstellte und ihr deshalb »unzumutbar« wäre. Daß eine solche Tötung das Recht des Neugeborenen auf Leben verletzen würde, steht vielmehr außer jedem Zweifel. Wenige Stunden zuvor, nämlich bis unmittelbar vor Geburtsbeginn, hätte die Mutter aber *genau diese Tötung* an *genau demselben Kind* aus *genau demselben Grund* nach § 218 a Abs. 2 *rechtmäßig* veranlassen, ein Arzt sie rechtmäßig durchführen dürfen. Es ist mit Händen zu greifen, daß ein Gesetz, das dies erlaubt, dem Ungeborenen die Minimalbedingungen des Lebensrechts, wie es jedem geborenen Menschen garantiert wird (und auch *diesem* Ungeborenen nach seiner Geburt, also ggf. nur wenige Stunden später, garantiert würde) ganz offenkundig nicht gewährt. Schreibt man also dem Ungeborenen das gleiche Grundrecht auf Leben und Würde zu wie dem geborenen Kind – und ein anderes (»zweitklassiges«) Grundrecht ist schon begrifflich ausgeschlossen –, dann muß die vom BVerfG für unbedenklich erklärte Regelung des § 218 a Abs. 2 StGB verfassungswidrig sein.[102] Ist sie dies nicht, dann wird der Fetus nicht als Subjekt gleicher Grundrechte wie geborene Menschen anerkannt.

3. Nun könnte der folgende Einwand naheliegen: Alle obigen Erwägungen zu den engen Grenzen der Solidaritätspflicht im Notstand beruhen auf der Voraussetzung, daß es sich dabei um eine Aggressivnotstandslage handelt, daß also ein für diese Lage Unzuständiger – gelegentlich wird auch gesagt: ein Unbeteiligter – zu ihrer Behebung in Anspruch ge-

---

[102] Schwer verständlich daher *Böckenförde*, in: *Geyer* (Hg.) (2001), 114; er betont einerseits das unbedingte Gebot der grundrechtlichen Gleichbehandlung von geborenen und ungeborenen Menschen, betont aber andererseits die Rechtfertigung einer Tötung der letzteren wegen »Unzumutbarkeit« ihrer späteren (nachgeburtlichen) Existenz für die Schwangere gutheißt – ohne einen Gedanken an den Umstand zu wenden, daß er diesen Tötungsgrund »Unzumutbarkeit« bei *geborenen* Menschen doch gewiß absurd fände, ihn also bei Ungeborenen, sofern diese gleich zu behandeln sind, ebenfalls verwerfen müßte.

nommen wird. Beim Embryo in einer ungewollten Schwangerschaft handelt es sich aber nicht um einen Unbeteiligten. Er ist ja, so könnte man salopp sagen, in dem Konflikt gerade das Problem. Er mag es nicht geschaffen haben, aber er *ist* es eben. Daher kann er nach ganz anderen normativen Prinzipien als denen des Aggressivnotstands für die Behebung der Notlage beansprucht werden. Juristisch gesprochen: die Schwangere befindet sich ihm gegenüber in einem *Defensivnotstand*; denn er ist für sie der Ursprung der Gefahr. Deshalb dürfen ihm die Lasten der Gefahrbeseitigung in erheblich weiterreichendem Umfang aufgebürdet werden als einem Unbeteiligten im Aggressivnotstand.[103] Selbst die Zulässigkeit seiner Tötung ist dann nicht ausgeschlossen, auch wenn er Grundrechtssubjekt sein sollte.

Dieser Einwand führte, seine Richtigkeit einstweilen unterstellt, ersichtlich zu einer Rechtfertigung der »beratenen« Abtreibung selbst, nicht bloß der staatlichen Teilnahme daran. Er liegt also den Überlegungen des BVerfG, das die Rechtswidrigkeit solcher Abtreibungen betont, gerade nicht zugrunde. Daher soll er hier, bei der Klärung des geltenden, auf den Entscheidungen des BVerfG beruhenden Rechts, noch nicht behandelt werden. Ich komme auf ihn zurück: im Zusammenhang noch weiterer Argumente, die (anders als das BVerfG) im Schwangerschaftskonflikt – aber eben *nur* dann – eine Rechtfertigung der Tötung des Embryos bejahen, die also dessen Grundrechtsstatus trotz Rechtmäßigkeit der Abtreibung wahren und daher eine verbrauchende Stammzellforschung ausschließen wollen.

---

[103] Zur allgemeinen Abwägungsregel im Defensivnotstand s. dessen zivilrechtliche Normierung in § 228 BGB: Das geopferte »Eingriffsgut« (hier wäre es das embryonale Leben) kann erheblich gewichtiger sein als das gerettete »Erhaltungsgut« (die Interessen der Schwangeren); erst wenn es *unverhältnismäßig* viel gewichtiger ist, wird der Eingriff unerlaubt. Zur Vermeidung von Mißverständnissen: § 228 BGB ist als Regelung für Sachen selbstverständlich nicht unmittelbar auf Embryonen und Schwangere anwendbar; seine Abwägungsregel entspricht aber einem allgemeinen Rechtsprinzip, nach dem *mutatis mutandis* alle Defensivnotstandsgefahren, also auch die von Menschen ausgehenden, zu beurteilen sind; s. dazu statt aller *Roxin* (1997), § 16/63 ff.

4. Damit ist das Ergebnis unserer Analyse mehrfach bestätigt. Die vom BVerfG teils akzeptierte, teils angeordnete Regelung des Schwangerschaftsabbruchs ist zu großen Teilen unvereinbar mit der Prämisse des Urteils: dem Lebens- und Würdegrundrecht des Embryos.[104] Für unser gegenwärtiges Argument entscheidend ist dies: Leitet man aus jenen Grundrechten die zwingende Folge der Rechtswidrigkeit aller bloß »beratenen« Abtreibungen ab, wie es das Gericht im 4. seiner Leitsätze tut, dann steht die anschließend angeordnete rechtliche Verpflichtung des Staates zur Teilnahme an solchen Abtreibungen zu deren Rechtswidrigkeit in einem unaufhebbaren normenlogischen Widerspruch.

Fraglich sind dessen rechtliche Konsequenzen. Sie sollen in den folgenden Überlegungen geklärt werden.

II. Die rechtliche Folge: Rechtmäßigkeit des »beratenen« Schwangerschaftsabbruchs de lege lata

1. Abtreibungsgegner schließen aus dem bislang ermittelten Befund die Verfassungswidrigkeit der Anordnungen des BVerfG und der von ihm gebilligten Regelungen zur Abtreibung, soweit sie mit den eigenen Leitsätzen des Gerichts zum Grundrechtsstatus des Embryos nicht zu vereinbaren sind.[105] Denn schließlich bezögen sich jene Anordnungen auf das einfache Recht, während der Inhalt der Leitsätze als Konkretisierung von Grundrechten Verfassungsrang habe.

Das Argument wäre freilich nur dann schlüssig, wenn dieser Verfassungsrang, also die Grundrechtssubjektivität des

---

[104] Noch einmal (vgl. schon den vorherigen Absatz unter 3. im Text): Zu Einwänden gegen diese Prämisse selbst, daß nämlich bloß »beratene« Abtreibungen rechtswidrig seien, komme ich erst unter III. – Denn solche Einwände entsprechen nicht der Auffassung des BVerfG; sie gehören also noch nicht zur gegenwärtigen Analyse des geltenden Rechts.

[105] Vgl. z. B. *Büchner* (1998), 9, 12 ff.; *ders.* (1999), 60 f.; *ders.* (2000), 1 ff.; *ders.* (2001) 62 f.: *Rudolphi*, in: *ders. u. a.* (2000), Rnr. 39 f. vor § 218; *Tröndle*, in: *Tröndle/Fischer* (1999), Rnr. 14 b vor § 218, sowie die dort genannten zahlreichen Autoren.

Embryos, unabhängig von dem unrettbar widersprüchlichen Urteil des BVerfG begründet werden könnte. Denn dieses selbst gibt natürlich keinen Aufschluß darüber, welche seiner kollidierenden Positionen gültig und welche hinfällig ist.[106] Eine solche unabhängige Quelle für den Einbezug des Embryos in Art. 1 I und Art. 2 II S. 1 GG existiert aber nicht. Der Verfassungstext selbst sagt, wie wir oben geklärt haben, dazu nichts. Die einzige verfassungsrechtliche Quelle für den subjektiv-grundrechtlichen Schutz des Embryos sind die beiden Abtreibungsentscheidungen des BVerfG. Soweit die spätere von der früheren abweicht, ist nach dem allgemeinen Rechtsprinzip des *lex posterior*-Satzes selbstverständlich der Inhalt der späteren gültig.[107] Sie weicht gerade mit den oben zitierten besonderen Anordnungen, die das Gericht der »Beratungsregelung« verbindlich beigibt, von der früheren ab.

Diese Anordnungen stehen aber, wie wir gesehen haben, zu der vorherigen Feststellung, »beratene« Abtreibungen seien rechtswidrig, in einem logischen Widerspruch. Sie heben daher jene frühere, gegenläufige Feststellung sachlich wieder auf. Methodisch gesprochen: die Rechtswidrigkeitsfeststellung wird durch die späteren Anordnungen derogiert. Derogationen im Recht können entweder formell oder materiell erfolgen. Der erstere Typus liegt vor, wenn eine ältere Bestimmung durch eine neuere ausdrücklich für aufgehoben erklärt wird; der letztere, wenn eine neuere zu einer früheren Regelung im Widerspruch steht.[108] Das ist, wie unsere Analyse gezeigt hat, hier der Fall. Mit Recht schreibt deshalb *Jakobs*, es führe »nichts an der Feststellung vorbei, das Gericht habe seine Anordnung, ein Schwangerschaftsabbruch nach

---

[106] Sonst kollidierte selbstverständlich nichts, wäre nichts widersprüchlich, enthielte das Urteil vielmehr nur Passagen, die es selbst für irrelevant, für Geschwätz erklärte – alles offenkundig nicht der Fall.

[107] »*Lex posterior derogat legi priori*«: Das spätere Gesetz bzw. die jüngere Gesetzesnorm setzt das frühere bzw. die ältere Norm außer Kraft; vgl. hierzu nur *Koller* (1997), S. 113 f.

[108] *Koller*, a. a. O., S. 114

Beratung müsse als rechtswidrig angesehen werden, selbst derogiert«.[109] Seit dieser Entscheidung ist daher die Behauptung, schon der früheste Embryo sei Grundrechtsträger, bestenfalls eine *petitio principii*. Darum gerade wird gestritten. Und verbindlich festgestellt ist es nach der Selbstderogation des BVerfG nirgends.

2. Wer das nicht akzeptieren, statt dessen an der Grundrechtssubjektivität des Embryos festhalten und die gegenläufigen Anordnungen des BVerfG für nichtig erklären wollte, müßte sich freilich nicht nur nach seiner verfassungsrechtlichen Quelle fragen lassen. Darüber, etwa über die »wirkliche« Bedeutung des Normtextes von Art. 1 Abs. 1 GG, mag man ja immerhin, wenngleich einigermaßen aussichtslos, streiten, und tut es ja. Nicht zu bestreiten ist aber das folgende:

a) Alle dafür zuständigen Instanzen der Rechtsanwendung in diesem Land haben die zitierten Anordnungen des BVerfG vollständig und ohne Einschränkungen verwirklicht. Ausnahmslos angewendetes Recht ist daher das, womit das Gericht den Inhalt seines 4. Leitsatzes, das Rechtswidrigkeitsverdikt über »beratene« Abtreibungen, selbst aufgehoben, derogiert hat. Und genau diese Rechtsanwendung entspricht dem Bewußtsein aller Frauen und aller Ärzte, die »beraten« abtreiben (lassen) wollen, und wird von ihnen genauso wie von Verwaltung und Justiz vorausgesetzt.[110] Anders gewen-

---

[109] *Jakobs* (2000), 35.
[110] Schlagend in diesem Sinne eine neuere Entscheidung des Landgerichts Heilbronn vom 18. 12. 2001, bestätigt vom Oberlandesgericht Stuttgart (24.4.2002): Ein Abtreibungsgegner hatte vor einer gynäkologischen Praxis, in der Schwangerschaftsabbrüche vorgenommen werden, ein Flugblatt verteilt, das einen Satz enthielt, der sich sachlich, in ruhigem Ton und ohne jede beleidigende Form wörtlich an die Formulierungen des 2. Fristenlösungsurteils des BVerfG hielt, nämlich diesen: »Wußten Sie schon, daß in Heilbronn in der Praxis von Dr. K. rechtswidrige Abtreibungen durchgeführt werden?« Auf Antrag des Gynäkologen verbot die zuständige Zivilkammer dem Flugblattverteiler die weitere Verbreitung dieses Satzes. In der Begründung heißt es, der Vorwurf, »rechtswidrige Abtreibungen« durchzuführen, sei »unwahr, wenn der betroffene Arzt die gesetzlichen Bestimmungen zum Schwangerschaftsabbruch einhält« (abgedruckt in »Zeitschrift für Lebensrecht«, 2002, S. 20 ff. sowie ebd., 55 ff.). – Deutlicher läßt sich der hier entwickelte Gedanke nicht belegen. Man bedenke dabei, daß das Grundrecht auf Mei-

det: der Schwangerschaftsabbruch nach Beratung wird in Deutschland von niemandem als rechtswidrig, er wird vielmehr durchgängig und von allen Beteiligten, sämtliche staatlichen Stellen eingeschlossen, als rechtmäßig behandelt. Damit *ist* er genau dieses – rechtmäßig. Das ist nicht, wie *Büchner* glaubt, »ein positivistischer Trugschluß«.[111] Es ist die zwingende Folge einer Minimalbedingung der Existenz von Recht. Rechtsnormen existieren nicht im Modus ihres Aufgeschriebenseins (wo auch immer), also, wenn man will, nicht als Druckerschwärze auf dem Papier. Und ebensowenig existieren sie im Modus ihres bloßen und folgenlosen Behauptetwerdens (von wem auch immer), also, wenn man will, als Bestandteil wohlmeinender Betrachtungen. Sie existieren vielmehr allein im Modus ihrer wenigstens minimalen Geltung. Das ist nicht etwa die Behauptung irgendeiner Theorie, die ja immer auch falsch sein könnte. Es gehört vielmehr zum *Begriff* der Norm und ist insofern analytisch wahr. Wer sagt, »Rechtsnormen als aktuell verbindliche Regelungen können auch dann existieren, wenn sie keinerlei Geltung haben«, der bestreitet nicht etwa das hier Gesagte mit einer Gegenthese, sondern spricht von etwas anderem. (Wovon genau, also von welcher Art rechtlicher Normen, wäre freilich schwer zu sagen.[112])

b) Geklärt werden muß allerdings, was »Geltung« bedeutet. Und da dies für unsere Frage nach der geltenden Rechtslage offensichtlich entscheidend wichtig ist, sei es genauer erläutert. Nach der Geltung rechtlicher Normen läßt sich in drei unterschiedlichen Hinsichten fragen:[113]

---

nungsfreiheit grds. auch die Äußerung falscher Ansichten gestattet. Das gleichwohl ausgesprochene Verbot besagt daher, daß das LG den zitierten Satz des Abtreibungsgegners trotz seiner formal exakten Übereinstimmung mit dem BVerfG-Urteil als Teil eines öffentlichen Protestes gegen den betroffenen Arzt für schlechterdings indiskutabel hielt.

[111] *Büchner* (2001), S. 63.

[112] Etwa so, wie wenn jemand sagte, ein Junggeselle könne auch ein verheirateter Mann oder ein Schimmel auch ein schwarzes Pferd sein. Wovon dabei die Rede wäre, ließe sich schwer sagen.

[113] Vgl. zum folgenden *Alexy* (1992), 137 ff.; *Koller* (1997) 109 ff.; *Röhl* (2001), 280 ff.

(1) in soziologischer,
(2) in ethischer,
(3) in spezifisch rechtlicher Perspektive.

Diesen Blickrichtungen korrespondieren drei unterschiedliche Geltungsbegriffe: der soziologische, der ethische und der juristische, und drei unterschiedliche Weisen (oder Modi) des Geltens: die soziale, die moralische und die juristische Geltung. Zwischen diesen Geltungsweisen können Kollisonen entstehen: etwa wenn die moralische Geltung einer in hohem Grade ungerechten Norm mit Gründen bestritten werden kann, diese Norm aber vom Gesetzgeber förmlich erlassen, von allen Rechtsinstanzen angewendet und so in ihrer sozialen Wirksamkeit durchgesetzt wird. Eine solche Norm hat wohl eine soziale, aber keine ethische Geltung. Die Frage, ob sie dann allein wegen ihrer faktischen Wirksamkeit auch als Rechtsnorm gilt, ist eines der umstrittensten Probleme der Rechtsphilosophie.[114] Geltungskollisonen können natürlich auch in anderen Akzentverteilungen zwischen den drei Geltungsbegriffen entstehen. Zu diesen Fragen braucht hier im einzelnen nichts gesagt zu werden. Denn das folgende ist in der Rechtstheorie heute allgemein anerkannt:

c) Der soziologische und der ethische Geltungsbegriff sind »reine« oder »autarke« Geltungsbegriffe. Sie können für sich allein und ohne Elemente der jeweils anderen Geltungsbegriffe existieren. Eine Norm kann also soziale Wirksamkeit haben, etwa von der Verwaltung angewendet werden, wiewohl sie ethisch verwerflich, also moralisch ungültig ist. Und umgekehrt kann eine ethisch begründete Norm auch ohne jede soziale und rechtliche Bedeutung (Geltung) gleichwohl

---

[114] Dazu sehr klar das in der vorigen Anm. zitierte Werk *Alexys*. – Daß es sich hierbei keineswegs um eine akademische Frage handelt, ist in den vergangenen Jahren in den sog. Mauerschützenprozessen gegen ehemalige Grenzwachen der DDR deutlich geworden: Ob einer Norm, die den Todesschüssen an der Grenze eine legale Deckung (§ 27 DDR-GrenzG) verschafft hat und die in der DDR de facto (sozial) wirksam war, der aber jede moralische Geltung fehlte, nachträglich in den Entscheidungen bundesdeutscher Strafgerichte die *juristische* Geltung zu- oder abgesprochen werden mußte. Der BGH hat bekanntlich das letztere angenommen.

als moralisch gültig angesehen werden. Beim juristischen Geltungsbegriff ist das anders. Er ist in diesem Sinne nicht autark, sondern beinhaltet notwendig Elemente jedenfalls einer der beiden anderen Geltungsweisen: der sozialen.[115] Das bedeutet: Eine Norm, die in keinem ihrer nominellen Anwendungsfälle bei irgendwem auch nur irgendeine minimale faktische (soziale) Wirksamkeit hat, existiert jedenfalls nicht als Rechtsnorm.

Gewiß verliert in einem insgesamt geltenden Rechtssystem eine ordnungsgemäß, also etwa auch durch Entscheidungen des BVerfG gesetzte Norm nicht schon dadurch ihre rechtliche Geltung, daß sie sehr häufig nicht befolgt und ihre Nichtbefolgung sehr selten sanktioniert wird. Doch muß sie, um juristisch zu gelten, eine wenigstens erkennbare soziale Wirksamkeit haben, ein Minimum an faktischer Steuerungskraft, eine zumindest geringe *ex-ante*-Chance der Wirkung vor jedem einzelnen ihrer Anwendungsfälle – und für den Fall des Scheiterns dieser (und möglicherweise jeder einzelnen) Chance von Steuerungswirkung: die Anordnung irgendeiner Folge oder Sanktion. Selbstverständlich braucht diese Sanktion nicht Strafe zu sein. Es gibt zahllose Normbrüche, die als rechtswidrig sanktioniert, aber nicht bestraft werden, vom falschen Parken über die Namenstäuschung bei Wohnsitzanmeldungen bis zur fahrlässigen Beschädigung fremder Sachen. Aber irgendeine mögliche Folge, die an eine Normübertretung anknüpft und die Geltung der übertretenen Norm *ex post* bekräftigt, muß die Rechtsordnung vorse-

---

[115] Ob eine Rechtsnorm nur dann juristisch gültig ist, wenn sie auch ein Element der moralischen Geltung hat, also jedenfalls nicht *evident und im höchsten Grade* verwerflich ist, mag offenbleiben. Das ist der Gegenstand des in der vorigen Anmerkung apostrophierten Streits in der Rechtsphilosophie, nämlich zwischen reinen Rechtspositivisten und »Natur-« oder Vernunftrechtlern. (Für zutreffend halte ich eine moderate Version der letzteren Provenienz; ähnlich *Alexy*, a. a. O.) Dieser Streit ist für unser gegenwärtiges Problem irrelevant. Denn jedenfalls wäre eine Norm, die Abtreibungen oder die verbrauchende Embryonenforschung erlaubt, nicht *evident und höchstgradig* verwerflich, wie schon die Tatsache beweist, daß über ihre Zulässigkeit zwischen hochrangigen Autoritäten der Wissenschaft und der Ethik gestritten wird und sie in anderen rechtsstaatlichen Ordnungen zweifelsfrei Geltung hat.

hen. Sonst stellt sie die Normübertretung frei und gibt damit ersichtlich die Norm selbst auf. In einer Formulierung des Rechtsphilosophen Robert Alexy:

»Bedingung der rechtlichen Geltung einer Einzelnorm ist zwar nicht, daß sie im großen und ganzen sozial wirksam ist, wohl aber, daß sie ein *Minimum an sozialer Wirksamkeit oder Wirksamkeitschance* aufweist. Dem entspricht das Phänomen der Derogation. Eine Derogation besteht in dem Verlust der rechtlichen Geltung einer Norm aufgrund des Absinkens ihrer Wirksamkeit unter jenes Minimum.«[116]

Wo immer dieses Minimum genau liegen mag, und seine Bestimmung mag im Einzelfall schwierig und zweifelhaft sein – eines ist heute in der Rechtstheorie so gut wie unbestritten: Eine Norm, die im beschriebenen Sinn sowohl als Handlungsanleitung als auch als Anordnung irgendeiner rechtlichen Reaktion auf falsches Handeln vollständig wirkungslos ist, kann keine existierende Rechtsnorm sein. Als lediglich moralische Norm mag sie dagegen sehr wohl Geltung beanspruchen könen.

Zur Klarstellung: Die Rede war und ist hier von der völligen Wirkungslosigkeit einer Norm in jedem ihrer nominellen Anwendungsfälle, also in jeder Situation, in der sie nach ihren eigenen Voraussetzungen wirksam zu sein hätte. Gewiß gibt es Normen, die ohne Zweifel gelten, obwohl sie noch niemals angewendet wurden: weil einfach die tatsächlichen Voraussetzungen für ihre Anwendung noch nie vorlagen. Das dürfte bei den meisten Normen in den ersten Tagen nach ihrem Erlaß der Fall sein. Bei manchen – etwa dem Völkermordtatbestand des § 220 a StGB – kann es Jahre, ja Jahrzehnte dauern, bis sie zum ersten Mal angewendet werden, weil erst dann ein sachlicher Anwendungsfall auftritt. Das tut der Normgeltung selbstverständlich keinen Abbruch. An-

---

[116] *Alexy*, a. a. O., S. 147 (Hervorhebung ebd.); in der Sache genauso *Koller* (1997), 109 ff. und *Röhl* (2001), 280 ff.

ders verhält es sich dagegen mit Normen, die trotz des (möglicherweise sehr häufigen) Vorliegens ihrer Anwendungsvoraussetzungen ausnahmslos und in jeder Hinsicht ohne Wirkung bleiben: Sie existieren nicht als Rechtsnormen. Davon ist hier die Rede.

d) Aus der grundlegenden rechtstheoretischen Einsicht, daß Rechtsnormen ohne jede soziale Wirkung nicht existieren, folgt übrigens nicht ihre Umkehrung: daß nämlich Normen, die sich formell als Rechtsnormen präsentieren und die sozial sehr wohl wirksam, vielleicht sogar höchst effizient sind, schon deshalb auch Rechtnormen sein müßten. Denn das hängt von der weiteren Frage ab, ob neben einem Minimum an sozialer zusätzlich ein Minimum an ethischer Geltung Voraussetzung der Rechtsgeltung ist. Darüber streiten sich seit eh und je rechtspositivistische und natur- bzw. vernunftrechtliche Lehren. Das mag hier auf sich beruhen. Aus unserer rechtstheoretischen Prämisse folgt also keineswegs, daß etwa die verbrecherischen »Führerbefehle« Hitlers, mögen sie formell Gesetze des Nazistaates gewesen sein und ihre soziale Wirksamkeit verheerend nachdrücklich bewiesen haben, damals geltendes Recht gewesen sind.[117]

e) Projiziert man nun diese Überlegungen auf die Norm, die das BVerfG im 4. Leitsatz des zweiten Fristenlösungsurteils postuliert, so lautet das Ergebnis: Die Norm »Abtreibungen nach der vorgeschriebenen Beratung sind rechtswidrig, dürfen also nicht durchgeführt werden« ist ohne jede Wirkung. Daran ändert der Rechtszwang zur Beratung vor jeder Abtreibung nichts. Denn er verwirklicht eine ganz andere Norm. Solange die Schwangere noch beraten wird, liegt ersichtlich noch kein konkreter Anwendungsfall für das Verbot (die Rechtswidrigkeit) des Abbruchs *nach* Beratung vor.

---

[117] S. dazu noch einmal Anm. 115; nach meiner, im Anschluß an *Alexy* (a. a. O.) gewonnenen Überzeugung waren sie es nicht. Rechtspositivisten, die dies anders sehen, heben selbstverständlich hervor, daß solche Normen *extrem verwerfliches* Recht sind, gegen das moralischer Widerstand zulässig ist und sogar geboten sein kann, daß es aber solches Recht sehr wohl geben könne; s. statt vieler *Hart* (1971), 14 ff.

Und nur um diesen geht es. Erst dann also, wenn die Beratung erfolglos geblieben ist und die Schwangere beschließt abzutreiben, hätte die Wirkung einer rechtlichen Norm, die das verböte, einzusetzen. Dann genau wird sie aber, gemäß den Anordnungen des BVerfG, zurückgezogen.

f) Und dem entspricht vollständig, was das BVerfG in seinen Entscheidungsgründen mehrfach hervorhebt: Im Falle einer beratenen Abtreibung habe nach der vom Gericht gebilligten Entscheidung des Gesetzgebers allein die Frau »die Letztverantwortung für den Schwangerschaftsabbruch«.[118] Letztverantwortung heißt: die Schwangere ist selbst die letzte Instanz, vor der sie ihre Entscheidung zu verantworten hat. Eine Norm, vor der sie das zu tun hätte und von der sie anschließend zu Verantwortung gezogen werden könnte, gibt es nicht mehr. Überläßt die Rechtsordnung die »Letztverantwortung« für eine Handlung der Privatperson, egal wie lange und intensiv sich diese zuvor hat beraten lassen müssen, dann ist die Handlung Privatsache. Und das heißt ganz einfach: sie ist rechtmäßig. Anders gewendet: Wer von Rechts wegen zuletzt über die Vornahme einer Handlung entscheiden darf, dem ist die Handlung erlaubt. Auch das ist ein begrifflicher, also zwingender, kein empirischer (und damit bestreitbarer) Zusammenhang. Denn die »Rechtswidrigkeit« einer Handlung ist dadurch definiert, daß über diese Handlung nicht der Handelnde, sondern die Rechtsordnung die »Letztverantwortung« hat: das Verdikt »Dies ist verboten. Tu es nicht!«[119]

g) Diesem Befund steht nicht entgegen, daß es selbstverständlich erfolgreiche Beratungen gibt, in denen abtreibungs-

---

[118] BVerfGE 88, 268, 318 und passim.

[119] »Letztverantwortung« im Sinn des BVerfG darf nicht verwechselt werden mit »faktischer Letztentscheidung über den Vollzug der Handlung«. Die hat selbstverständlich *immer* der Handelnde, auch der, der einen Mord begeht. Daß im Sinne der Formulierung des BVerfG zum Schwangerschaftsabbruch niemand die »Letztverantwortung« dafür hat, ob er einen Mord begeht oder nicht, ist evident. Mit »Letztverantwortung« meint das Gericht also die *normative* Letztverantwortung, die letzte normative Zuständigkeit für die Beurteilung der Handlung. Das aber ist das zwingende Kennzeichen rechtmäßiger, eben privater Handlungen.

willige Frauen umgestimmt werden und nun ihr Kind austragen. Aber das ist jeweils eine Folge der Beratung, nicht der nach einer erfolglosen Beratung erst einsetzenden Verbotsnorm. Keine Frau, die nach einer Beratung nicht abtreibt, tut dies aus einem Grund, den sie gegenüber der Beraterin etwa so formulieren müßte: »Ich war zuvor entschlossen abzutreiben. Sie haben mich auch nicht im mindesten überzeugt, geschweige denn umgestimmt. Ich möchte eigentlich auch weiterhin abtreiben und würde es gewiß tun, wenn es nach mir ginge. Auch weiß ich, daß ich darüber nach dem BVerfG die Letztentscheidung habe und der Staat mich unterstützen muß, wenn ich abtreibe. Aber da es rechtswidrig, also verboten ist, tue ich es gegen meinen Willen nicht.« Denn *diese* »Norm« kennt die Schwangere schließlich schon vorher. Ließe sie sich davon motivieren, so ginge sie nicht zur Beratung, die dann ja für sie sinn- und funktionslos wäre. Eine solche Begründung ist daher in genau dem Maße abwegig, wie es die Behauptung ist, die Norm, »beratene Abtreibungen sind rechtswidrig« habe irgendeine prohibitive Wirkung. Entscheidend ist aber, daß diese Norm, den Anordnungen des BVerfG entsprechend, anschließend auch durch keinerlei Sanktion gestützt werden darf. Damit ist ihre vollständige Wirkungslosigkeit von der Rechtsordnung akzeptiert, sie selbst also preisgegeben worden. Sie hat keinerlei Geltung und existiert daher nicht als Rechtsnorm.

g) Nun mag ein Mißverständnis naheliegen, das die Rolle und die Gestaltungsmacht des BVerfG in dieser Frage betrifft. Deshalb sei folgendes klargestellt: Das BVerfG kann Gesetze und andere staatliche Akte für verfassungs-, also rechtswidrig erklären. Aber es hat selbstverständlich keine Verfügungsmacht über den *Begriff* der Rechtswidrigkeit. Genauso wie es etwa ein Urteil oder ein Gesetz für logisch widersprüchlich erklären kann, aber selbstverständlich keine Verfügungsmacht über die Regeln, also den Begriff der Logik hat. Etikettiert es daher mit der Bezeichnung »rechtswidrig« eine normative Wirklichkeit, die davon nicht zutreffend gekennzeichnet wird, so ändert das an dieser Rechtslage nichts. *Falsa demonstratio, protestatio facto contraria*[120] – wie immer man in der geläufigen Terminologie eine solche Falschbezeichnung nennen mag: Jedenfalls ist der »beratene« Schwangerschaftsabbruch in Deutschland nicht mehr rechtswidrig.[121] Zumindest der Erste Senat des BVerfG dürfte dies inzwischen wohl ebenso beurteilen. In einem neueren Beschluß formuliert er das deutlich: Einem wegen Beleidigung verurteilten Abtreibungsgegner, der von massenhaftem »Kindermord im Mutterleib« gesprochen und sich auf seine Meinungsfreiheit berufen hatte, attestiert das Gericht, er wende sich in seinem Kampf nur gegen »ein *vermeintliches* Unrecht«.[122]

3. Vor diesem Hintergrund ist der wiederholte Hinweis des BVerfG im zweiten Fristenlösungsurteil, das vom Gesetzgeber gewählte, verfassungsrechtlich akzeptable »Beratungskonzept« erfordere die getroffenen Anordnungen zur Sicherstellung seiner Wirksamkeit, ohne Belang. Akzeptiert man, daß der Schutz vorgeburtlichen Lebens am besten mit dem Beratungskonzept des geltenden Rechts zu erreichen ist[123], so leuchten diese Überlegungen und die darauf gestützten Anordnungen des Gerichts gewiß ein. Zu dem vorausgesetzten Zweck mögen sie, wie das BVerfG mehrfach hervorhebt, durchaus erforderlich sein. Aber das ändert an ihrem

---

[120] D. i. »falsche Kennzeichnung« bzw. »(verbaler) Protest gegen eine zuvor selbst gesetzte Tatsache« – beides rechtlich wirkungslos. Die letztere Bezeichnung bei *Gropp* (1994), 159; *Rudolphi*, in: *ders. u. a.* (2000), § 218 a Rnr. 2; *Jakobs* (2000), 407.

[121] Das wird für die einfachgesetzliche Rechtslage auch und gerade von Abtreibungsgegnern betont (die diese *lex lata* allerdings – und nun freilich ohne normativen Boden – für verfassungswidrig halten); vgl. *Büchner* (2000), 9 ff.; *Rudolphi* in: a. a. o., § 218 a Rnr. 2; mit durchschlagenden Argumenten zum Ganzen *Jakobs* (2000), 17, 34 ff.; *ders.* (2000 a), 407.

[122] BVerfG, Beschluß vom 6.9.1999 – 1 BvR 1204/99 (Hervorhebung von mir, R. M.); man darf beruhigt ausschließen, daß juristisch höchstqualifizierte Verfassungsrichtern die offensichtliche Verwechslung von »Unrecht« (Rechtswidrigkeit) und »vermeintlichem Unrecht« unbemerkt unterlaufen könnte; die Formulierung ist daher ganz gewiß bedacht und gewollt; s. im übrigen noch einmal die sachlich gleichlautende Aussage im Urteil des LG Heilbronn (Anm. 110).

[123] Wenngleich es wenig glaubhaft ist. Zu den begründeten Zweifeln, die sich auch auf die seither angestiegenen Abtreibungszahlen stützen, *Tröndle* in *Tröndle/Fischer* (1999), vor § 218 Rnr. 14 c und d.

normativen Resultat nichts: der Derogation des vorherigen Rechtswidrigkeitsverdikts. Dann ist der angestrebte Gesetzeszweck eben nur mit einer Regelung erreichbar, die die Rechtswidrigkeit des Handelns der Beteiligten ausschließt. Es wäre ja gewiß nicht das erste Mal, daß der Staat bestimmte Ziele einfach nicht mehr im Modus des rechtlichen Verbots zu erreichen vermag und daher seine Normen aus diesem Problembereich zurückzieht. Damit schlägt er den jeweiligen Handlungsbereich der Privatsphäre seiner Bürger zu.[124] Handlungen, die rechtlich als Privatsache beurteilt werden, sind niemals rechtswidrig. Mag die »Beratungslösung« des geltenden Rechts die beste Strategie für den staatlichen Schutz vorgeburtlichen Lebens sein (oder mag sie es nicht sein): ihre zwingende Folge ist die Rechtmäßigkeit des Schwangerschaftsabbruchs.

4. Dies ist die Antwort auf unsere Frage nach dem geltenden Recht. Die »beratene« Abtreibung ist nicht, wie das BVerfG sagt, rechtswidrig, aber straffrei. Sie ist de lege lata rechtens. Denn außer einer gegenteiligen Benennung gibt es nichts in der Rechtsordnung, das ihre Rechtswidrigkeit wirklich machte. Das unterliegt nach allem hier Dargelegten keinem vernünftigen Zweifel. Man mache im übrigen hierzu eine Art *common sense*-Probe, trete für einen Moment aus dem Labyrinth von Verfassungsrecht und Rechtstheorie heraus und frage sich einfach dies: Wie man einem Laien klarmachen könnte, daß eine Handlung jedes Jahr weit über hunderttausendfach mit staatlicher Unterstützung vorgenommen wird, dabei von allen Beteiligten, sämtliche staatlichen Stellen eingeschlossen, stets als rechtmäßig behandelt wird, für den Handelnden unter dem gerichtlich durchsetzbaren Schutz seines Grundrechts auf Berufsfreiheit steht, freilich manchmal rechtswidrig *genannt* wird – und dies allein deswegen auch *sein* sollte.

---

[124] *Jakobs* (2000), S. 29, unter Hinweis auf diesen Vorgang beim Rückzug des Rechts aus dem Lebensbereich sog. Konkubinate, die ehedem strafrechtlich verfolgt wurden.

D. Rechtmäßigkeit der Abtreibung und der staatlichen Teilnahme daran trotz Grundrechtsträgerschaft des Embryos?

Das BVerfG hat in seinen beiden Abtreibungsurteilen das Rechtswidrigkeitsverdikt über jede nichtindizierte Abtreibung als zwingende Folge aus der Grundrechtssubjektivität des Embryos abgeleitet. Es wäre aber denkbar, daß ein solches Junktim nicht besteht: Die Abtreibung könnte rechtmäßig sein, *obwohl* der Embryo Grundrechtssubjekt ist. Das wäre dann der Fall, wenn es für sie auch im bloß »beratenen«, nichtindizierten Fall einen Rechtfertigungsgrund gäbe. Weiterhin wäre es möglich, daß im Falle einer Tötung von Embryonen die Voraussetzungen der Rechtfertigung *nur* von Abtreibungen erfüllt würden. Dann wären andere Formen des Tötens von Embryonen mit solchen Rechtfertigungsgründen nicht legitimierbar. Die Zulässigkeit der Gewinnung von Stammzellen unter Abtötung des Embryos wäre von dessen Grundrechtsstatus ausgeschlossen. Daher muß die Frage geklärt werden, ob eine solche abtreibungsspezifische Rechtfertigung begründbar ist.

Drei Argumentstrategien dafür sind denkbar.

(1) Die erste verweist auf die »singuläre Besonderheit« des Abtreibungskonflikts und knüpft daran die Konsequenz einer ebenso singulären Tötungserlaubnis.

(2) Die zweite identifiziert den Embryo als Gefahr für wichtige Belange der Schwangeren und daher im Verhältnis zu ihr als zuständige Ursache eines Defensivnotstands.[125] Das könnte seine Tötung durch Abtreibung auch dann rechtfertigen, wenn jene Belange der Schwangeren in ihrem Gewicht deutlich hinter den seinen, nämlich dem seines grundrechtsgeschützten Lebens, zurückblieben.

---

[125] Vgl. die Hinweise zum Defensivnotstand im Text unter I.3.

(3) Die dritte schließlich übernimmt die These, auf die der Gesetzgeber und das BVerfG ehedem die »Beratungslösung« gestützt haben: Abtreibungen könnten insgesamt nur dann erfolgreich zurückgedrängt werden, wenn man schwangere Frauen berate und nicht bedrohe. Stichwort: Schutz des embryonalen Lebens sei nur mit der Schwangeren, nicht gegen sie möglich. Anders als das BVerfG schließt die dritte Argumentstrategie aber aus dem Umstand dieser vorausgesetzten Alleintauglichkeit der Beratungslösung auf die *Rechtmäßigkeit* der in ihrem Rahmen vorgenommenen Abtreibungen.

Keines dieser Argumente muß den Grundrechtsstatus des Embryos bestreiten, um die Abtreibung legitimieren zu können. Trifft auch nur eines zu, dann könnte der Befund unserer bisherigen Analyse – die Rechtmäßigkeit der Abtreibung nach derzeit geltendem Recht – anders erklärt werden als durch das Fehlen der Grundrechtssubjektivität des Embryos. Aus diesem Befund wäre dann keinerlei Indiz für die verfassungsrechtliche Zulässigkeit einer Forschung an embryonalen Stammzellen zu gewinnen. Vielmehr müßte die gesamte Diskussion um den Grundrechtsstatus des Embryos ohne Rekurs auf die Judikatur des BVerfG, also prinzipiell und von Anfang an, aufgenommen und zu irgendeinem klärenden Ergebnis gebracht werden. Die Prognose ist nicht riskant: das würde die verfassungsrechtliche Debatte um die Stammzellforschung in einem aussichtslosen Patt fixieren und irgendwann einfach der politischen Mehrheitsentscheidung überantworten.

Freilich wird sich zeigen, daß keines der oben skizzierten Argumente haltbar ist.

I. »Absolute Einzigartigkeit« des Abtreibungskonflikts?

1. Das erste ist trotz seiner Popularität gänzlich untauglich. Es schließt von einer deskriptiv ermittelten »Einzigartigkeit«, also einer Tatsache, einfach und unmittelbar auf eine Erlaubnis, also eine Norm, nämlich die Zulässigkeit der Abtreibung. Damit präsentiert es ein Musterbeispiel dessen, was Philosophen seit David Hume den »Sein-Sollen-Fehlschluß«, manchmal auch »naturalistischen Fehlschluß« nennen: den ungültigen direkten Schluß von einem Faktum der Welt auf eine Norm, ein »Sollen«.[126] Daran ändert auch die beliebte Formel von der »Zweiheit in Einheit« nichts.[127] Ganz unabhängig von allen philosophischen Erwägungen liegt es auf der Hand, daß man zunächst begründen muß, warum und in welcher Hinsicht gerade das faktisch Singuläre einer Situation der »Zweiheit in Einheit« normativ bedeutsam ist, bevor man daraus normative Schlüsse zieht; also welche ethische Norm denn aus dem Umstand der »Zweiheit in Einheit« bei einer Schwangerschaft die Ableitung einer Tötungserlaubnis gestattet. Jeder spezifisch charakterisierbare Typus eines Lebenssachverhalts, von der Herztransplantation bis zum Konkursbetrug oder was immer man will, ist als solcher singulär (sonst wäre er nicht spezifisch charakterisierbar). Daraus allein folgt für Verbote oder Erlaubnisse offensichtlich nichts.

---

[126] Die klassische Stelle bei *Hume* (1740), Book III, Part 1, Sect. 1; dt. (1978), Bd. 2, 195 ff. (211). Knapp zum Sein-Sollen-Fehlschluß *Mackie* in: *Edwards* (Hrsg.) (1972), 169 ff., 178. Die in mancherlei Hinsicht umstrittenen logischen Beziehungen des »Sein-Sollen-Schlusses« zu dem seit G. E. Moore so bezeichneten »naturalistischen Fehlschluß«, der nach Moore in der (unzulässigen) Identifikation von »gut« mit irgendeiner natürlichen Eigenschaft besteht, brauchen hier nicht geklärt zu werden; s. dazu *Frankena* (1939), 464 ff., dt. in: *Grewendorf/Meggle* (Hrsg.) (1974), 83 ff. Jedenfalls über die logische Ungültigkeit des *unmittelbaren* Schlusses von einer rein deskriptiven (also nicht eine verborgene normative Voraussetzung enthaltenden) Faktenaussage auf eine Norm besteht Einigkeit; das gilt selbst für diejenigen, die aus gewissen »institutionellen« oder anderweitig normativ »angereicherten« Fakten (triviale) Schlüsse auf Normen ableiten und deshalb bestimmte »Sein-Sollen-Schlüsse« für möglich erklären; zum ganzen *Hügli* (1984), Sp. 519 ff.; auch *Pigden*, in *Singer* (Hg.) (1995), 421, 426 ff.

[127] Immer wieder begründungslos abgerufen, z. B. von *Riedel*, in: *Geyer* (Hg.) (2001), 119; als Grundlage einer Tötungserlaubnis freilich mit Recht abgelehnt in BVerfGE 88, 203 (253).

89

2. Nun weist die Struktur des Abtreibungskonflikts ganz gewiß Merkmale auf, die normativ bedeutsam sind. Aber dies sind nicht nur seine singulären Merkmale. »Singulär« mag man zunächst die biologische Abhängigkeit des Embryos vom Körper seiner Mutter nennen. Weniger konziliant formuliert: die partielle Beschlagnahme ihrer Physis für ungefähr neun Monate und gegen ihren Willen als Lebensressource eines anderen Wesens. Das ist eine erhebliche Zumutung, die *prima facie* weitreichende Maßnahmen zur Befreiung legitim erscheinen läßt, möglicherweise auch die Tötung dieses anderen. Und dies genau ist ihre normative Bedeutung.

3. Sie ist freilich, sieht man genauer hin, weder singulär, noch ist ihr Charakter als gravierende Zumutung ihr einziges normativ relevantes Merkmal. Gewiß sollte man über die Singularität einer Situation, in die man (wie der Verfasser dieser Zeilen) selbst nicht kommen kann, zurückhaltend urteilen. Ich gebe aber folgendes zu bedenken: Wir kennen durchaus noch (mindestens) einen weiteren Konflikttypus, in dem der Körper eines Menschen ohne oder gegen dessen Willen biologisch mit dem Körper eines anderen verbunden ist und diesem als Lebensressource dient: die Situation sog. »siamesischer Zwillinge«, die ein lebenswichtiges Organ, etwa das Herz, gemeinsam haben.[128] Manchmal ist dieses Organ physiologisch eindeutig oder primär dem einen der Zwillinge zuzuordnen; dann ist dessen biologische Zwangsbeschlagnahme durch den anderen nicht weniger deutlich als im Falle einer ungewollten Schwangerschaft.

a) Der Fall ist für unsere Zwecke deshalb aufschlußreich, weil wir es hier mit zwei geborenen Menschen zu tun haben, an deren jeweiliger Grundrechtssubjektivität nicht zu zweifeln ist. Daher präsentiert er unser Problem, die Frage nach

---

[128] Ausführlich zu allen physiologischen Typen solcher »conjoined twins« und zu den normativen Konflikten, die daraus entstehen können *Merkel*, in: *Roxin/Schroth* (Hg.) (2001), 145 ff.

einer normativ zulässigen Lösung des Konflikts, gewissermaßen reiner, unverstellter: ohne das Risiko, in diese Lösung unbemerkt die verdeckte Annahme eines grundrechtlichen Statusunterschieds der Beteiligten einfließen zu lassen, wie es im Fall des Embryos durchaus naheliegt.

Fragen wir also: Erschiene im Fall der Zwillinge die tödliche Auflösung des Konflikts zu Lasten des biologisch Abhängigen richtig? Nehmen wir an, die Zwillinge werden im Kleinkindalter getrennt, also ohne die Möglichkeit einer eigenen Einwilligung.[129] Der Zwilling, dem das gemeinsame Organ physiologisch zugeordnet werden kann, wird zugunsten seines körperlich befreiten Lebens von dem anderen abgetrennt und dieser dabei »geopfert«. Außerhalb akuter Lebensnotstandslagen stellen solche »Opfertrennungen« nach deutschem Recht eindeutig rechtswidrige Tötungen dar. Auch eine ethische Beurteilung käme schwerlich zu einem anderen Resultat.[130] Die biologische Zwangsverbundenheit – kraß: selbst das physiologisch »parasitäre Profitieren« des einen vom Körper des anderen – liefert keinen Rechtfertigungsgrund für die Tötung.

b) Man kann sich die Situation auch an erwachsenen siamesischen Zwillingen dieses Typs verdeutlichen: Zwilling A, dem physiologisch das gemeinsame Organ »gehört«, erträgt die körperliche Zwangsverbindung nicht mehr und tötet Zwilling B, um die Ärzte zu einem (vorher aus Risikogründen verweigerten) Trennungsversuch zu zwingen. Nehmen wir an, dieser gelänge. Rechtfertigung des Totschlags wegen der »singulären« Situation einer biologischen Zwangsbeschlagnahme des A durch den Körper eines anderen?

Ganz gewiß nicht. Und nun vergleiche man die Konstellation noch in weiteren Hinsichten mit der des Schwanger-

---

[129] In der kinderchirurgischen Fachliteratur sind zahlreiche Fälle dieser Art dokumentiert; s. *Cywes* (1994), 957 ff. (959 f.); Dokumentation aller bekannten Fälle bis Ende 1987 bei *Hoyle* (1990), 549 ff.; weitere Fälle bei *Merkel*, a. a. O., 150, 155 ff. dort auch die genaue ethische und rechtliche Analyse der Probleme.

[130] Zu beiden normativen Beurteilungen *Merkel*, a. a. O., 151 ff., 161 ff.

schaftskonflikts: Für A geht es nicht nur um eine solche Beschlagnahme für neun Monate, sondern für sein ganzes Leben. Auch kann er nicht, wie etwa eine Schwangere, ein relativ normales Leben als immerhin äußerlich individuell lebender Mensch führen. Er ist vielmehr erheblich weiterreichend in seiner physischen Freiheit beschränkt als eine Schwangere. Gleichwohl berechtigt ihn auch das alles nicht zur Tötung des anderen. Moralisch wie rechtlich entscheidend dafür ist dies: Keiner der Zwillinge kann in irgendeinem Sinne für das Entstehen der Zwangsverbindung zuständig – oder wenigstens in höherem Maße als der andere zuständig – gemacht werden. Daher können nach fundamentalen Prinzipien der Gerechtigkeit keinem der beiden die »Kosten« ihrer Auflösung einfach auferlegt werden. Und deshalb verbietet der gleiche Grundrechtsstatus beider Zwillinge die Tötung eines von ihnen zur Lebensqualitätsverbesserung des anderen. Für beide muß daher sowohl rechtlich als auch ethisch die Zwangsverbindung als Schicksal definiert werden, dessen Korrektur durch eigenes Handeln rechtens nicht möglich ist, das vielmehr beide hinnehmen müssen.

4. Daß wir dies im Schwangerschaftskonfliktfall anders oder zumindest weniger eindeutig zu sehen geneigt sind, kann also nicht an dessen *normativ* »singulärer« Konstellation liegen. Denn diese ist, wie wir gesehen haben, nicht singulär; und selbst wenn sie es wäre, rechtfertigte sie nicht die Tötung eines Grundrechtssubjekts. Es liegt auch nicht daran, daß es im Schwangerschaftskonflikt eine andere Zuständigkeit für die Entstehung gäbe als im Fall der siamesischen Zwillinge – im Gegenteil, wie wir sogleich [unter II. 2.] sehen werden. Was unser Vergleich vielmehr deutlich macht, ist dies: Aus der (zugestandenen) *faktischen* »Singularität« des Konflikts kann keinerlei Erlaubnis zur Tötung einer Konfliktpartei abgeleitet werden – wenn beide Parteien gleiche Grundrechtsträger sind. Unsere Neigung, diese Tötung im Schwangerschaftskonflikt zumindest für diskutabel zu halten, hat ihren Grund allein darin, daß wir – bewußt oder un-

bewußt – ebenjene Voraussetzung: die Grundrechtssubjektivität des Embryos, nicht oder nicht so fraglos annehmen wie im Fall der siamesischen Zwillinge.

5. Noch deutlicher wird das, wenn man sich nach der schon angedeuteten »Zuständigkeitsverteilung« im Schwangerschaftskonflikt fragt: Welche der beiden Konfliktparteien, Schwangere oder Embryo, kann als zuständig – oder jedenfalls vorrangig zuständig – für die Entstehung der Kollision angesehen werden? Die Frage leitet über zum nächsten der oben erwogenen Rechtfertigungsgründe: dem Defensivnotstand.

II. Rechtfertigung der Abtreibung wegen Defensivnotstands?

1. Eine Rechtfertigung der Abtreibung wegen eines Defensivnotstands der Schwangeren kommt nur dann in Betracht, wenn der Embryo, salopp (nicht strafrechtlich) gesprochen, für die Notlage in einem bestimmten Sinn »verantwortlich« gemacht werden kann.[131] Die Lastenverteilung bei der Auflösung eines Defensivnotstands beruht auf einem fundamentalen Prinzip der Fairneß und damit der distributiven Gerechtigkeit. Wer eine Gefahr zurechenbar geschaffen hat, ist fraglos zuständig für die »Kosten« ihrer Beseitigung; ist die Gefahrschaffung zudem rechtswidrig, so begründet sie den typischen Fall der Notwehr und legitimiert damit »harte«, über die Grenzen der Verhältnismäßigkeit weit hinausreichende Abwehrmaßnahmen. Aber auch wer eine Gefahr in keinem Sinne (geschweige denn rechtswidrig) geschaffen hat,

---

[131] Da »Verantwortung« begrifflich mit persönlicher Schuld und jedenfalls Schuldfähigkeit verknüpft ist, ist der Terminus für unser Problem sachlich unangemessen. Er wird hier nur illustrationshalber in seiner umgangssprachlichen Bedeutung verwendet (die ja bekanntlich sogar eine »Verantwortlichkeit« von Dingen und Zuständen, z. B. von Dürreperioden für Ernteausfälle oder von Börsenkursen für Konjunkturdaten u. ä. kennt); im übrigen kehre ich zurück zum angemesseneren Begriff der Zuständigkeit.

sondern diese Gefahr, ohne etwas für sie zu »können«, einfach *ist*, kann unter bestimmten weiteren Voraussetzungen für die Lasten ihrer Beseitigung in Anspruch genommen werden. Der normative Grund dafür ist eben das Prinzip des Defensivnotstands. Neben der Voraussetzung einer Gefahr, die von dem in Anspruch Genommenen ausgeht, fordert es zwei negative Bedingungen; sie dürfen *nicht* vorliegen, soll eine Defensivnotstandslage angenommen werden. Dies sind die beiden folgenden Umstände:

(1) Ein anderer (eine andere) hat die Gefahrentstehung wegen seines (ihres) zurechenbaren Handelns vorrangig zu vertreten.

(2) Oder: die Hinnahme der Gefahr durch einen Dritten ist diesem – trotz der anderweitigen Zuständigkeit für den Gefahrenursprung – aus Gründen der rechtlich erzwingbaren Solidarität zuzumuten.[132]

2. Projiziert auf die Situation des Schwangerschaftskonflikts liefern diese prinzipiellen Erwägungen einen klaren Befund: Im Verhältnis zwischen Schwangerer und Embryo – und zwischen diesen beiden müssen die Lasten der bio- oder physiologischen Konfliktlösung verteilt werden, da eine andere Lösungsmöglichkeit nicht besteht – ist es grundsätzlich die Schwangere, die für die Entstehung der Kollision zuständig ist. Juristisch, also bewußt unpersönlich, formuliert: Eigenverantwortliches Sexualhandeln in Kenntnis der möglichen Folgen disponiert normativ zur Zuständigkeit für diese Folgen. Der Embryo ist in diesen Konflikt, wenn man so will, zwangsinvolviert worden; die Schwangere hat dagegen das Risiko des Konflikts zurechenbar geschaffen. Wenn noch einmal eine saloppe, aber plastische Wendung gestattet

---

[132] Dies ist ersichtlich der Gesichtspunkt des oben behandelten Aggressivnotstands. In einem solchen befindet sich also nicht nur die Schwangere gegen den Embryo, sondern auch dieser ihr gegenüber (sobald die Konfliktlage als eine zu *beseitigende* definiert wird). Das heißt: nicht nur der Embryo kann zugunsten der Schwangeren, vielmehr kann auch diese zugunsten jenes solidaritätspflichtig gemacht werden – beide in den grundsätzlich engen Grenzen des Zumutbaren, die sich aber erst mit einer Abwägung der im Konflikt kollidierenden Güter bzw. Interessen bestimmen lassen.

ist: Es wäre eine nachgerade bodenlose Unfairneß, also Ungerechtigkeit, dem Embryo zu sagen: Was hast du hier im Uterus einer anderen Person zu suchen? – und ihn allein mit dieser Begründung und mit tödlicher Wirkung hinauszuwerfen, obwohl nicht er, sondern gerade jene andere Person seine Anwesenheit dort sehenden Auges, nämlich in Kenntnis des entsprechenden Risikos verursacht hat.[133]

Besonders deutlich wird das in Fällen, in denen eine Frau zunächst absichtlich schwanger geworden ist. Entschließt sie sich dann, etwa wegen dramatischer Veränderungen ihrer Lebens- oder Familiensituation, zu einem Abbruch, so gestattet ihr § 218 a StGB die Abtreibung ohne jeden Unterschied zum Fall einer unfreiwilligen Schwangerschaft. Klarer und schärfer, als es hier das Gesetz selbst tut, läßt sich die Ungerechtigkeit des Defensivnotstandsarguments nicht erhellen. Der Versuch, den Embryo für die Entstehung des Schwangerschaftskonflikts zuständig zu machen und damit – unter angeblicher Anerkennung seiner Grundrechtssubjektivität – gleichwohl seine Tötung zu rechtfertigen, ist schon nach positiv geltendem Recht verfehlt. Nach dessen grundlegenden Prinzipien erscheint er nachgerade verwerflich.

a) Man mag sich das auch so verdeutlichen: Grundsätzlich muß niemand einen anderen auf seinem Segelboot dulden. (Grundsätzlich muß keine Frau jemand anderen in ihrem Uterus dulden.) Wenn er ihn aber zurechenbar auf das Boot hat gelangen lassen, dann darf er ihn nicht auf offener See mit tödlicher Wirkung hinauswerfen. (Wenn sie ihn aber zurechenbar in ihren Uterus hat gelangen lassen, dann darf sie ihn – sofern er ein Grundrechtssubjekt ist wie sie selbst – nicht mit tödlicher Wirkung hinauswerfen.) Daß übrigens der Bootsinhaber meines Beispiels den anderen sogar dann

---

[133] Daß bei diesem »Verbringen« in den Uterus noch eine dritte Person, der Vater des Embryos, beteiligt war, ist offensichtlich; es kann aber an der Lastenverteilung zwischen Embryo und Schwangerer nichts ändern, da der Mann für die Konfliktlösung nicht unmittelbar herangezogen werden *kann*. Sicher ist aber, daß der Embryo selbst, anders als die Schwangere, daran überhaupt nicht beteiligt war.

nicht hinauswerfen darf, wenn er diesen nicht zurechenbar auf sein Schiff hat gelangen lassen, hat seinen Grund im zweiten der oben formulierten Prinzipien, dem der Solidarität: Sie zwingt ihm hier wegen des ungleich größeren Gewichts des Lebensrechtes die Duldung des anderen trotz dessen rechtswidrigen Eindringens auf. Das ist das Grundprinzip des Aggressivnotstands. Dieses Solidaritätsgebot können wir für den Fall des Schwangerschaftskonflikts, in dem es freilich auf der einen Seite ebenfalls um Sein oder Nichtsein geht, durchaus offenlassen. Denn hier gibt es eine klare Zuständigkeit der anderen Seite für die Konfliktentstehung. Natürlich hat das Duldenmüssen eines anderen im eigenen Uterus ein ganz anderes Gewicht, bedeutet also eine ganz andere Zumutung als die Hinnahme der Anwesenheit eines Fremden auf dem eigenen Segelboot. Aber das betrifft ersichtlich nur die Frage, wie bedeutend die Interessen sind, die in einem solchen Konflikt kollidieren, also die Frage der Abwägung, nicht dagegen die, wer für den Ursprung des Konflikts zuständig ist. Diese Frage hängt vom Gewicht der kollidierenden Güter nicht ab. Sie ist in beiden Fällen genau die gleiche. Und damit braucht der naheliegende Hinweis, daß der körperlichen Inanspruchnahme auf der einen immerhin eine Tötung auf der anderen Seite gegenübersteht, gar nicht bemüht zu werden.

b) Die Skizze macht beiläufig deutlich, daß die normativen Verhältnisse im Falle einer durch Vergewaltigung aufgezwungenen Schwangerschaft, also dem der sog. kriminologischen Indikation, anders liegen: Hier ist die Schwangere für die Konfliktentstehung genausowenig zuständig wie der Embryo. Welche Lösung zwischen gleichen Grundrechtssubjekten hier die ethisch richtige wäre – etwa unter dem Gesichtspunkt der wechselseitig zumutbaren Solidarität –, mag offenbleiben. Denn Abtreibungen aufgrund einer kriminologischen Indikation sind schon nach dem eindeutigen Gesetzeswortlaut rechtmäßig (§ 218 a Abs. 3 StGB). Daß sie ohnehin nur einen verschwindenden Promille-Anteil an der

Gesamtzahl von Abtreibungen in Deutschland ausmachen, sei deshalb nur beiläufig angemerkt.

c) Das bislang zum Defensivnotstand Dargelegte entspricht grundlegenden Prinzipien des Rechts und der Gerechtigkeit. Auch mit den tiefverwurzelten moralischen Intuitionen der meisten Menschen dürfte es ohne weiteres übereinstimmen.

3. Dennoch ist die skizzierte Problematik eines Defensivnotstands im Schwangerschaftskonflikt während der vergangenen drei Jahrzehnte in der analytischen Moralphilosophie intensiv und kontrovers erörtert worden (wenn auch nicht in den hier verwendeten rechtlichen Begriffen). Diese Debatte geht zurück auf einen inzwischen berühmten Aufsatz der amerikanischen Philosophin *Judith J. Thomson* zur ethischen Problematik der Abtreibung: ›A Defence of Abortion‹.[134] Thomson entwickelt ihre Lösung anhand eines Beispielfalles, der als »Geiger-Fall« eine gewisse Notorität erlangt hat. Er veranschaulicht normativ zentrale Aspekte unserer Frage; daher sei er hier zitiert. Dabei möge folgendes bedacht werden: Die faktische Abstrusität der erfundenen Fallkonstellation ergibt keinerlei Einwand gegen ihre Tauglichkeit zur Verdeutlichung der normativen Probleme. Es handelt sich um ein sogenanntes Gedankenexperiment, eine zentrale Methode philosophischer Argumentation seit den Zeiten Platons. Gedankenexperimente sollen nicht die Realität der Welt abbilden. Sie sollen vielmehr komplizierte und in dieser Realität oft undurchschaubar verwickelte Strukturen, z. B. von Normkollisionen, durch deren plastische Veranschaulichung transparent und damit leichter zugänglich machen. Das soll auch der »Geiger-Fall«. Hier ist er:

»[Ich] möchte Sie bitten, sich folgendes vorzustellen. Sie wachen morgens auf und finden sich in einem Bett liegend, Kopf an Kopf mit einem bewußtlosen Geiger. Einem berühmten bewußtlosen Geiger. An ihm wurde eine bedrohliche Nierenkrankheit diagnostiziert, und

[134] *Thomson* (1971), 47 ff.; dt. in: *Leist* (Hg.) (1990), 107 ff.

die Gesellschaft der Freunde der Musik hat alle verfügbaren Patientenunterlagen durchsucht und herausgefunden, daß allein Sie die richtige Blutgruppe haben, um helfen zu können. Sie hat Sie deshalb gekidnappt, und letzte Nacht wurde der Blutkreislauf des Geigers an den Ihren angeschlossen, so daß Ihre Nieren dazu benutzt werden können, Gift ebenso aus seinem wie aus Ihrem Blut herauszuziehen. Der Krankenhausdirektor sagt zu Ihnen: ›Sehen Sie, wir bedauern sehr, daß Ihnen die Gesellschaft der Freunde der Musik das angetan hat – wir hätten es nie erlaubt, wenn wir davon gewußt hätten. Aber sie haben es eben getan, und jetzt ist der Geiger an Sie angeschlossen. Sie abzukoppeln würde bedeuten, ihn zu töten. Aber keine Angst, es handelt sich nur um neun Monate. Nach dieser Zeit wird er sich von seinem Leiden erholt haben und kann ohne Gefahr von Ihnen abgekoppelt werden.‹«

a) Die – nur partielle – sachliche Parallele zur Situation der Schwangerschaft ist deutlich. »Ist Ihnen«, fragt *Judith Thomson*, »unter dem Gesichtspunkt der Moral auferlegt, sich in diese Situation zu fügen?« Und ihre Antwort lautet, daß es »zweifellos ausgesprochen nett« wäre, dies zu tun, daß es aber keinerlei moralische Verpflichtung dazu geben könne. Daraus schließt sie, daß eine Abtreibung auch dann zulässig sein müsse, wenn dem Embryo ein Grundrecht auf Leben und etwa auch auf Achtung seiner Menschenwürde zustehe, genauso zweifelsfrei eben wie dem Geiger ihres Beispiels.

b) Die Suggestivität des Falles und der Thomsonschen Folgerungen lebt allein davon, daß hier eine exemplarische Konstellation des Defensivnotstands gezeichnet wird. Deren Prämisse und damit das Fundament ihrer Lösung ist das unfreiwillige Gekidnappt-Werden dessen, dem die »Kosten« der Gefahrbeseitigung für den Geiger auferlegt werden. Thomson glaubt das nicht.[135] Es ist aber so. Um das zu sehen,

---

[135] *Thomson*, a. a. O. (in *Leist,* a. a. O.), S. 109 f.

darf man den Sachverhalt nicht einfach nur so verändern, wie es Thomson tut: mit der neuen Prämisse nämlich, daß die an den Geiger angeschlossene Person zuvor in dieses Anschließen zur Rettung des Geigers eingewilligt hat. Verlöre sie dann nach einer Weile die Lust zu dem Spiel, dann mag man ihr tatsächlich – mit Thomson – das moralische Recht zugestehen, sich einfach wieder abhängen zu lassen (wiewohl schon hier gewisse Fragen auftauchen). Aber eine zutreffende Analogie zur Schwangerschaft muß anders aussehen. Es geht nicht bloß um eine Einwilligung in das Angeschlossenwerden an den bereits todkranken Geiger. Im korrekt analog gebildeten Sachverhalt käme vielmehr der Geiger durch das zurechenbare Verhalten der anderen Person überhaupt erst in den Zustand des Todkrankseins: Sie wäre es, die ihn in eine Lage bringt, in der er ohne den (neunmonatigen) Anschluß an ihren Blutkreislauf definitiv sterben müßte – genauso, wie es sich zwischen Schwangerer und Embryo verhält. Sieht man die Dinge richtigerweise so, dann wird freilich offensichtlich, daß ein Abhängenlassen gegen Grundprinzipien der Fairneß und der Gerechtigkeit verstieße.

4. Im übrigen macht das Fallbeispiel noch etwas anderes klar, das in der Debatte über die Zulässigkeit der Abtreibung erstaunlicherweise selten oder gar nicht thematisiert wird, wiewohl es die moralische Grundlage der Defensivnotstandsbehauptung bzw. des Arguments von der »Zweiheit in Einheit« radikal desavouiert. Thomsons Beispielsperson darf sich ggf. abhängen lassen, weil es ihr nicht zumutbar ist, ihren Körper neun Monate lang von jemand anderem als Ressource benutzen zu lassen. Die Erlaubnis zur Abtreibung und das Motiv der Schwangeren dazu beruhen aber auf einem ganz anderen Grund: der »Unzumutbarkeit« bzw. Unerwünschtheit des möglichen künftigen Kindes *nach* dessen Geburt. Keine Schwangere treibt ab, weil sie ihren Uterus nicht zur Verfügung stellen, sondern weil sie später das Kind nicht haben will. Wer hätte je von einer Begründung wie dieser gehört? »Eigentlich wünsche ich mir sehnlichst gerade das

Kind, mit dem ich soeben schwanger bin. Aber neun Monate meinen Körper dafür hergeben, das will ich auf keinen Fall. Und nur deshalb lasse ich es schweren Herzens aus meinem Körper entfernen.« Darauf bezöge sich im übrigen auch die Abtreibungserlaubnis nicht. Schwangere brechen im »nur beratenen« Fall die Schwangerschaft nicht aus Gründen ihrer Körperintegrität ab (dafür gibt es ggf. einen eigenen Indikationsgrund), sondern allein deshalb, weil sie die Existenz des späteren Kindes verhindern wollen. Und genau und nur dafür erhalten sie auch die rechtliche Erlaubnis.[136]

Nun kann aber die »Unzumutbarkeit« der Existenz eines Kindes für einen anderen dann, wenn das Kind bereits geboren ist, keinesfalls dessen Tötung legitimieren. Das ist offensichtlich und bedarf gewiß keiner weiteren Bekräftigung. Auf genau *dieser* Unzumutbarkeit und eben nicht auf der Unzumutbarkeit des Schwangerseins beruht aber die Abbruchserlaubnis. Zieht man also, wie es nahezu durchgängig (und auch bei Thomson) geschieht, die biologische Konfliktsituation der »Zweiheit in Einheit« in der Schwangerschaft heran, um deren Abbruch per Defensivnotstand zu legitimieren, dann schiebt man eine andere Begründung vor als die, auf der die wirklich erteilte Erlaubnis beruht. Das wäre, geschähe es bewußt, eine moralisch inakzeptable Irreführung. Denn der wirkliche Erlaubnisgrund, der auf diese Weise verdunkelt wird, erwiese sich schon beim ersten genauen Hinsehen als einer, der gegenüber geborenen Menschen, also gegenüber Grundrechtsträgern, nicht diskutabel wäre – eben weil sie Grundrechtsinhaber sind.

Da also die wirklich erteilte Erlaubnis (wegen »Unzumutbarkeit« des späteren Kindes) dessen Tötung als die eines Grundrechtssubjekts nicht trüge, die andere, die man für

---

[136] Zur Erinnerung: Wir sprechen hier – in Übereinstimmung mit der geltenden Rechtslage, wie sie unsere obige Analyse ermittelt hat – von *rechtmäßigen*, also erlaubten, nicht mehr, wie das BVerfG, von rechtswidrigen (wenn auch straffreien) Abtreibungen. Aber selbst, wenn man die Etikettierung des BVerfG akzeptiert, kann man den Beratungsschein, der die Abtreibung ermöglicht, schwerlich anders denn als Erlaubnis bezeichnen.

tragfähiger hält (wegen Defensivnotstands oder »Zweiheit in Einheit«), aber weder erteilt worden ist noch mit dem wirklichen Grund für die Abtreibung etwas zu tun hat, erscheint diese Art der Legitimation moralisch nicht begründet, sondern erschlichen.

So wäre eine Rechtfertigung daher nicht einmal dann zu beschaffen, wenn das Defensivnotstandsargument wenigstens im Prinzip dazu taugte. Die Rechtmäßigkeit des Schwangerschaftsabbruchs kann deshalb, von Fällen der kriminologischen Indikation (vielleicht) abgesehen, jedenfalls nicht mit Defensivnotstandserwägungen begründet werden.

5. Dagegen macht der wirkliche Grund der Abbruchserlaubnis, die »Unzumutbarkeit« des prospektiv geborenen Kindes, ganz deutlich, daß damit dem Embryo im Mutterleib eine Grundrechtssubjektivität nicht zu-, sondern abgesprochen, er aus dem Schutzbereich subjektiver Grundrechte ausgeschlossen wird. Denn mit dieser Begründung wäre an die Tötung eines geborenen Kindes nicht zu denken. Hätte der Embryo dieselben Grundrechte, dürfte es bei ihm nicht anders sein.

III. »Beratungslösung« als allein geeignetes Mittel zur Optimierung des vorgeburtlichen Lebensschutzes? – Rechtsprinzipielle Grenzen

Damit bleibt das letzte unserer drei oben genannten Argumente zur möglichen Begründung einer Rechtmäßigkeit der Abtreibung trotz Grundrechtssubjektivität des Embryos: der Hinweis, daß nur mit der »Beratungslösung« des § 218 a StGB und den flankierenden Anordnungen des BVerfG (die eben, wie sich gezeigt hat, zur Rechtmäßigkeit der Abtreibung geführt haben) Abtreibungen erfolgversprechend zurückgedrängt werden können – nur mit der Schwangeren, nicht gegen sie. Dieses Argument dürfte das von den Befürwortern des geltenden Rechts am meisten verwendete sein.

Das BVerfG zieht es heran, um seine Lösung »straffrei, wenn auch rechtswidrig« zu begründen. Andere verwenden es, um die Rechtmäßigkeit der Abtreibung zu demonstrieren. Und nur um diese letztere Position geht es uns noch.

Sie kann, genau betrachtet, zweierlei bedeuten:

(1) Einmal, daß nur mit der Beratungslösung die *Gesamtzahl* der Abtreibungen in Deutschland reduziert werden kann. So dürfte es intuitiv wohl meistens und nach meinem Eindruck vor allem in der politischen Diskussion aufgefaßt werden. Dieses Argument werde ich hier zur Abkürzung die »Gesamtlösung« nennen.

(2) Und zum andern, daß für *jeden einzelnen* Embryo ex ante, also vor Beginn der gesetzlich geforderten Beratung, die Beratungslösung die beste sei, nämlich seine Chancen zu überleben, besser wahre und schütze als jede andere, insbesondere als ein (möglicherweise sogar strafrechtliches) Verbot seiner Tötung. Diese Lösung als die ex ante beste für jeden einzelnen Embryo bleibe dies auch dann, wenn sie nicht zum Ziel führe, der Embryo also danach dennoch getötet werde. Denn seine Überlebenschance vor der endgültigen Abtreibungsentscheidung der Schwangeren sei durch die Beratung trotz ihrer Erfolglosigkeit gleichwohl gesteigert worden. Ohne Beratung wäre er deshalb (höchstwahrscheinlich) sowieso verloren gewesen. – Dieses Argument soll hier, wieder zur Abkürzung, »Einzellösung« heißen.

Beide Argumente, die von den Verteidigern des Beratungskonzepts üblicherweise nicht unterschieden werden, nehmen gleichwohl und sozusagen stillschweigend ganz unterschiedliche normative Grundlagen in Anspruch. Eine genaue Analyse muß daher beide auseinanderhalten.

1. Die empirische Voraussetzung der Gesamtlösung sei hier nicht bestritten: daß sie die für eine Reduktion der Abtreibungszahlen bestgeeignete Strategie sei.[137] Jedenfalls liegt,

---

[137] Wenngleich sie wenig glaubhaft ist. Angesichts der gegenläufigen Erfahrungen seit der

wie das BVerfG in der zweiten Fristenlösungs-Entscheidung feststellt, eine solche Einschätzung der sozialen Wirklichkeit im Rahmen des Beurteilungsspielraums, den der Gesetzgeber bei der Erfüllung seiner grundrechtsbezogenen Schutzpflichten hat.[138]

a) Damit ist freilich nicht gesagt, daß diese als »Gesamtlösung« optimale Strategie auch eine nach Rechtsprinzipien mögliche ist. Das mag als eine auf den ersten Blick verblüffende Behauptung erscheinen. Sie ist aber selbstverständlich, wenn man sich zweierlei vor Augen hält: Erstens, daß Gesamtlösungen dieser Art per definitionem als Ziel eben den besten Gesamtzustand haben, also im weitesten Sinne utilitaristischer, jedenfalls konsequentialistischer Provenienz sind.[139] Und daß sie daher, zweitens, typischerweise mit den fundamentalen Prinzipien einer auf individuellen Grund- und Freiheitsrechten ruhenden Rechtsordnung kollidieren.

Auch in unserem Fall ist das so. Das Argument der Gesamtlösung ist als Rechtfertigungsgrund für die Abtreibung von Embryonen, sofern diese Grundrechtsträger sind, keine nach Rechtsprinzipien mögliche Lösung. Daraus folgt, daß Abtreibungserlaubnisse, die sich auf eine solche Gesamtlösung stützen, den Embryo nicht als Grundrechtsträger behandeln, sondern aus dem Kreis grundrechtsgeschützter Personen ausschließen.

b) Zur Verdeutlichung sei ein Beispiel gewählt, daß die Logik einer solchen Exklusion nach Kriterien einer optima-

---

Gesetzesänderung gehört, wie mir scheint, ein beträchtliches Maß an Realitätsverweigerung dazu, die Annahme weiterhin zu verteidigen; dazu überzeugend *Tröndle* in: *Tröndle/Fischer* (1999), Rnr. 14 c, d vor § 218 m. N. Da in der gegenwärtigen Embryonenschutz-Debatte dieses Argument nicht selten und überraschenderweise auch von Abtreibungsgegnern verwendet wird, die es in den Jahren zuvor bei ihrem Protest gegen die Beratungslösung des geltenden § 218 a StGB durchaus vehement bestritten haben, kann man sich des Verdachts nicht erwehren, daß es eher für bestimmte Ziele in dieser Debatte funktionalisiert als wirklich geglaubt wird.

[138] BVerfGE 88, 203, Leitsätze 11 – 13 sowie S. 270 ff. – Zu den grundrechtsbezogenen und daher (auch) »subjektivierten« objektiven Schutzpflichten s. noch einmal oben.

[139] Zu dieser und anderen Unterscheidungen innerhalb im weitesten Sinne konsequentialistischer Theorien s. *Nida-Rümelin* (1993), 53 ff.

len Gesamtlösung anhand eines anderen grundrechtlichen Schutzbereichs zeigt, der erheblich weiter eingeschränkt werden kann als der des Art. 2 Abs. 2 GG, nämlich der des Art. 14 Abs. 1 GG, des Eigentumsgrundrechts. Nicht einmal dort, im Bereich des Eigentumsschutzes, wären Gesamtlösungen nach der Logik des Beratungskonzepts unseres geltenden Abtreibungsrechts als grundrechtskonforme möglich. Man erwäge das folgende:[140]

Zu den gesellschaftlichen Problemen, die man mit strafrechtlicher Prävention auch nicht in den Griff bekommt, gehört bekanntlich der Ladendiebstahl. Man stelle sich ein Gesetz vor, das zur Verringerung der Gesamtzahl von Ladendiebstählen und des daraus erwachsenden volkswirtschaftlichen Schadens folgendes regelt: »Die Gemeinden werden ermächtigt, zu jedem Wochenbeginn per Rechtsverordnung ein größeres Kaufhaus auszuzeichnen, das zur Plünderung freigegeben wird. Plündern darf, wer sich vorher in einer bestimmten Form darüber hat beraten lassen. Die Beratung soll einer Entscheidung für die Plünderung entgegenwirken, jedoch ergebnisoffen sein. Die ›Letztverantwortung‹ für die Entscheidung, ob er plündern will oder nicht, liegt bei dem Beratenen. Trifft er sie bejahend, so ist jederlei Abwehrreaktion gegen ihn, von welcher Seite auch immer, verboten. Insbesondere darf der Kaufhausinhaber keinerlei Notwehr und ein Dritter keine Nothilfe ausüben. Nachträgliche Sanktionen sind ebenfalls ausgeschlossen. Verträge zwischen Plünderern und Helfern zum Zwecke einer größeren Effizienz der Plünderung sind wirksam, also mitsamt allen Nebenansprüchen (Schadensersatz bei Nichterfüllung etc.) zivilrechtlich durchsetzbar. Für die Zeit der Plünderung hat der Plünderer einen Anspruch auf Lohnfortzahlung. Der Staat ist gesetzlich verpflichtet, flächendeckend Einrichtungen mit Plünderwerkzeugen und mit sonstiger Hilfestellung

---

[140] Die Idee zu dieser Veranschaulichung entnehme ich dem Aufsatz von *Jakobs* (2000), 17 ff. (28), der den Gedanken beiläufig andeutet, den die folgende Skizze ausbuchstabiert.

bereitzuhalten. Wer (beratenen) Plünderern hilft, steht dabei unter dem Schutz des Grundrechts auf Berufsfreiheit.« – Die Zahl der Ladendiebstähle, so wollen wir annehmen, ist seither erheblich rückläufig, der ökonomische Gesamtschaden deutlich geringer.

Man verwechsle dies nicht mit wohlfeiler Ironie. Selbstverständlich sind im Abtreibungskonflikt ganz andere Güter, Interessen und Normen im Spiel; und gewiß wäre die hier skizzierte Strategie zur Bekämpfung des Ladendiebstahls auch als Gesamtlösung zur Zielerreichung höchst unvernünftig. Auf alles dies kommt es für mein Argument aber nicht an. Es soll allein die normative Struktur, also die Logik solcher Gesamtlösungen zeigen. Und insofern bildet das Beispiel allerdings exakt die Gesamtlösung des Beratungskonzepts im Abtreibungsrecht ab.

Zweierlei macht es deutlich: Solche Plünderungen wären eindeutig nicht mehr rechtswidrig, egal ob sie von wem immer, das BVerfG eingeschlossen, so bezeichnet würden. Denn sie würden durchgängig, ausnahmslos und von allen Beteiligten als rechtmäßig behandelt; und der möglicherweise empörte Inhaber des jeweils geplünderten Kaufhauses wird nach der skizzierten Regelung mit keinerlei Protest auch nur gehört – als wäre er so stumm wie ein Embryo. Und zweitens: Die Regelung wäre nicht etwa eine Beschränkung des Eigentumsgrundrechts, entsprechend dem Gesetzesvorbehalt und der Schrankenbestimmung des Art. 14 Abs. 1 und 2. Sondern: der Kaufhausinhaber würde als dieser aus dem Grundrechtsbereich exkludiert, nicht mehr als Inhaber eines Eigentumsgrundrechts auf das Kaufhaus behandelt (sein anderes Eigentum könnte dabei natürlich unangetastet bleiben).

Zur Klarstellung: Wir haben im Grundgesetz bekanntlich eine Norm, die solche Exklusionen aus dem Bereich des Eigentumsgrundrechts hinsichtlich einzelner Sachen nach einem rechtlich geordneten Verfahren gestattet, nämlich die Enteignungsregelung des Art. 14 Abs. 3. Aber das ist kein Einwand gegen die Tauglichkeit meines Beispiels. Es gibt bei gewissermaßen trivialen Grundrechten wie dem Eigentum eben die rechtliche Möglichkeit einer *partiellen* Exklusion, freilich auch dies nur gegen Entschädigung. Daß es genau um eine solche Exklusion und nicht um eine bloße Beschränkung geht, macht schon die Bezeichnung »Enteignung« deutlich. Aber bei Grundrechten, die Leben und Menschenwürde schützen, gibt es das ganz offensichtlich und aus ebenso offensichtlichen Gründen nicht. Und dort liegt das Problem der Abtreibung.

c) Eine Deutung der Beratungslösung als Gesamtlösung ergäbe also keine Rechtfertigung für Schwangerschaftsabbrüche – wenn man dem Embryo den Status als grundrechtsgeschützte Rechtsperson zuschreibt. Auch wenn das Beratungskonzept die Gesamtzahl von Abtreibungen in dieser Gesellschaft höchst erfolgreich zurückdrängte: es wäre vor der Prämisse des embryonalen Grundrechtsstatus mit fundamentalen Prinzipien des Rechtsstaats nicht zu vereinbaren.

Gleichwohl wird die Beratungslösung offenbar meistens im Sinne einer Gesamtlösung aufgefaßt. Wer das akzeptiert, rechtfertigt nicht etwa die Abtreibung von grundrechtsgeschützten Embryonen, sondern schließt diese aus dem Bereich des Lebensgrundrechts aus. Die Begründung der gegenwärtigen Abtreibungsregelung des § 218 a StGB legt die Vermutung nahe, daß der Gesetzgeber zumindest auch, wenn nicht sogar hauptsächlich das Ziel dieser Gesamtlösung im Auge hatte. Die Haltung des BVerfG zu einer solchen Deutung des Beratungskonzepts ist etwas schwerer auszumachen. Wenn ich recht sehe, ist es diese: Das Gericht erkennt die oben dargestellte Exklusionswirkung einer solchen Gesamtlösung und damit deren unrechtlichen Charakter sehr genau.[141] Gleichwohl interpretiert es offenbar die Beratungslösung zumindest auch in diesem Sinne. Und deshalb versucht es im zweiten Fristenlösungsurteil die oben analysierte

---

[141] Deutlich BVerfGE 39, 1 ff. (58) und passim; ebenfalls BVerfGE 88, 203, Leitsatz 2, sowie S. 252 und passim.

Quadratur des Kreises: die Lösung »straflos, aber rechtswidrig«. Warum diese Lösung mit den ihr beigegebenen Maßgaben des BVerfG scheitern muß, haben wir gesehen.

2. Damit bleibt als letzte Möglichkeit einer Rechtfertigung »beratener« Abtreibungen bei gleichzeitiger Annahme eines Grundrechtsstatus des Embryos die oben als »Einzellösung« bezeichnete Deutung des Beratungskonzepts: die Annahme nämlich, es biete – statistisch und *ex ante* betrachtet – auch für jeden einzelnen Embryo den bestmöglichen Schutz, und zwar selbst für den, der schließlich aufgrund einer »letztverantwortlichen« Entscheidung der Schwangeren getötet werde.

Auch hier sei die Richtigkeit der empirischen Behauptung über diese Schutzwirkung als zutreffend unterstellt.[142] Dann gibt es zwei allgemeine Rechtfertigungsprinzipien, um die dahinterstehende Überlegung in rechtliche Kategorien zu fassen:

(1) Die mutmaßliche Einwilligung – nämlich jedes einzelnen Embryos in die Prozedur der Beratungslösung in *seinem* Schwangerschaftskonflikt, und zwar mit allen ihren möglichen, ggf. auch tödlichen Konsequenzen;

(2) und eine Sonderform des rechtfertigenden Notstands – nämlich eine, die nicht auf dem Prinzip der rechtlich erzwingbaren Solidarität mit anderen Menschen beruht, sondern einfach auf der Richtigkeit einer Abwägung bei Kollisionen verschiedener Interessen eines und desselben Menschen.[143] Dieser wäre in unserer Konstellation der Embryo. Zu seinen Gunsten wäre dann abzuwägen, ob es seinen Interessen im Schwangerschaftskonflikt besser entspricht, einer Beratungslösung oder aber irgendeiner anderen Regelung ohne Beratung unterworfen zu werden.

---

[142] Als überzeugend anerkannt freilich nicht.

[143] Zum Streit in der Strafrechtsdogmatik, ob diese Situation tatsächlich (und ggf. per Analogie) der Notstandsregelung des § 34 StGB subsumiert werden könne und nicht vielmehr ausschließlich nach den Regeln der mutmaßlichen Einwilligung zu beurteilen sei, s. *Roxin* (1997), § 16/87 f. (m. w. N.) sowie *Merkel* (2001), 528 ff.

Beide Konstruktionen laufen in unserem Fall auf dieselben sachlichen Erwägungen und die Prüfung derselben Elemente hinaus. Denn bei menschlichen Wesen, die – wie frühe Embryonen – noch niemals einen eigenen Willen bilden konnten, kann die Fiktion eines »mutmaßlichen Willens« nur in der Ermittlung ihrer wirklichen Interessen und deren korrekter Abwägung bestehen. Eben dies verlangt auch das Notstandsprinzip. Die Prüfung zeigt freilich, daß bei einer vorausgesetzten Grundrechtsträgerschaft des Embryos keine der beiden Konstruktionen zu einer Rechtfertigung führen kann.

a) Der Gedanke der mutmaßlichen Einwilligung besagt hier ungefähr dies: Da die »Beratungsschutz«-Strategie für den Embryo zunächst die beste sei, sie aber nur funktionieren könne, wenn man nach ihrem Fehlschlag im konkreten Einzelfall der Schwangeren die Tötung des nun leider nicht mehr zu rettenden Embryos gestatte, dürfe man eine mutmaßliche Einwilligung des Embryos in den Gesamtvorgang, also am Ende auch in seine daraus resultierende Tötung annehmen. Daß diese Konstruktion scheitert, von ihren lebensfremden Prämissen abgesehen, ist leicht zu sehen. Man setze an die Stelle des Embryos eine andere Person, deren Grundrechtsträgerschaft außer Zweifel steht: Deren *ex ante* und sogar tatsächlich gegebene Einwilligung in ein solches Rettungsverfahren wäre nach dessen Scheitern und vor ihrer deshalb drohenden Tötung im konkreten Einzelfall selbstverständlich jederzeit widerrufbar und nicht etwa vertraglich bindend. Denn das gerade ist die Funktion der Grundrechte auf Leben und Schutz der Menschenwürde, eine solche quasi-vertragliche Bindungswirkung, ein Festgehaltenwerden an einer Einwilligung in die eigene Vernichtung, ja schon in erheblich weniger, etwa die eigene Versklavung, auszuschließen. Ein wirksamer »Shylock-Vertrag«[144], ein lebens-

---

[144] »Laßt uns ein volles Pfund von Eurem Fleisch / Zur Buße setzen, das ich schneiden dürfe / Aus welchem Teil von Eurem Leib ich will« (*Shakespeare*, Der Kaufmann von Venedig, I/3).

langes Sich-Verkaufen in die Sklaverei oder die bindende Abmachung der künftigen Tötung eines Vertragspartners sind unter dem Grundgesetz nicht möglich. In keiner Lage des Lebens, nach keiner denkbaren vorherigen Verabredung, gibt es einen wirksamen Totalverzicht auf die fundamentalen Grundrechte.[145]

Schon deshalb wäre die Annahme einer rechtfertigenden mutmaßlichen Einwilligung in eine solche Tötung für Nichteinwilligungsfähige indiskutabel.[146] Darüber hinaus käme eine rechtfertigende (selbst tatsächlich gegebene) Einwilligung in die eigene Tötung ohnehin nicht in Frage, wie das strafrechtliche Verbot der Tötung auf Verlangen (§ 216 StGB) zeigt, und zwar auch dann nicht, wenn sie ausdrücklich für die Tötung, nicht bloß für ein *ex ante* riskantes Rettungsunternehmen gegeben würde. Die schon auf den ersten Blick befremdliche Rabulistik einer mutmaßlichen Einwilligung des Embryos in seine eigene Tötung per »Beratungslösung« erweist sich daher auch bei näherem Hinsehen als abwegig.

b) Nichts anderes gilt für den rechtfertigenden Notstand der oben skizzierten Sonderform. Es liegt einfach nicht im »überwiegenden« Interesse eines Embryos, abgetrieben zu werden, selbst wenn die vorherige Beratungsprozedur, die am Ende zu seiner Abtreibung führt, ihm an ihrem Anfang die besseren Chancen versprochen hat, also dann noch in seinem Interesse gewesen sein sollte. Gerechtfertigt werden muß die schließliche Tötung, nicht nur der Einbezug in ein lebensgefährliches, wenngleich ex ante vielleicht optimal chancenwahrendes Lotterieverfahren, als das sich die Bera-

---

[145] Der in der Verfassungsrechtslehre (kontrovers) diskutierte sog. »Grundrechtsausübungsverzicht« ist, wie schon aus seiner Bezeichnung ohne weiteres ersichtlich, etwas ganz anderes; s. *Hillgruber* (1992), 134 (m. w. N.).

[146] Und wer hier etwa darauf verweisen wollte, daß nun eben über den leider schiefgelaufenen Einzelfall hinaus die Glaubwürdigkeit des gesamten Konzepts für Hunderttausende nachfolgender Fälle auf dem Spiel stehe und deshalb die vorher versprochene Beihilfe zur Tötung eben nolens volens geleistet werden müsse, der verwendet ersichtlich wieder das alte utilitaristische, also rechtlich untaugliche Gesamtlösungs-Argument: das der Interessen *anderer* bzw. der Gesamtheit, für die man aber den individuellen Embryo nicht mit seinem Leben bezahlen lassen darf.

tungslösung für den am Ende zu tötenden Embryo (angeblich) darstellt. Alles dies definitiv auszuschließen: das gerade ist die Funktion des subjektiven Grundrechts auf Leben. Ist der Embryo Inhaber dieses Rechts, so liefert auch die Deutung des Beratungskonzepts im Sinne einer Einzellösung keine Rechtfertigung für seine Tötung.

IV. Zusammenfassung

Damit sind alle Versuche, eine Rechtfertigung der Abtreibung bei gleichzeitiger Annahme einer Grundrechtssubjektivität des Embryos zu begründen, gescheitert. Gleichwohl ist nach geltendem Recht, wie wir gesehen haben, die Abtreibung rechtmäßig. Daraus folgt, daß der Embryo bei seiner Tötung im Schwangerschaftskonflikt nicht als Rechtsperson mit Grundrechten behandelt, sondern aus dem Bereich der Grundrechte exkludiert wird.[147] Und dies bedeutet zugleich, daß er nach geltendem Recht nirgendwo Inhaber der Grundrechte auf Leben und Achtung seiner Menschenwürde sein kann. Wenn der notorisch vage und umstrittene Art. 1 I GG einen unbestrittenen Inhalt hat, dann den, daß er im Hinblick auf die fundamentalen Grundrechte, vor allem das auf Leben, die rechtliche Gleichbehandlung aller seiner Inhaber gebietet.[148] Daher ist die in der Verfassungsdogmatik gelegentlich und gerade im Hinblick auf den Schutz des Nasciturus vorgeschlagene »Entkoppelung« der Grundrechte aus Art. 1 I und Art 2 II S. 1 in so undifferenzierter Formulierung irreführend.[149] Die These ist nur insofern richtig, als sie die sachlichen Anwendungsbereiche der beiden Grundrechte »ent-

---

[147] Treffend *Jakobs* (2000), 37 und passim.

[148] Dazu *Höfling*, in: *Sachs* (Hrsg.) (1999), Art. 1 Rnr. 27: Gebot der »Achtung elementarer Rechtsgleichheit«; ebenso *Hofmann* (1993), 363; *Dreier*, in: *ders.* (Hg.) (1996), Rnr. 44, 80; *Benda*, in: *Benda/Maihofer/Vogel* (1994), § 6 Rnr. 12; alle m. w. N.; ebenso BVerfGE 5, 85 (205).

[149] S. etwa *Höfling*, a. a. O., Rnr. 21, 51, 60; *Dreier*, a. a. O., Rnr. 48, 51 zu Art. 1 Abs. 1 (m. w. N.).

koppeln« will. Nicht akzeptabel ist aber eine Entkoppelung der persönlichen Anwendungsbereiche, also des Grundrechtsstatus nach Art. 1 Abs.1 einerseits und nach Art. 2 Abs. 2 S. 1 andererseits. Sowenig wie es Grundrechte zweiter Klasse gibt, gibt es Grundrechtssubjekte zweiter Klasse.[150] Gewiß berühren die meisten Tötungen die Menschenwürde des Getöteten nicht. Das gilt auch für die Mehrzahl der rechtswidrigen, nämlich fahrlässigen Tötungen, sei es im Straßenverkehr oder sonstwo. Selbst für zahlreiche vorsätzliche, etwa Affekttötungen dürfte es zutreffen. Aber rechtliche Tötungserlaubnisse, die im skizzierten Sinn auf einer Exklusion des Getöteten als Rechtsperson beruhen, unterwerfen ihn einem prinzipiell anderen Umgang, als er gegenüber allen Personen, die zweifelsfrei Grundrechtsträger sind, zulässig wäre: einem Umgang jenseits der fundamentalen Prinzipien des Rechts. Das wäre, setzt man den Grundrechtsstatus des so Getöteten voraus, immer und jedenfalls zugleich eine Verletzung seiner Menschenwürde: seines Anspruchs auf rechtliche Gleichbehandlung, auf Nicht-Exklusion aus dem Geltungsbereich grundlegender Rechtsprinzipien.[151] Darf er dagegen in einer Rechtsordnung auf eine solche Weise getötet werden (wie es in unserer der Fall ist), dann gewährt ihm diese Ordnung den Status als Grundrechtssubjekt nicht.

Diese exkludierende Folge haben solche Tötungen auch dann, wenn sie nur in einem einzigen typischen Konflikt – dem der Schwangerschaft – generell zugelassen werden, ansonsten aber, etwa als Embryonenforschung, generell verboten bleiben. Ein Grundrecht auf Leben, das einer bestimmten Gruppe menschlicher Wesen auch nur für einen Typus von Konflikten in abstracto nicht gewährt wird, ist insgesamt kei-

---

[150] Daher ist *Dreier* nicht zu folgen, wenn er die Probleme der Abtreibung oder der Embryonenforschung so zu lösen versucht, daß er dem Embryo zwar einen Status nach dem (einschränkbaren) Art. 2 Abs. 2 S. 1, aber nicht nach dem (»unantastbaren«) Art. 1 Abs. 1 zubilligt; vgl. *ders.*, a. a. O., Rnr. 51 zu Art 1 Abs.1 (wobei allerdings zu bedenken ist, daß Dreier entgegen der herrschenden Meinung Art. 1 Abs. 1 insgesamt nicht als subjektives Grundrecht aufgefaßt wissen will).

[151] Das verkennt die oben, zu und in Anm. 149 und 150, zitierte verfassungsrechtliche Lehre.

nes. Wo und wie immer das Leben dieser Wesen ansonsten rechtlich geschützt werden mag (etwa im ESchG) – im Modus subjektiv-grundrechtlichen Schutzes geschieht dies nicht mehr. Es gibt, das sei noch einmal betont, schon begrifflich keine Grundrechte zweiter Klasse. Und damit ist zugleich die Frage nach dem Menschenwürde-Status des embryonalen menschlichen Lebens im geltenden Recht beantwortet, nämlich verneint. Eine prinzipielle rechtliche Ungleichbehandlung im Hinblick auf das fundamentalste aller Einzelgrundrechte, das Recht auf Leben, läßt sich mit dem Status eines Trägers der Menschenwürde nach Art. 1 des GG nicht in Einklang bringen.

E. Ergebnis

I. Nur einfachgesetzlicher, kein grundrechtlicher Schutz des Embryos

1. Dies ist das Resultat der Analyse des geltenden Rechts: Auf der Ebene des einfachen Gesetzes ein unzweideutiges Verbot jeder »verbrauchenden« Forschung an Embryonen, auf der des Verfassungsrechts eine Tabula rasa. Der Embryo ist nach geltendem Recht kein Inhaber subjektiver Grundrechte. Die geltende Regelung des Abtreibungsrechts schließt dies aus. Argumente, die es dennoch behaupten, sind irrig. Aufschlußreich an solchen Argumenten ist jedoch dies: Soweit sie neben dem Grundrechtsstatus des Embryos zugleich die Zulässigkeit der Abtreibung rechtfertigen wollen, stützen sie sich regelmäßig auf Überlegungen, die ihrerseits gerade den Ausschluß des Embryos aus der Sphäre der Grundrechtssubjekte voraussetzen oder implizieren. Das hat unsere Analyse gezeigt.

Gleichwohl wird das embryonale Leben rechtlich geschützt. Das ESchG ist dafür ein nachdrücklicher Beleg. Aber dieser Schutz ist der eines bloßen »Gutes«, nicht der des Lebens einer Rechtsperson – eines hohen Gutes, gewiß, aber nicht der eines Subjekts von Grundrechten.

2. Auch dieser rechtliche Schutz des Embryos hat eine Rückbindung an die Verfassung: an die *nur* objektiv-rechtlichen Schutzpflichten des Staates aus Art. 1 Abs. 1 GG. Diese Pflichten, das haben wir bereits oben gesehen, beziehen sich im wesentlichen auf die Würde der Menschheit als Spezies, auf den Schutz eines normativ-symbolischen Bildes der Menschen von sich selbst.[152] Dieses Bild ist im Wechsel der Zeiten und Kulturen nicht nur wandelbar und in vielerlei Hinsichten undeutlich. Es ist vor allem – und anders als das »unantastbare« subjektive Grundrecht aus Art. 1 GG – in zahlreichen Zusammenhängen des gesellschaftlichen Lebens der Notwendigkeit weitreichender Abwägungen ausgesetzt. Denn zu unserem Menschenbild gehört vieles, was nicht kollisionsfrei nebeneinander Bestand haben kann. Der Würdeschutz von Leichen zum Beispiel, also etwa das Verbot, sie aus Neugier aufzuschneiden, um ihr Körperinneres zu inspizieren, weicht schon dem leisesten Verdacht, bei der Todesursache könnten kriminelle Umstände im Spiel gewesen sein. Er tritt in der Abwägung zurück hinter das Kollektivinteresse an der Aufklärung und Verfolgung von Straftaten. Und dies gilt auch, wenn der Verstorbene vor oder seine Angehörigen nach seinem Tod eine Sectio ausdrücklich abgelehnt haben.[153]

Gewiß deutet der Vergleich auf einen augenfälligen Unterschied: Der Embryo lebt und hat im Normalfall die Chance einer personalen Entwicklung, der Leichnam nicht. Und dieser Aspekt muß, trotz Fehlens seiner grundrechtlichen Beglaubigung, bei weiterer Klärungen selbstverständlich berücksichtigt werden. Das ist ein Hinweis auf die Notwendigkeit ge-

---

[152] S. die Erörterungen oben S. 11 ff.
[153] Vgl. § 87 Abs. 1 und 4, § 94 Abs. 2 StPO.

nauerer Analysen, als sie mit einem einfachen Rekurs auf die Menschenwürde geleistet werden. Und daß uns gerade die biomedizinische Forschung immer wieder zu schwierigen Präzisierungen jener objektivrechtlichen Schutzpflicht aus dem speziesbezogenen Begriff der Menschenwürde zwingt, ist weder neu, noch überraschend. Denn zu dem komplexen normativen Bild »des Menschen«, das unsere Vorstellungen von uns selbst als Gattungswesen prägt und leitet, gehört weitaus mehr als die Frage, was ein schutzwürdiges menschliches Individuum ausmacht, nämlich auch die, was eine schützenswerte menschliche Gesellschaft kennzeichnet, welche Formen der Solidarität mit heutigen und künftigen Generationen etwa, und vieles andere. Und ebenfalls nicht überraschend sind daher die Irritationen, die mit jenem Zwang zur Klärung zunächst einherzugehen pflegen. Als vor zwei Jahrzehnten die Technik der In-vitro-Fertilisation eingeführt, das erste »Retortenbaby« geboren wurde, sahen viele Skeptiker unser Menschheitsbild, eben jenen Würdebegriff im speziesbezogenen Sinne, bedroht. Heute leben Hunderttausende in vitro gezeugter Menschen. Wer würde ihre Existenz oder deren Ursprung im Ernst als Anschlag auf unsere kollektive Würde empfinden?

Das Beispiel ist, verglichen mit unserem gegenwärtigen Problem, gewiß federleicht. Aber es verdeutlicht die Plastizität und die Wandelbarkeit des Begriffs unserer Gattungswürde, und damit auch seine Ideologieanfälligkeit. Seine Konturen in einer so komplexen Frage wie der der »verbrauchenden« Forschung an Embryonen genauer zu bestimmen, kann einerseits nicht allein und nicht unmittelbar die Aufgabe des Rechts sein. Denn dieses findet in einer vage projizierten »Spezieswürde« keinen Begriff vor, der ohne weiteres subsumtionstauglich wäre. Es kann aber andererseits auch nicht allein in einer empirischen Erkundigung bei den derzeit in der Gesellschaft vorfindlichen Menschenbildern bestehen. Denn diese mögen sich dem genaueren Blick als ideologisch imprägniert darstellen. Was deshalb zunächst erforderlich ist, ist eine eingehende ethische Analyse.

II. Ein populäres Mißverständnis (und seine Bereinigung)

Unsere gesamte bisherige Untersuchung, das – wenn die leise paradoxe Wendung gestattet ist – Vernehmbarmachen des verfassungsrechtlichen Schweigens auf unsere Ausgangsfrage, impliziert daher für die ethischen Grundfragen nichts: Welcher Schutzstatus sollte dem Embryo zugeschrieben werden und welche moralischen Gründe gibt es dafür? Ist es möglicherweise ein Status, der im Hinblick auf den von ihm gebotenen Schutz dem fundamentalen des subjektiv-grundrechtlichen gleichzustehen hat? Und falls nicht: Was wäre und mit welchem normativen Gewicht in der dann erforderlichen Abwägungung zu berücksichtigen? Antworten auf diese Fragen und einige weitere sucht die nun folgende ethische Analyse.

Damit sollte sich übrigens ein in der öffentlichen Diskussion immer wieder artikuliertes Mißverständnis erledigen. Man könne doch nicht, so wird gesagt, aus der vielleicht anfechtbaren Lösung des vollkommen singulären Schwangerschaftskonflikts in unserer Rechtsordnung einfach auf die Zulässigkeit der ganz anders gelagerten Embryonenforschung schließen.[154] Das kann man gewiß nicht. Aber ein solcher Fehlschluß wird, soweit ich sehe, nirgendwo gezogen, und jedenfalls nicht hier. Eine einfache Analogie zwischen den beiden Sachverhalten Abtreibung und Embryonenforschung wäre vielmehr in verschiedenen Hinsichten unplausibel und böte keine Grundlage für normativ beglaubigte Rückschlüsse. Was unsere Analyse gezeigt hat, ist allein das Fehlen einer Grundrechtssubjektivität des Embryos nach geltendem Recht. Wohl ist damit eine unbedingt notwendige Voraussetzung für die Zulässigkeit der Forschung an embryonalen Stammzellen geklärt und bejaht. *Hinreichend* für die Begründung dieser Zulässigkeit ist sie aber ganz offen-

---

[154] Zuletzt (zum wiederholten Male) von der Bundesjustizministerin *Däubler-Gmelin* (2001), 8; ebenso *H.-J. Vogel* im Interview mit der FAZ, 20.11.01.

sichtlich nicht. Denn sie besagt nichts über die Frage, welcher rechtliche Schutz für den Embryo schon diesseits der Grundrechte ethisch geboten ist, und nicht einmal darüber, ob der Mangel eines Grundrechtsstatus nicht moralisch verworfen werden und die verbrauchende Embryonenforschung daher zumindest einfachgesetzlich verboten bleiben muß.

3. Kapitel
Der Status des Embryos – II: Ethik

A. Methodische Vorbemerkungen

I. Noch einmal: normativer Vorrang der Schutzbelange des Embryos vor denen der Gesellschaft

Erinnert sei zunächst an unsere eingangs getroffene Primär-unterscheidung: zwischen dem Blick auf schutzwürdige Belange des Embryos und dem auf solche der Allgemeinheit. Der normative Vorrang einer Klärung des Status des Embryos, den wir am Anfang festgehalten haben, setzt sich nun schlüssig als das Gebot fort, auch unter ethischen Gesichtspunkten zunächst diesen Status zu untersuchen. Gesellschaftsbezogene Argumente sind ihm gegenüber moralisch nachrangig.[155] Mehr als das: sie sind in ihrer Bedeutung gar nicht angemessen zu verstehen, wenn man nicht zuvor geklärt hat, was eine verbrauchende Forschung mit Embryonen diesen selbst »antut« (falls sie ihnen etwas antut). Denn vor allem davon hängt offensichtlich die Antwort auf die weitere Frage ab, was die Gesellschaft sich selbst antut, wenn sie eine solche Forschung zuläßt. Wäre diese den Embryonen gegenüber moralisch ohne weiteres legitimierbar, dann wären Befürchtungen im Hinblick auf die Gesellschaft, die ja mit den erwünschten Forschungsergebnissen auch moralisch hochwertige Hoffnungen verbindet, nicht recht verständlich. Und unter der groben Suggestivformel, wohin eine Gesellschaft gerate, die »den tödlichen Verbrauch menschlichen Lebens für die Zwecke Drit-

---

[155] S. zu den Gründen noch einmal oben, 1. Abschn., A. IV. 1.

ter« hinnehme, lassen sich solche gesellschaftlichen Schutzbelange ethisch überhaupt nicht angemessen thematisieren.

Zur Verdeutlichung: Vom »tödlichen Verbrauch menschlichen Lebens für die Zwecke Dritter« lebt die gesamte Organtransplantation. Denn der Hirntote, dem (z. B.) das Herz entnommen wird, lebt biologisch zu 98 % seiner Körpersubstanz; tot an ihm sind dreieinhalb Pfund Materie im Kopf, sonst nichts. Rein biologisch betrachtet tötet ihn daher erst die Herzentnahme. Die Frage, was sich eine Gesellschaft antut, die so etwas zuläßt, ist ohne die vorgängige, was sie damit den Hirntoten »antut« (falls sie ihnen damit etwas antut) überhaupt nicht vernünftig zu beantworten. Wer sie in der Fassung jener groben Suggestivformel stellt, mag damit ein abscheuliches Szenario projizieren, etwa so: »Was geschieht mit einer Gesellschaft, die das Schlachten hilfloser lebender Menschen zuläßt, um die Gesundheit anderer zu verbessern?« Wer dagegen zunächst den moralischen Status von Hirntoten und damit unsere Pflichten ihnen gegenüber klärt, der wird das projizierte Szenario eines Massenmordes an Hilflosen so abwegig finden, wie es inzwischen die gesamte zivilisierte Welt tut, der die Verdienste der Transplantationsmedizin auch und gerade moralisch als Segen, nicht als Fluch erscheinen.

Bei allem großen Respekt vor *Jürgen Habermas* sei die folgende Zwischenbemerkung erlaubt: Hier genau scheint mir eine prinzipielle Schwäche seiner Abhandlung über ›Die Zukunft der menschlichen Natur‹ zu liegen. Er räumt zunächst ein (wenngleich ungern, wie er betont), daß ein grundrechtlicher Subjektstatus des Embryos nicht begründbar sei.[156] Dann wechselt er sofort und unvermittelt zu seinen Befürchtungen gravierend negativer Folgen für die Gesellschaft, um nun allein diese zu behandeln. Freilich thematisiert er sie ausschließlich unter abstrakten Formeln wie »Freigabe des instrumentellen Umgangs mit Embryonen« oder »Integrität

---

[156] S. *Habermas* (2001), 70.

des werdenden menschlichen Lebens, an das keine zivilisierte Gesellschaft ohne weiteres rühren darf«.[157] So kann man aber auch das gesellschaftliche Problem nicht sinnvoll formulieren. Noch einmal: man prüfe die Brauchbarkeit solcher Abstraktionen im Hinblick auf Hirntote und die Organtransplantation. »Instrumenteller Umgang mit Hilflosen«? Oder »Integrität des verlöschenden menschlichen Lebens, an das keine zivilisierte Gesellschaft ohne weiteres rühren darf«? Das mag, wer will, so formulieren. Wäre aber daraus irgendeine moralische Einsicht zu gewinnen, die unsere jahrzehntelange Erfahrung mit der Organtransplantation ernsthaft irritieren oder in Frage stellen könnte? Solche Formeln können, von ihrer Inhaltsleere abgesehen, ohne eine vorherige genaue Klärung des moralischen Status frühester Embryonen (oder Hirntoter) nur in die Irre führen.

---

[157] *Habermas*, a. a. O., 57, 67. – Beiläufig: Die sich hier sofort aufdrängende Frage nach über 200.000 Abtreibungen pro Jahr in Deutschland schiebt Habermas mit *einem* Satz beiseite: Es handle sich dabei um »existenzielle Entscheidungen«, die mit den Problemen der Präimplantationsdiagnostik und der Stammzellforschung nichts zu tun hätten (ebd., S. 58). Das erscheint mir gänzlich unangemessen. Weder handelt es sich bei den allermeisten Abtreibungen um »existenzielle Entscheidungen« (außer, versteht sich, für den Embryo), noch ist damit, selbst wenn die Behauptung richtig wäre, die Frage auch nur berührt, ob solche Entscheidungen gegen »werdendes menschliches Leben«, an das die Gesellschaft »nicht rühren darf«, allein deshalb moralisch zulässig sein könnten, weil sie für die Schwangere ebenfalls in irgendeinem (jedenfalls schwächeren) Sinne »existenziell« wären. Denn sie werden ganz offensichtlich jeweils in einem Konflikt getroffen, für dessen Entstehen der getötete Embryo nichts kann, während die ihn tötende Schwangere dafür zuständig ist. Die sich daher unmittelbar aufdrängenden Fragen bleiben bei *Habermas* ebenfalls unerörtert: Ob eine Gesellschaft, die so etwas zuläßt, nicht doch und massenhaft an dieses werdende Leben rührt; und zwar seit eh und je und offenbar gleichwohl ohne die von *Habermas* befürchteten gravierenden Schäden an ihrer »Gattungsethik« (ebd., S. 70 ff.). – Vgl. zu all diesen Problemen noch einmal den obigen verfassungsrechtlichen Teil unserer Untersuchung.

II. Moralität der Handlung oder des Handelnden? Zur Begründung von Handlungsnormen: bedürfnis- oder ideal- orientiert?

Der Übersichtlichkeit und Transparenz halber seien der folgenden Analyse zwei weitere Unterscheidungen vorange-
stellt. Die erste bezeichnet deren Gegenstand etwas genauer;
die zweite betrifft die Art der Argumente, mit denen sich
ethische Normen und Prinzipien begründen lassen.

1. Zur ersten Erwägung: Man kann bei der moralischen Beurteilung menschlichen Verhaltens primär die jeweils fraglichen Handlungen als solche, man kann aber auch vornehmlich den Handelnden selbst, nämlich seine Absichten, Motive
und Gesinnungen in den Blick nehmen. Beide Perspektiven
haben in jeweils unterschiedlichen Zusammenhängen ihre
Berechtigung. Die Beurteilung der bloßen Handlung läßt sich
dabei grob dem Bereich der Sozialethik, die des Handelnden
selbst der Individualethik zurechnen. Denn Handlungen haben als Verwirklichung menschlicher Intentionen in der
Außenwelt regelmäßig eine soziale Dimension; Gesinnungen
und Motive bleiben als solche innerlich. Für unsere Untersuchung ist nur die erstere, also die primär sozialethische Betrachtungsweise bedeutsam. Sie ist es im übrigen auch, in der
die gegenwärtige Unsicherheit über Grenzen des Umgangs
mit menschlichen Embryonen entstanden ist: Es geht dabei
allein um die Frage der Zulässigkeit oder Unzulässigkeit von
Handlungen, aus welchen Motiven immer sie vorgenommen
werden mögen. Die öffentliche Debatte bei uns leidet noch
immer an der Vermischung beider Perspektiven. Das zeigt einen Mangel an Rationalität an. Ob es wahr ist, daß viele unter den Wissenschaftlern, die an einer Forschung mit embryonalen Stammzellen interessiert und für sie zuständig sind,
aus verdächtigen Motiven handeln, etwa aus persönlichem
Ehrgeiz oder aus ökonomischen Gründen, weiß ich nicht.[158]

---

[158] Insinuationen dieser Art gab es zahlreiche in der Presse, etwa gegenüber dem Präsiden-

Es ist aber für unser Thema belanglos. Man kann ebenso aus schäbigen Motiven das moralisch Richtige tun, wie man aus den edelsten Motiven moralisch falsch handeln kann. Man kann (zum Beispiel) ein ertrinkendes Kind allein deshalb retten, weil man am nächsten Tag in der Lokalzeitung stehen will – und damit eine Handlung ausführen, die trotz ihres verächtlichen Antriebs moralisch richtig bleibt. Und man kann zur Verbesserung der Welt terroristische Anschläge machen, die selbst dann moralisch höchst verwerflich blieben, wenn sie die Welt dem angestrebten Ziele näher brächten. Allein die Frage der Richtigkeit von Handlungen soll uns daher im folgenden beschäftigen.

2. Schwieriger ist die Frage, mit welchen Argumenten Handlungsnormen überhaupt begründbar sind. Die einschlägigen Grundlagendiskussionen werde ich hier nicht referieren. Das wäre schon wegen des begrenzten Raumes ein hoffnungsloses Unterfangen. Es wäre aber auch für die Zwecke dieser Abhandlung nicht sinnvoll. Neben der Frage nach der inhaltlichen Richtigkeit moralischer Maximen gehört die nach der richtigen Methode ihrer Begründung seit den Zeiten der Vorsokratiker zu den großen Themen der abendländischen Philosophie.[159] Die Menge der Beiträge dazu, die labyrinthisch verschlungenen Wege der Argumentation, die zahllosen und oft undeutlichen theoretischen Frontstellungen, Überschneidungen und Allianzen auf diesem Gebiet – all dies ist längst nicht mehr überschaubar. Doch ist eine solche Orientierung im gänzlich Fundamentalen auch nicht erforderlich. Über die meisten der grundlegenden moralischen Prinzipien gibt es einen weitreichenden, nicht selten univer-

---

ten der DFG, Ernst-Ludwig Winnacker, oder gegenüber dem Bonner Neuropathologen Oliver Brüstle.

[159] Es gibt und gab freilich außerhalb der abendländischen auch andere Traditionen, in denen lange vor den Ursprüngen des griechischen philosophischen Denkens über Ethik nachgedacht worden ist. Für eine instruktive einführende Übersicht über Geschichte, Traditionen, Themen, Problemkreise und Theoriepositionen s. den Sammelband von *Singer* (Hg.) (1995). – Zu dem zweiten, der theoretischen Ethik nicht selten gegenübergestellten Bereich, der sog. angewandten (oder praktischen) Ethik, s. *LaFolette* (Hg.), (1997); *Nida-Rümelin* (Hg.) (1996).

salen Konsens. Vor diesem Hintergrund ist etwas anderes wichtig als die Rückbindung der eigenen Überlegungen an klassische Quellen, Theorielager und Autoritäten, nämlich: ein klarer Blick auf die notwendigen analytischen Unterscheidungen; die Entwirrung einer Vielzahl von Einzelproblemen; und die Schlüssigkeit der jeweils auf sie bezogenen konkreten Argumente.

3. Zu diesem Zweck will ich eine weitere prinzipielle Unterscheidung markieren und meine eigene (ungefähre) Position in dem daraus resultierenden Schema zu begründen versuchen. Zwei Argumentstrategien zur Fundierung moralischer Normen lassen sich auseinanderhalten.

(1) Die des ersten Typs orientiert sich primär an den Bedürfnissen und Interessen der von einer Handlung Betroffenen. Sie fragt daher für die moralische Beurteilung vornehmlich nach den erkennbaren Auswirkungen der Handlung auf deren direkte oder mittelbare Adressaten. Normative und praktische Kollisionen zwischen verschiedenen Handlungswirkungen, ggf. auf unterschiedliche Adressaten, sind daher grundsätzlich, freilich nur in bestimmten Grenzen, gegeneinander abwägbar.

(2) Argumente des zweiten Typs richten dagegen den Blick vorrangig oder ausschließlich auf die Handlung selbst und fragen unabhängig von deren absehbaren Folgen nach ihrer Übereinstimmung mit ethischen Werten, Prinzipien und Idealen. Diese Übereinstimmung oder eben ihr Fehlen entscheidet über den moralischen Wert oder Unwert der Handlung.

Ich möchte im Anschluß an den englischen Philosophen und Politiktheoretiker *Brian Barry* und den deutschen Bioethiker *Dieter Birnbacher* die Argumente des ersteren Typs »bedürfnisorientiert« und die des zweiten Typs »ideal- oder prinzipienorientiert« nennen.[160]

---

[160] Vgl. *Barry* (1965), 37 ff.; ihm folgend *Birnbacher* in: *Neumann/Schulz* (Hrsg.) (2000), 159 ff.

Das ist nur eine grobe Kennzeichnung. Und allenfalls ebenso grob deckt sie sich mit der geläufigen Unterscheidung zwischen konsequentialistischen und deontologischen Moralbegründungen. Eine genauere Zuordnung ist auch nicht erforderlich. Ich halte die beliebte Nötigung, den eigenen ethischen Standpunkt entweder der einen oder der anderen dieser beiden klassischen Theoriesphären exklusiv zuzuschlagen und die damit verbundene traditionelle Frontstellung zu akzeptieren, für wenig sachdienlich und weitgehend obsolet. Vieles spricht dafür, daß vernünftige ethische Begründungen Elemente aus beiden Argumenttypen enthalten müssen.[161] Analytisch ist die Unterscheidung der beiden skizzierten Perspektiven dennoch sinnvoll. Sie macht auf vorgängige *prima-facie*-Orientierungen in der Ethik aufmerksam, die durchaus im Grundsätzlichen voneinander abweichen und die gerade im Bereich unseres Themas nicht selten zu kontroversen Ergebnissen führen.

a) Das will ich vorweg an einem Beispiel illustrieren, das nicht von ungefähr in den Diskussionen zu unserem Thema eine prominente Rolle spielt. Eine verbreitete ideal-orientierte Betrachtungsweise beruft sich in bioethischen Fragen oft auf das Prinzip der Menschenwürde des Art. 1 Abs. I GG. Es hat seine berühmteste Wurzel im Kategorischen Imperativ Immanuel Kants, und zwar in dessen zweiter, wie Kant sagt, »materialer« Vorstellungsart: »Handle so, daß du die Menschheit sowohl in *deiner* Person, als in der Person eines jeden anderen jederzeit zugleich als Zweck, niemals bloß als Mittel brauchst.«[162] Orientiert man sich daran, so könnte man beispielsweise folgendes sagen: »Wer eine sog. verbrauchende Embryonenforschung betreibt, instrumentalisiert den dabei zerstörten Embryo, der zweifellos ein lebendes menschliches Wesen ist, ausschließlich als Mittel für die Zwecke anderer

[161] Ähnlich *Patzig* (1994), 76.
[162] *Kant* (1903), 429; zur Materialität dieser Vorstellungsweise des Kategorischen Imperativs s. ebd, S. 436.

und verstößt damit gegen dessen Menschenwürde. Ein solches Handeln ist daher stets verwerflich und jenseits jeder Möglichkeit der Rechtfertigung. Denn die Würde des Menschen ist, wie Art. 1 Abs. I GG sagt, ›unantastbar‹.«

Wer dagegen eine primär bedürfnis- oder interessensorientierte Begründungsstrategie bevorzugt, wird etwa folgendermaßen antworten: »So einfach ist das nicht. Erstens kennen wir zahlreiche Handlungen, die andere Menschen ausschließlich als Mittel für eigene Zwecke instrumentalisieren und die wir dennoch für richtig halten. Jede gerechtfertigte Notstandshandlung gegen den Willen eines anderen Menschen gibt dafür ein Beispiel. Wer einen widerstrebenden Autofahrer mit vorgehaltener Pistole nötigt, ein schwerverletztes Kind zur Lebensrettung in die nächste Klinik zu fahren, benützt diesen Autofahrer ausschließlich als Mittel für fremde Zwecke. Dennoch käme wohl niemand ernsthaft auf die Idee, hier von einer Verletzung der Menschenwürde des Autofahrers zu sprechen. Im Gegenteil: nach deutschem Recht handelt der Nötiger rechtmäßig (§ 34 StGB); er darf also von keinem Dritten an dieser Nötigung gehindert werden. Und daran sieht man, zweitens, daß wir auch solche Instrumentalisierungen anderer nicht ohne Blick auf die konkreten Folgen des entsprechenden Verhaltens beurteilen können.[163] Und schließlich gibt uns, drittens, ein solches Prinzip wie das der Menschenwürde keinerlei Auskunft darüber, wen wir mit Gründen in seinen Schutzbereich einbeziehen können oder müssen und wen nicht. Ob dazu auch der menschliche Embryo gehört, das ist gerade die offene und umstrittene Frage. Und gehört er nicht dazu, dann ist seine ›Instrumentalisierung‹ sowenig eine Verletzung seiner Menschenwürde, wie die ›Instrumentalisierung‹ eines Hirntoten durch die Entnahme seiner Organe zur Rettung anderer.«

b) Wenn wir nun hingegen wieder unseren ideal-orientier-

---

[163] Auch in der Verfassungsrechtsdogmatik setzt sich inzwischen eine profunde Skepsis gegen die folgenblinde Anwendung der sog. »Objektformel« zur Menschenwürde durch; s. statt vieler *Herdegen* (2001), 775 (»leere Hülse«).

ten Ethiker zu Wort kommen lassen, dann begeben wir uns bereits in den inneren Bereich der Diskussionen zu unserem Thema.[164] Das soll aber im folgenden systematisch geschehen. Die bisherige Skizze will ich lediglich mit einer grundsätzlichen Zuordnung meiner eigenen Position abschließen:

Ich halte diejenige Betrachtungsweise für die vernünftigere, die sich primär an den Bedürfnissen und Interessen der von einer Handlung betroffenen Wesen orientiert. Das ist keine utilitaristische Position![165] Denn ein ethischer *primafacie*-Vorrang der Handlungsfolgen schließt es keineswegs aus, deren Abwägung im konkreten Fall von gut begründeten Werten und Prinzipien bestimmen zu lassen. Die utilitaristische Argumentation beginnt, entgegen verbreiteten Vorurteilen, nicht schon mit der vorrangigen Orientierung an den Folgen einer Handlung. Schließlich müssen diese Folgen ja auch normativ bewertet werden, wenn sie ein moralisch richtiges Handeln anleiten sollen, und woran sonst sollten sie bewertet werden, wenn nicht an moralischen Maßstäben, die vor allem Prinzipien und allgemein anerkannte Werte umfassen. Der Utilitarismus beginnt erst bei der anschließenden

[164] Ein naheliegender Einwand des »ideal«- (hier kantianisch) orientierten Ethikers sei immerhin gestreift: Eine einmalige »ausschließliche Instrumentalisierung« relativ trivialer Art wie in meinem Nötigungsbeispiel komme eben für eine Würdeverletzung noch nicht in Betracht; es müsse sich um eine schwerwiegende, etwa jahre- oder gar lebenslange Versklavung o. ä. handeln. Einverstanden. Nur ist das ein schlagender Beleg dafür, daß man eben auch im Bereich kantianischer Prinzipienorientierung nicht um die Berücksichtigung der *Folgen* einer Handlung herumkommt: Wie *schwerwiegend* die Instrumentalisierung ist, läßt sich offensichtlich nicht allein an ihrer Struktur als Instrumentalisierung, sondern nur am Gewicht ihrer Folgen für das Opfer beurteilen. Es kommt also auf mehr und auch auf anderes als die »ausschließliche Benutzung als Mittel« an. Diese liegt ja in meinem Nötigungsbeispiel eindeutig vor. Im übrigen gibt es umgekehrt ganz gewiß auch einmalige und kurzzeitige Degradierungen zum »bloßen Mittel«, die – eben wegen ihrer Folgen, ihrer Wirkungen – Menschenwürdeverletzungen sind; man denke an eine Vergewaltigung. Auch hier kommt es daher auf die Schwere des Eingriffs, also die Handlungsfolge an.

[165] Ich halte, ohne das hier genauer begründen zu können, den Utilitarismus in allen mir bekannten Spielarten schon zur Begründung moralischer Normen für nicht überzeugend, zur Begründung von Rechtsprinzipien für definitiv inakzeptabel; vgl. schon oben zu und in Anm. 14. (Nicht recht verständlich ist mir daher, wie ein so bedeutender Philosoph wie *Jürgen Habermas* auf die Idee kommen kann, meine Argumente in dieser Debatte »utilitaristisch« zu nennen; s. *ders.* [2001] 57.)

Maximierung der »guten« Handlungsfolgen über individuelle Personengrenzen hinweg: bei der »Verrechnung« guter und schlechter Folgen auch zwischen verschiedenen Personen, ohne dem Umstand ihrer Verschiedenheit und ihrer nicht nur grundrechtlich, sondern auch moralisch zu respektierenden Individualität hinreichend Rechnung zu tragen.[166]

c) Auf der anderen Seite verkennt jemand, der Handlungen ausschließlich oder vorrangig nach Werten, Prinzipien oder Idealen beurteilt, nicht nur deren Abwägbarkeit in konkreten Konfliktfällen und die daraus resultierende Notwendigkeit, die Handlungsfolgen zu bedenken. Er verkennt vor allem, daß es für Anhänger anderer Werte und Ideale möglicherweise ausgeschlossen ist, denen des Beurteilers zuzustimmen. Abstrakte Werte sind, wie die Erfahrung lehrt, nicht selten geschichtlich wandelbar oder kulturell begrenzt und erscheinen späteren Generationen korrekturbedürftig. Sie können daher für andere Wertegemeinschaften inakzeptabel sein, ohne daß dies stets ein moralisches Verdikt über solche Gemeinschaften erlaubte. Man sollte im übrigen durchaus nicht vergessen, daß auch die christlich-abendländische Gemeinschaft in ihrer langen Geschichte Werte anerkannt und durchgesetzt hat, die sie heute mit besseren Gründen verwirft, von der Mission »mit Feuer und Schwert« über die Subalternstellung der Frau bis zur Billigung der Sklaverei.

d) Dagegen erscheint die ethische Beurteilung einer Handlung primär nach deren Folgen für die legitimen Bedürfnisse aller von ihr Betroffenen weitaus eher konsensfähig. Das gilt jedenfalls insofern, als sie dabei auf fundamentale Bedürfnisse Rücksicht nimmt, die jedes Menschenleben kennzeichnen, also allen Menschen in gewissem Grade gemeinsam sind: Lebenserhaltung, körperliche Unversehrtheit, Schmerz- und Leidvermeidung, Befriedigung von Hunger, Durst und ande-

---

[166] S. statt vieler *Rawls* (1975), 214: »Der klassische Utilitarismus nimmt in einem bestimmten Sinn die Verschiedenheit der Menschen nicht ernst.«; ähnlich *Nozick* (1974), 33. – Freilich gibt es längst moderne Varianten des Utilitarismus, die diesen prinzipiellen Einwand anerkennen und mit Modifikationen der eigenen Position auszuräumen trachten.

rer elementarer Bedürftigkeit von Körper und Seele, ein Mindestmaß an persönlicher Freiheit, Bedingungen der Selbstachtung und vielleicht noch einige weitere.[167] Die Forderung, Auswirkungen von Handlungen auf solche Bedürfnisse anderer Menschen für die ethische Beurteilung vorrangig zu berücksichtigen, dürfte wegen der Universalität dieser Bedürfnisse ebenfalls nahezu universal konsensfähig sein. Damit ist sie als methodische Grundmaxime zur Fundierung moralischer Normen plausibler, leistungsfähiger, kurz, vernünftiger als ihre oben skizzierte Konkurrentin.

Das besagt noch nichts für das oftmals notwendige »ranking« solcher Bedürfnisse in schwierigen Abwägungen, und ebenfalls nichts für die Frage, ob manche (und ggf. welche) dieser Bedürfnisse in Kollisionen mit anderen moralisch als schlechterdings abwägungsfest zu gelten haben. Für diese Anschlußfragen sind dann – sekundär – selbstverständlich grundlegende und konsensfähige moralische Prinzipien erforderlich. Und diese können ihrerseits in bestimmten Fällen für die ethische Beurteilung einer Handlung durchaus entscheidend sein.[168]

e) Hinzugefügt sei das folgende: Wer anders, als es hier geschieht, Handlungen vorrangig oder ausschließlich ideal-, wert- oder prinzipienorientiert beurteilt und wer außerdem die dabei vorausgesetzten Werte christlich-religiös fundiert und ihnen so die Dignität göttlicher Gebote beilegt, der kann von meinen nachfolgenden Argumenten nicht überzeugt und in seiner Position nicht widerlegt werden. Ich achte einen solchen Standpunkt. Er ist aber in einer säkularisierten Gesellschaft wie unserer, mit inzwischen weit über 6 Millionen Anders- oder Ungläubigen, nicht mehr verbindlich zu machen.

---

[167] Diese Liste ähnelt nicht von ungefähr der von *John Rawls* in seinem grundlegenden Werk über Gerechtigkeit aufgestellten Liste gesellschaftlicher »Grundgüter«; *ders.*, a. a. O., 111 ff., 479 ff. – Im übrigen lasse ich hier die Frage außer Betracht, ob eine Beschränkung solcher Überlegungen auf die biologische Spezies Menschheit ethisch begründbar ist. Für die Zwecke dieser Untersuchung ist die Beschränkung unschädlich.

[168] Überzeugend zu der hier vertretenen Primärorientierung *Birnbacher* in: *Neumann/ Schulz* (Hrsg.) (2000), 159 ff. (160 f.).

Für die Rechtsordnung ist diese Verbindlichkeit durch die Verfassung ausgeschlossen.[169] Ich halte es im übrigen, das sei ebenfalls nicht verschwiegen, für das erfreuliche Zeichen einer offenen Gesellschaft, daß in Diskussionen wie der unseren eine solche Unwiderlegbarkeit nur um den Preis ihrer Unverbindlichkeit zu haben ist.

4. Abschließend noch einmal zur Erinnerung: Die skizzierte prinzipielle Unterscheidung betrifft nur die Argumente zur Begründung von Normen, nicht diese Normen selbst. Die meisten unserer Handlungsnormen lassen sich mit beiden Argumenttypen gleichermaßen begründen. Aber eben nicht alle. Und gerade an den Streitfragen zu unserem Thema zeigt sich das deutlich.

B. Die grundlegenden ethischen Argumente gegen eine verbrauchende Embryonenforschung

I. Terminologisches; Titel der prinzipiellen Argumente

Vier solche Argumente sind denkbar und von der internationalen bioethischen Diskussion in den vergangenen Jahren herausgearbeitet worden. Sie zielen alle auf die Begründung eines moralischen Status des Embryos, der in Reichweite und Intensität des von ihm gewährten Schutzes dem rechtlichen Grundrechtsstatus entspricht. Wenn man will: er bildet dessen ethisches Pendant und zugleich seine ethische Grundlage. Ihn zu klären, ist daher die primäre Aufgabe jeder Ethik einer »verbrauchenden« Embryonenforschung.[170]

---

[169] S. auch die Bemerkungen schon oben, 1.Abschnitt, A. III. 2.

[170] Die weltweit geführte Diskussion ist in ihrer Quantität und Vielstimmigkeit inzwischen ins Unüberschaubare angewachsen. Die im folgenden systematisch analysierten Argumente sind gleichwohl als ihr sachlicher »roter Faden« identifizerbar, wenngleich viele

Eine Vorbemerkung zur Terminologie: Ich werde im folgenden öfter von »subjektiv moralischen Rechten« oder kurz von »moralischen Rechten« sprechen. Gemeint sind damit genuin subjektive Rechte moralischer Natur. Der Begriff des Rechts ist dabei angelehnt an den des juridischen Rechts, deckt sich aber nicht mit diesem.[171] »Subjektives (moralisches) Recht« besagt, daß die Respektierung des von ihm geschützten Wesens schon und allein um seiner selbst willen (und nicht nur wegen der Interessen Dritter) moralisch geboten ist; »genuin« heißt, daß dieses Gebot moralisch zwingend ist. Man kann aber, und dies soll damit angedeutet sein, auch dann, wenn es eine solche zwingende moralische Verpflichtung nicht gibt, subjektive Rechte gleichwohl *zuschreiben*. Die Reichweite des Schutzes solcher zugeschriebenen Rechte mag dann der von genuin subjektiven Rechten entsprechen und in demselben Umfang zu garantieren sein. Die Rechtsordnung kann dies übrigens auch mit juridischen Rechten tun, sie etwa Verbänden, juristischen Personen oder Tieren zuschreiben. Von den genuin subjektiven Rechten unterscheiden sich zugeschriebene Rechte hinsichtlich der Verpflichtungskraft ihrer normativen Grundlagen: Während die Gründe für genuin subjektive Rechte moralisch zwingend sind, läßt sich über die Zuschreibung von Rechten diskutieren und streiten. Da sie keine zwingenden Gebote der Re-

---

Erörterungen eher rhapsodisch und unsystematisch verfahren. Aus der von mir verwendeten internationalen Literatur, die im folgenden nicht stets einzeln nachgewiesen wird, seien exemplarisch genannt: *National Bioethics Advisory Commission* (USA) Vol. I (1999), Vol. II (2000), Vol. III (2000 a); *National Research Council, Board on Life Sciences* (2001); *Department of Health* (England) (2000); *National Consultative Ethics Committee for Health and Life Sciences* (Frankreich) (2001); *Australian Academy of Science* (2001); *Shanner* (Canada) (2001); Journal of Medical Ethics 25 (1999), No. 2 (Themenschwerpunkt »Cloning, Genetics, Prenatal Diagnosis«); Kennedy Institute of Ethics Journal 9 (1999), No. 2 (Themenschwerpunkt »Stem Cell Research«); *Lauritzen* (Hg.) (2001); *Holland/Lebacqz/Zoloth* (Hg.), (2001); – Aus der deutschen Literatur insbesondere *Knoepffler* (1999); *Kaminsky* (1998); *Birnbacher* in: *Neumann/Schulz* (Hg.) (2000).

[171] Er ist vor allem, was den normativen Gehalt angeht, fundamentaler als der des juridischen Rechts. Zwar haben Normen des Rechts und der Ethik unterschiedliche Funktionen (s. dazu knapp oben, Anm. 15); doch dürfen die Ge- und Verbote des Rechts den grundlegenden Normen der (sozialen) Ethik jedenfalls nicht widersprechen. In diesem Sinn sind die Grundnormen der Ethik inhaltlich Fundamente für die des Rechts.

spektierung eines Wesens um seiner selbst willen sind, bedürfen sie guter anderer Gründe, um als Verpflichtungen für Dritte legitimierbar zu sein.

Nun zu den erwähnten vier Grundlagenargumenten für einen (möglicherweise fundamentalen) moralischen Status des Embryos und damit gegen eine verbrauchende Forschung. Sie lassen sich plastisch mit den folgenden Titeln bezeichnen:

(1) Spezieszugehörigkeit,
(2) Entwicklungskontinuum,
(3) Potentialität,
(4) Identität

des menschlichen Embryos. Diese Argumente sollen im weiteren das Spezies-, das Kontinuums-, das Potentialitäts- und das Identitätsargument heißen.[172] Liefern sie Gründe für genuin subjektiv-moralische Rechte bereits des frühen Embryos, dann fundieren sie zugleich ein verbindliches Gebot, ihm für diese Schutzpositionen auch juristisch den Status eines Grundrechtssubjekts zuzuerkennen. Und selbst wenn sie weniger weit und zur Begründung eines genuin subjektiven Rechts nicht hinreichen sollten, könnten sie noch immer gute Gründe für die Zuschreibung eines solchen Status ergeben.

Das soll im folgenden untersucht werden. Die Analyse wird sich dabei auf die Gründe für ein Lebensrecht des Embryos konzentrieren. Auf ethische Überlegungen zum Schutz der Menschenwürde gehe ich anschließend kurz ein. Sachlich hängt von dieser Konzentration nichts ab. Kann der fundamentale Status des Embryos als Inhaber eines genuin subjektiv-moralischen Rechts überhaupt begründet werden, so muß es ein umfassender Status sein. Der moralisch dann ebenfalls gebotene Schutz der Menschenwürde wäre ohne weiteres mit einbezogen.[173]

---

[172] Aus der auch hierzu beinahe unüberschaubaren internationalen Literatur nur *Steinbock* (1992); *Warren* (1997); *Reiman* (1999); aus der deutschen Literatur statt vieler *Leist* (1990); *Merkel*, (2001), Kap. 4, S. 389 ff.

[173] Daß nicht alle Verletzungen des Lebensrechts zugleich Menschenwürdeverletzungen

II. Das Speziesargument

Das Speziesargument ist sehr einfach. Der Schutz des Tötungsverbots in Gestalt eines genuinen moralischen Rechts müsse für den Embryo schon deshalb gelten, weil er biologisch der Spezies Homo sapiens angehöre. Da alle geborenen Angehörigen dieser Spezies zweifellos ein Grundrecht auf Leben haben, gebiete das Prinzip der Gleichbehandlung den gleichen Schutz des Embryos.

1. Das Argument ist, jedenfalls in dieser Fassung, nicht haltbar. Gewiß ist das Gleichbehandlungsgebot rechtlich wie ethisch ein fundamentales Prinzip. Sein Inhalt lautet aber nur, *Gleiches* gleich zu behandeln. Daher kann es jenen schützenden Einbezug des Embryos ersichtlich erst dann gebieten, wenn zuvor dessen Status als der eines *normativ* Gleichen feststeht. Das müßte zunächst begründet werden. Und darum gerade wird gestritten.

a) Für diese Begründung taugt der Hinweis auf die Gattungszugehörigkeit jedoch nicht. Wer allein das Faktum einer bestimmten biologischen Beschaffenheit heranzieht, um eine Norm zu begründen – nämlich ein Recht des Embryos auf Leben und damit eine Pflicht aller anderen, seine Tötung zu unterlassen –, der demonstriert exemplarisch, was Philosophen einen »Sein-Sollen-« bzw. einen naturalistischen Fehlschluß nennen.[174] Das bedeutet nicht, daß die auf diesen Fehlschluß gestützte Behauptung falsch ist. Es bedeutet nur, daß der Schluß falsch ist, daß also die Behauptung jedenfalls nicht von ihm begründet wird. Dem Embryo mag sehr wohl ein genuines Recht auf Leben zuzuschreiben sein. Doch folgt dies nicht aus seiner biologischen Zugehörigkeit zur Gattung Mensch.

b) Denn (und das stellt der Hinweis auf den Sein-Sollen-Fehlschluß ebenfalls klar) auch bei allen geborenen Men-

sind, steht auf einem anderen Blatt; s. zur analogen Frage in verfassungsrechtlicher Hinsicht schon oben zu und in Anm 149 ff.
[174] Zu den damit zusammenhängenden Fragen s. bereits oben zu und in Anm. 126.

schen folgt die unbezweifelte Norm, daß sie Grundrechte haben, nicht aus dem bloßen Faktum ihrer biologischen Beschaffenheit als Mitglieder einer bestimmten Spezies. Anders gewendet: nicht weil unsere Biologie so ist, wie sie ist, sind wir Inhaber von Rechten, sondern weil Menschen typischerweise bestimmte Eigenschaften haben, die besonders zu schützen ein moralisches Gebot ist und die wir so bei keiner anderen uns bekannten Spezies finden. Gewiß sind diese Eigenschaften die Folge unserer biologischen Beschaffenheit. Aber erst eine dann und dazu herangezogene Norm, daß solche Eigenschaften auf besondere Weise schutzwürdig sind, und nicht einfach das faktische Vorhandensein der Eigenschaften, begründet das normative Fundament, aus dem weitere Normen schlüssig ableitbar sind, vor allem subjektive moralische Rechte auf Schutz. Um das zu veranschaulichen, stelle man sich jemanden vor, der fragt: »Warum eigentlich haben Menschen so etwas wie fundamentale Rechte?« Es liegt auf der Hand, daß die Erwiderung »Weil sie Menschen sind« die Frage nicht beantwortet, sondern deren Inhalt einfach als Behauptung wiederholt. *Das* weiß der Fragende schon; es ist ja in seiner Frage vorausgesetzt. Warum es so ist, erfährt er aus dieser Antwort nicht. Und er kann es nur aus einer erfahren, die ihm den normativen Grund für den Schutz von Angehörigen dieser biologischen Spezies deutlich macht.

c) Man braucht, um diese Zusammenhänge zu erhellen, einmal mehr nur aus der fachspezifischen Debatte herauszutreten und sich zu fragen, ob es auch nur verständlich wäre, wenn jemand sagte: »Allein deshalb, weil die molekulare Mikrostruktur der Basenpaare unserer DNA so und so beschaffen ist, haben wir so etwas Anspruchsvolles wie fundamentale Rechte.« So wenig wie wir es innerhalb der Gattung Mensch für normativ akzeptabel halten, allein aus der besonderen biologischen Beschaffenheit bestimmter Teilgruppen auf deren besondere Rechte zu schließen – etwa aus der Zugehörigkeit zur Gruppe »Männer« auf Rechte, die Frauen nicht zukommen, oder der Zugehörigkeit zur Gruppe

»Weiße« auf Vorrechte gegenüber Schwarzen –, genausowenig können wir solche Vorrechte für die gesamte Spezies allein aus deren biologischer Beschaffenheit ableiten. Argumente, die dies dennoch tun, werden in der internationalen moralphilosophischen Diskussion daher »speziesistisch« genannt, um auf die Analogie ihrer Struktur zu sexistischen und rassistischen Fehlschlüssen hinzuweisen.[175]

Nun gibt es zwischen Speziesismus dieser Art und Sexismus oder Rassismus ersichtlich einen bedeutsamen Unterschied. Er betrifft aber nicht die Struktur des jeweiligen Arguments; sie ist vielmehr in allen drei Fällen die gleiche und gleichermaßen verfehlte. Doch könnte der »Speziesist« – im Unterschied zum Sexisten und zum Rassisten – gute Gründe dafür angeben, daß der von ihm bevorzugten biologischen Gruppe, den Menschen, tatsächlich eine moralische Sonderstellung zukommt. Denn selbstverständlich gibt es überzeugende normative Gründe, Menschen gewichtigere Schutzrechte zuzuschreiben als etwa Tieren. Aber diese Gründe muß man benennen. Allein die biologische Beschaffenheit unserer Spezies gehört nicht zu ihnen und ersetzt sie nicht.

2. Wer daher das Speziesargument plausibler machen und im skizzierten Sinne normativieren will, der wird zunächst bestimmte menschliche Eigenschaften benennen und dann eine Norm, die es moralisch gebietet, für Wesen mit genau solchen Eigenschaften ein Lebensrecht zu gewährleisten. Welche Eigenschaften sind es, die eine Lebensschutznorm zwar für Menschen, aber z. B. nicht für Schafe, Rinder und Schweine gebieten?[176] Da es der rein äußere, biologische

---

[175] Dazu und zu den Ursprüngen dieser Debatte *LaFolette/Shanks* (1996), 41 ff.; s. auch *Singer* (1996), 27 ff.; *Leist* (1990), 61 ff.

[176] Ein populäres Mißverständnis findet schon diese Frage skandalös, weil das normative Prinzip, nach dessen Gründen sie fragt, außer Zweifel steht. Dabei wird freilich die Frage nach den Fundamenten mit einer Skepsis gegenüber dem Prinzip selbst verwechselt. Wer aber diese Frage nicht stellt und ernsthaft Antworten sucht, der wird die schwierigen ethischen Probleme in den Grenzbereichen menschlicher Existenz – Zeugung und Tod – schon nicht verstehen, geschweige denn lösen können. Beispiel: Wozu verpflichten uns Lebensgrundrecht und Menschenwürde gegenüber einem Hirntoten? Wer nun einfach darauf verweist, daß Grundrechte nur Lebenden zukommen, der fängt sich in einer *peti-*

Unterschied nicht sein kann, müssen es im weitesten Sinne innere, also mit einem subjektiven Erleben verbundene Eigenschaften sein. Und da genau sie es sind, die den spezifischen Unterschied zwischen dem Menschen und jeder anderen lebenden Spezies im Hinblick auf Lebens- und Würdeschutz begründen sollen, müssen es solche sein, die für den Menschen das eigene Erleben in einem höheren Grad, als das bei Tieren der Fall ist, wünschbar, schätzenswert, wertvoll machen. Oder: zu einem für ihn selbst höheren Gut, zum Gegenstand eines gewichtigeren subjektiven »Wohls«, eines erheblicheren subjektiven Interesses machen.

All dies ist in der Moralphilosophie umstritten, in den Grundlagen wie in den Einzelheiten. Ich habe aber keinen Zweifel, daß jedenfalls der Ausgangspunkt dieser Überlegungen zur Begründung moralischer Normen richtig und notwendig ist: die Bindung dessen, was Moral überhaupt will und soll, an irgendeine Form der Subjektivität derer, die in den Schutzbereich unserer moralischen Normen einbezogen sind oder einzubeziehen wären.[177]

a) Das hat, knapp skizziert, den folgenden Grund: Der Begriff eines subjektiv moralischen Rechts – das, was wir in den normativen Voraussetzungen seiner Existenz und Zuschreibbarkeit verstehen wollen – ist analytisch, also zwingend, mit dem des *Schutzes* verknüpft. Denn das genau ist es, wozu subjektive Rechte da sind: Schutz zu gewähren. »Schutz« wiederum ist, ebenfalls analytisch, mit dem Begriff der *Verletzung* (im weitesten Sinn) verknüpft. Denn das genau ist es, wogegen Schutz gewährt werden soll. Verletzung setzt aber,

---

tio principii; denn von dreieinhalb Pfund Materie im Kopf abgesehen lebt am Hirntoten biologisch der ganze Körper. Was berechtigt uns dann, ihn gleichwohl als tot zu behandeln? S. speziell dazu *Merkel* (1999), 113 ff.

[177] Das Folgende ist zu lesen in der oben begründeten prinzipiellen Perspektive der Normbegründung: mit dem vorrangigen Blick auf die Folgen einer Handlung für die von ihr Betroffenen, also vor dem Hintergrund der Primärfrage: Was tut man mit dieser Handlung denen (an), auf die sich die Handlung auswirkt? Ein rein objektivistischer Ideal- oder Werteschutz müßte die folgenden Argumente nicht unterschreiben. Er ist allerdings, wie ich oben zu zeigen versucht habe, als Strategie der Moralbegründung wenig überzeugend.

zum drittenmal analytisch, die *Verletzbarkeit* des Wesens, das gegen Verletzungen geschützt werden soll, voraus. Wer in bestimmter Hinsicht nicht verletzbar ist, der kann, trivialerweise, in eben dieser Hinsicht nicht verletzt werden. Es hätte daher schon begrifflich keinen Sinn, ihm insofern ein subjektives Schutzrecht zuzuschreiben, also Schutz gegen eine Verletzung, die ihm nicht angetan werden kann.

b) Der hier vorausgesetzte Begriff der Verletzbarkeit meint: subjektiv verletzbar. Denn nur in dieser Bedeutung ist er moralisch relevant. Rein objektiv beschädigen kann man auch leblose Gegenstände. Das ist zwar grundsätzlich gegenüber deren Inhabern, möglicherweise auch gegenüber Dritten, aber nicht gegenüber den Gegenständen selbst eine moralisch bedeutsame Handlung. Beispielhaft: Ein Bild von Picasso zu zerstören, ist eine erhebliche Verletzung, also *prima facie* ein erhebliches Unrecht, gegenüber dem Eigentümer, den Erben, der Allgemeinheit und vielleicht sogar auf irgendeine Weise dem toten Maler[178] – also gegenüber Wesen, die Subjektivität haben oder immerhin hatten und daher subjektiv verletzbar sind oder wenigstens waren. Nicht dagegen kann es eine Verletzung gegenüber dem Bild selbst sein, obgleich nur dieses materiell beschädigt oder zerstört wird. Subjektiv verletzbar im moralisch bedeutsamen Sinne ist ein Wesen nur dann, wenn es *für dieses Wesen selbst* einen Unterschied ausmacht, wie mit ihm verfahren wird. Daraus erst kann für andere eine Pflicht entstehen, es um seiner selbst willen moralisch zu respektieren.[179]

Subjektive Verletzbarkeit setzt aber, und wiederum analytisch, die *subjektive Erlebensfähigkeit* des verletzbaren Wesens voraus. Denn diese konstituiert als notwendige Mini-

---

[178] S. freilich zu den Paradoxien einer Zuschreibung von Subjektivität zu Toten schon oben, Anm. 42.

[179] Ungefähr dasselbe meint *Leist*, wenn er schreibt, »daß nur solche Wesen moralisch berücksichtigungsfähig sind, die »über ein ›subjektives Wohl‹ verfügen« s. *ders.* (1990). 133; in der von mir vorgeschlagenen Terminologie müßte das »genuin berücksichtigungsfähig« heißen.

malbedingung den Begriff der Subjektivität. Ein Wesen, das schlechterdings nichts erleben kann, mag es auch biologisch am Leben sein, ist subjektiv nicht verletzbar. Denn ein solches Wesen *hat* keine Subjektivität; es gibt nichts Subjektives in seiner Existenz. Anders gewendet: ein solches Wesen kann man nicht »um seiner selbst willen« moralisch berücksichtigen, auch wenn man dies wollte. Denn das hieße: es um seines eigenen »Wohls und Wehes« willen berücksichtigen. Da es aber kein solches eigenes Wohl und Wehe hat, weil es überhaupt nichts, also auch nicht Wohl und Wehe erleben kann, kann es nicht Gegenstand einer moralischen Berücksichtigung um seiner selbst willen sein. Man mag sich den begrifflichen Zusammenhang an Musterbeispielen von biologisch lebenden Wesen dieser Art verdeutlichen, an einem Grashalm etwa oder einem Bakterium. Gewiß kann man sie zerstören; sie im moralisch bedeutsamen Sinne verletzen, also ihr Wohl und Wehe mißachten, kann man jedoch nicht.[180]

c) Kehren wir zurück zu den normativen Fundamenten des Lebensschutzes. Was immer genau die subjektiven Eigenschaften sein mögen, deren Vorhandensein erst die Verletzbarkeit eines biologisch-menschlichen Individuums durch seine Tötung zu begründen vermag – eines setzen sie zwingend voraus: daß dieses menschliche Wesen überhaupt etwas erleben kann. Der oben formulierte Satz, daß ein Wesen, welches schlechterdings erlebensunfähig ist, auch im Hinblick auf die Wegnahme seiner (eben gänzlich nicht-subjektiven) Existenz nicht verletzbar ist, gilt als begriffliche Wahrheit gegenüber menschlichen Wesen genauso wie gegenüber allen anderen.[181]

---

[180] Auf diese begrifflichen Zusammenhänge zwischen moralischen Pflichten (bzw. Rechten) und der subjektiven Verletzbarkeit (bzw. dem »Habenkönnen« von Interessen – eben nicht verletzt zu werden) haben vor fast dreißig Jahren die Philosophen *Joel Feinberg* und *Michael Tooley* aufmerksam gemacht; s. *Feinberg* (1980), S. 159; *Tooley* (1992), 37 ff.; ausführlich *Steinbock* (1992), 9 ff. Ähnliche Überlegungen übrigens schon vor über 80 Jahren bei *Nelson* (1917), 144 ff., 344 ff. S. auch *Leist* (1990), 134 ff, sowie *Merkel*, (1998), 116 ff.

[181] Vgl. *Steinbock* in: *Lauritzen* (Hg.) (2001), 21 ff.; *dies.* (1992), S. 9 ff.

Wer dies irritierend findet, möge bedenken, daß wir es bei unserem Umgang mit Menschen in biologischen Grenzsituationen stillschweigend und selbstverständlich voraussetzen. Nehmen wir wieder das Beispiel eines Hirntoten. Was kann uns moralisch berechtigen, ihm ein Organ wie das Herz zu entnehmen? Die Antwort »Der Umstand, daß er eben tot ist« (und seine vorherige Einwilligung), kann ganz gewiß nicht befriedigen. Was berechtigt uns denn, ihn als tot und damit als möglichen Organspender zu behandeln? Biologisch lebt ja an ihm, von dreieinhalb Pfund Materie im Kopf abgesehen, noch der gesamte Körper, 98 Prozent seiner physischen Substanz, also wesentlich mehr als etwa bei einem Beinamputierten, dem wir ganz gewiß (auch mit seiner Einwilligung) das Herz nicht entnehmen dürften. Was kann uns moralisch gegenüber dem Hirntoten dazu legitimieren? Man mag dafür eine Reihe von Voraussetzungen verlangen, aber eine muß als die primäre ganz gewiß dabei sein: daß er subjektiv schlechthin nichts mehr erleben kann und es nie wieder wird können. Allein der irreversible Ausfall des vegetativen »Steuerungszentrums« im Kopf würde die Organentnahme, die ja am Ende auch den biologischen Gesamttod unmittelbar herbeiführt, gewiß nicht rechtfertigen, wenn wir dabei annehmen müßten, daß der Hirntote subjektiv noch etwas erlebt. Nur weil wir wissen, daß dies nicht der Fall ist, halten wir ein solches Todeskriterium für moralisch akzeptabel.[182]

d) Wechselt man von dem Grenzfall des Lebens an seinem Ende zu dem an seinem Beginn, so wird eine substantielle Gemeinsamkeit und ein ebenso substantieller Unterschied der beiden Situationen sichtbar. Der früheste Embryo ist, genauso wie der Hirntote, subjektiv vollständig erlebensunfähig. Was immer man als die frühesten und rudimentärsten

---

[182] Hirntodgegener argumentieren nicht selten damit, daß diese vollständige Erlebensunfähigkeit des Hirntoten nicht sicher belegbar und der Hirntodbegriff genau deshalb moralisch verwerflich sei. Das dürfte zwar empirisch falsch sein, aber der *normative Schluß* ist zutreffend. Er setzt ersichtlich den hier im Text analysierten Zusammenhang stillschweigend voraus. – Zum ganzen s. *Merkel* (1999), 113 ff.

Formen eines subjektiven Erlebens ansehen mag und von welchem biologischen Substrat, etwa der Entwicklung eines zentralen Nervensystems, sie abhängen mögen: daß sie beim frühesten Embryo noch nicht vorliegen können, steht außer Zweifel.[183] Ob die subjektive Erlebensfähigkeit beim Menschen bereits ein *hinreichender* Grund für die Zuschreibung eines Lebensrechts wäre, kann daher hier offenbleiben; eine notwendige Voraussetzung dafür ist sie jedenfalls.[184] Und sie erfüllt der frühe Embryo nicht.

Freilich ist, was die Möglichkeit des subjektiven Erlebens angeht, auch der Unterschied zwischen Hirntotem und Embryo evident: Dieser kann sich, wenn man ihn läßt, zu einem erlebensfähigen menschlichen Wesen entwickeln, jener hat ein solches Potential nicht mehr. Daß dies einen normativ bedeutsamen Unterschied ausmacht, liegt auf der Hand. (Ich komme weiter unten darauf zurück.)

Gegen das Kriterium der aktuellen Erlebensfähigkeit hat Robert Spaemann eingewandt, es verlange bei weitem zu viel. Wer es akzeptiere, könne keine ethischen Einwände gegen die unbemerkte schmerzlose Tötung tief Schlafender oder Bewußtloser geltend machen.[185] Das ist ein Mißverständnis des Begriffs »Erlebensfähigkeit«. Er verlangt selbstverständlich nicht ein aktuelles subjektives Erleben (wie es bei Schlafenden und Bewußtlosen fehlen mag). Er fordert, und sagt dies auch deutlich, eine vorhandene *Fähigkeit* dazu, nicht deren aktuelle Ausübung, nicht ihr, wenn man so will, gegenwärtiges In-Betrieb-Sein. Solche »dispositionellen« Fähigkeiten sind auch dann gegenwärtig vorhanden, wenn sie nicht aus-

---

[183] Es ist in der zuständigen Wissenschaft auch gänzlich unbestritten. Subjektives Erleben ist biologisch vom Vorhandensein neuronalen Gewebes abhängig, das sich in der Embryonalentwicklung erst Wochen nach der Fertilisierung zu entwickeln beginnt. Zu den biologisch bedeutsamen Tatsachen s. *Morowitz/Trefil* (1992); *Grobstein* (1988); *Moore* (1999).

[184] Immerhin schreiben wir ja Tieren, die ebenfalls subjektiv erlebensfähig sind, kein Lebensgrundrecht zu. Vgl. zu diesen Problemen ausführlich *Merkel* (2001), S. 447 ff.

[185] In einer Diskussion mit mir während einer Bioethik-Tagung in Bochum; ähnlich auch in seinem Beitrag in *Geyer* (Hg.) (2001), 48.

geübt werden. Damit unterscheiden sie sich grundsätzlich von erst künftig möglichen, potentiellen Fähigkeiten. Der gerade im Park spazierengehende Pianist hat aktuell die Fähigkeit, Klavier zu spielen. Und sowenig wie beim Spazierengehen verliert er sie nachts beim Einschlafen, um sie jedesmal erst am nächsten Morgen beim Aufwachen neu zu erwerben. Selbstverständlich nimmt man alle seine dispositionellen Fähigkeiten, allen voran die des subjektiven Erlebens, mit in den Schlaf und verliert sie dort nicht, so wenig wie die von ihr abhängige Verletzbarkeit und Schutzwürdigkeit.

e) Halten wir die nun geklärten Voraussetzungen fest: Die Zuschreibung eines genuinen subjektiven Schutzrechts setzt die Verletzbarkeit des auf diese Weise zu schützenden Wesens voraus. Einem Wesen, das nicht verletzt werden kann, ein subjektives Recht gegen Verletzungen zuzuschreiben, ist schon begrifflich sinnlos. Es wäre aber genau deswegen auch nicht legitimierbar. Denn subjektive Rechte beinhalten stets die Pflicht aller anderen, sie zu beachten. Sie erzwingen also für alle anderen eine Freiheitseinschränkung. Da aber diese als Schutz für den »Rechtsinhaber« keinerlei Sinn haben kann, ist sie jedenfalls nicht als ein solcher Schutz, also nicht als genuines Recht legitimierbar. (Aus anderen Gründen mag das Verbot einer Zerstörung dieses Wesens dagegen sehr wohl berechtigt und sinnvoll sein.[186]) Subjektive Verletzbarkeit setzt zumindest subjektive Erlebensfähigkeit voraus. Wer schlechterdings nichts erleben kann, ist nicht subjektiv verletzbar. Denn ihm kann nichts angetan werden, was ihm selbst etwas ausmachen, sein eigenes Wohl und Wehe betreffen, für ihn selbst von Belang sein könnte. Da der frühe Embryo (noch) keine einzige der biologischen Eigenschaften haben kann, die ein subjektives Erleben ermöglichen, ist er aktuell nicht verletzbar. Daher scheidet er als Inhaber eines

---

[186] Wir schützen ja auch und sogar bestimmte Pflanzenarten gegen Zerstörung – aber nicht um ihrer selbst, sondern um unserer Interessen willen, also selbstverständlich nicht im Modus der Zuschreibung von Rechten.

genuin subjektiven Rechts auf Leben aus. Ob wir ihm gleichwohl ein solches Recht zuschreiben sollten, ist damit noch nicht beantwortet.

Damit ist auch das normativierte Speziesargument, das den Sein-Sollen-Fehlschluß vermeidet, gescheitert. Diejenigen Eigenschaften von Menschen, die deren besondere Schutzwürdigkeit normativ begründen, liegen beim frühen Embryo zweifelsfrei nicht vor.

3. Man kann allerdings das Speziesargument noch ein weiteres Mal erweitern, und zwar so: Für den Einbezug eines Individuums in den Schutzkreis moralischer Rechte komme es nicht allein auf seine eigenen, sondern auch auf die typischen Eigenschaften der Gattung an, der es zugehört. Entweder bei ihm selbst oder (typischerweise) bei seiner Gattung müßten die schutzwürdigen Eigenschaften vorliegen.[187] Daher müßten bereits früheste Embryonen als Gattungsmitglieder in den Schutzraum der fundamentalen Menschenrechte einbezogen werden, wiewohl sie selbst die rechtsbegründenden Eigenschaften noch nicht aufwiesen.

a) Wenn die Zuerkennung subjektiver Rechte nicht auf der Biologie des Menschen beruhen kann, sondern nur auf der normativen Bedeutung seiner besonders schutzwürdigen Eigenschaften, dann ist freilich der Einbezug von Embryonen, denen diese Eigenschaften noch gänzlich fehlen, nur dann begründbar, wenn man eine weitere Norm angeben kann, die eben diesen Einbezug gebietet. Allein der Verweis auf die biologische Zugehörigkeit zu einer Gattung, deren andere Mitglieder im allgemeinen die rechtsbegründenden Eigenschaften aufweisen, wäre erneut ein Sein-Sollen-Fehlschluß. Die Erstreckung von Rechten, deren Entstehungsbedingungen bestimmte Eigenschaften sind, auch auf Wesen ohne diese Eigenschaften, ist ersichtlich ein normativer Akt: Er begründet

---

[187] So etwa argumentiert *Robert Spaemann* in: *Geyer* (Hg.) (2001), 49; in der internationalen Lit. ebenso *Hursthouse* (1987), 101 ff., 218 ff.; *Cohen* (1986), 867 ff.; *Post* (1993), 294 ff.

solche Rechte für jene Wesen. Daher bedarf er selbst eines normativen Grundes, der besagt, daß diese Wesen einbezogen werden sollen. Die bloße Gattungszugehörigkeit, also ein biologisches Faktum, ist dafür erneut untauglich.

b) Eine solche Norm läßt sich, jedenfalls *prima facie*, recht leicht erkennen. Nennen wir sie knapp und plastisch das Prinzip der Gattungssolidarität. Es besagt, grob formuliert, ungefähr dies: Gewiß weisen frühe Embryonen die Eigenschaften noch nicht auf, um derentwillen wir uns Menschen generell für schutzwürdiger halten als Tiere. Vielmehr sind sie (noch) vollständig erlebensunfähig und deshalb aktuell nicht verletzbar. Aber wir alle sind einmal aus Embryonen entstanden und wir leben heute gerne. Dieser Umstand begründet für uns eine *prima-facie*-Verpflichtung, allen Embryonen die Chance einer solchen Entwicklung nach Möglichkeit ebenfalls zu garantieren. Plausibel ist eine solche *prima-facie*-Pflicht allerdings nur im Hinblick auf menschliche, nicht auf tierische Embryonen. Denn nur sie haben das Potential einer Entwicklung zu Wesen mit ebenjenen besonderen Eigenschaften, auf die wir die Begründung von Menschenrechten stützen. Nur sie stellen daher etwas dar, von dem wir wissen, daß es auch der organische Ursprung unseres eigenen Lebens gewesen ist.

c) Das läßt sich offensichtlich hören. Gewiß bedarf es noch einer genaueren Klärung dieser Pflicht. Auch mag es möglicherweise normenlogisch problematisch sein, von einer Pflicht *gegenüber* einem Wesen, das gänzlich erlebensunfähig ist, zu sprechen, also dieses Wesen selbst zum Gläubiger der Pflicht zu machen. Aber davon hängt für unsere Analyse nichts ab. Wir können – in Anlehnung an eine bekannte Formel Immanuel Kants – diese Pflicht auch als eine gegen uns selbst »in Ansehung« der Embryonen auffassen.[188] Wichtig dagegen ist die genauere Bestimmung der Stärke und Reich-

---

[188] Die Formulierung von *Kant* im Hinblick auf Pflichten »in Ansehung von« (und nicht gegenüber) Tieren in: (1907), 443.

weite dieser Pflicht. Und hier sieht man sofort, daß die Verpflichtungskraft eines solchen Solidaritätsprinzips für die Zuerkennung von Rechten bei weitem schwächer ist als die oben skizzierte eines genuinen subjektiven Rechts. Ein Wesen zu töten, das ein eigenes aktuelles Interesse an seinem Überleben hat, ist grundsätzlich ein schweres Unrecht.[189] Einem Wesen, das noch keinerlei solches Interesse haben, weil es überhaupt noch nichts erleben kann, die apostrophierte Gattungssolidarität und damit den Lebensschutz zugunsten seiner Zukunft zu verweigern, mag im Normalfall unerfreulich oder tadelnswert sein. Ein nur annähernd vergleichbares Unrecht wie das erstere ist es nicht.

4. Nun drängt sich freilich die Notwendigkeit einer umfassenderen Analyse auf. Was genau sind die normativen Grundlagen der bisher erwähnten und möglicherweise weiterer Pflichten, die wir kennen und denen wir korrespondierende Schutz- oder Rechtspositionen (möglicherweise unterschiedlichen Gewichts) zuordnen? Wie und warum erzeugen solche Normfundamente moralische Pflichten? Was genau ist es also, das uns verpflichtet? Und warum gibt es Unterschiede (wenn es sie gibt) im Gewicht und in der Reichweite unserer Pflichten?

Ich schlage vor, drei Prinzipien als primäre Quellen, gewissermaßen als die Urgründe unserer normativen Verpflichtungen zu unterscheiden:
(1) Verletzungsverbot,
(2) Solidaritätspflichten,
(3) Prinzip des Normenschutzes.

a) Zu (1): Das erste und wichtigste Prinzip der Ethik wohl aller Zeiten und Kulturen lautet: *Neminem laede* – verletze niemanden! Ihm schreiben wir nicht nur als einem Moralprinzip, sondern auch als einem Rechtsgrundsatz die Rolle eines »apriorischen, formalen Prinzips der Gerechtigkeit«

---

[189] Rechtfertigungsgründe für Ausnahmelagen – Notwehr und Defensivnotstand – können hier außer Betracht bleiben.

zu.[190] Das Verletzungsverbot korrespondiert, wie wir bereits oben [2.b)] gesehen haben, normenlogisch mit der notwendigen Bedingung genuin subjektiver Rechte: der Verletzbarkeit ihrer Inhaber. Knapp: wer verletzbar ist, ist um seiner selbst, um seiner eigenen Subjektivität willen zu schützen; ein solcher Schutz nimmt daher die Form des genuin subjektiven Rechts an, des Schutzrechts eines Subjekts um seiner selbst willen. Nach unserer obigen Analyse setzen deshalb beide, Verletzungsverbot wie genuin subjektive Rechte, als notwendige Minimalbedingung eine wenigstens rudimentäre gegenwärtige Erlebensfähigkeit voraus. Diese fehlt beim frühesten Embryo vollständig. Ein *genuin* subjektives Recht auf Leben ist daher für ihn nicht begründbar. (Ob er gleichwohl aus anderen Gründen im Modus eines *zugeschriebenen* subjektiven Rechts geschützt werden sollte, ist damit noch nicht entschieden.)

b) Zu (2): Anders als Verletzungsverbote setzen Solidaritätspflichten eine aktuelle Erlebensfähigkeit nicht voraus. Sie können sich, wie gerade bei frühen Embryonen, auch auf die Gewährleistung einer Chance der künftigen Entwicklung zum erlebensfähigen Menschen richten. Dieses Potential verlangen sie freilich als Minimalbedingung. Das läßt sich leicht veranschaulichen. Für Solidarität mit einem Embryo, der etwa wegen eines schwersten genetischen Defekts nur wenige Wochen alt werden könnte, der sich aus seinem biologischen Status quo nicht herausentwickeln, der also niemals erlebens- und damit um seiner selbst willen moralisch berücksichtigungsfähig werden könnte, gäbe es keinerlei Anlaß.

Schon daran sieht man: Solidaritätspflichten sind erheblich schwächer als Verletzungsverbote. Sie korrespondieren normenlogisch nicht mit subjektiven Rechten, sondern mit ei-

---

[190] Formulierung von *Isensee*, in: *Isensee/Kirchhof* (Hg.), (1992), 197. S. auch Art. 2 Abs. 1 GG: »Jeder hat das Recht auf die freie Entfaltung seiner Persönlichkeit, soweit er nicht die Rechte anderer verletzt.« – Zur Entstehung des »alterum non laedere« als eines allgemeinen Rechtsprinzips und seiner klassischen Formulierung bei Justinian s. *Schiemann* (1989), 345 ff.

nem nur objektiven Schutz. Was ihn im Unterschied zu jenen kennzeichnet, ist seine grundsätzliche Abwägbarkeit gegen andere Belange.[191]

c) Zu (3): Das Prinzip des Normenschutzes ergänzt die beiden vorher genannten mit Überlegungen zur Gesamttextur unserer Normenordnung. Das besagt ungefähr folgendes: Ein System von Handlungsregeln und Prinzipien,

– das um Humanität und weitestmögliche Konsistenz bemüht ist,

– das an vorhandene moralische Intuitionen der Normunterworfenen so gut es geht anknüpft und deshalb unvermittelte Konfrontationen seiner Normen mit vorhandenen und historisch gewachsenen Überzeugungen zu vermeiden oder abzumildern sucht,

– das auch auf die symbolische Wirkung bestimmter Handlungsverbote oder -erlaubnisse für die Gesamtordnung und die ihr Unterworfenen bedacht ist

– und das schließlich seine eigenen Fundamentalnormen besonders nachdrücklich profiliert und durchsetzt,

ein solches Normensystem dürfte insgesamt stabiler sein, die Motivation der Normunterworfenen zur Normbefolgung besser gewährleisten und damit eine größere Orientierungssicherheit garantieren, als eines, das auf solche Erwägungen keinen Wert legt. Kurz: es dürfte normativ erheblich vorzugswürdig sein. Normschutzüberlegungen dieser Art spielen im juristischen Bereich eine bedeutende, wenngleich nicht immer genau verstandene Rolle.[192] Sie sind aber auch für

---

[191] Der Begriff »Solidarität« ist ersichtlich vage und hoch abstrakt. Seine genauere normative Analyse würde in ein noch weitgehend unerforschtes philosophisches Gelände führen; vgl. dazu den Überblicksaufsatz von *Bayertz* in: *ders.* (Hg.) (1998), 11 ff. Für die Zwecke unserer Untersuchung genügt aber ein allgemeiner, intuitiv erfaßbarer und allseits akzeptierter Begriff; eine seiner Primärfunktionen hier ist eben die der Abgrenzung solidarischer Pflichten von Verletzungsverboten. Daß es im übrigen zahlreiche Typen von Solidaritätspflichten ganz unterschiedlichen Gewichts gibt, liegt auf der Hand.

[192] So läßt sich etwa das gesamte Strafrecht durchaus schlüssig und plausibel primär als eine Art Normschutzunternehmung deuten: als besonders nachdrückliche rechtliche Sicherung der sozialen Verhaltensnormen, die für die Möglichkeit einer Gesellschaft von Freien und Gleichen unbedingt notwendig sind.

moralische Regeln und Prinzipien wichtig, vor allem dann, wenn es um die Beurteilung neuer, bislang unbekannter Verhaltensweisen, z. B. neuer Formen der Forschung, geht.

Normschutzüberlegungen knüpfen an vorhandene, also anderweitig begründete Pflichten und Rechte an. In dem skizzierten Schema unserer Unterscheidungen fundamentaler Normquellen heißt das: entweder an Verletzungsverbote oder an Solidaritätspflichten. Sie postulieren dann eine Verstärkung der jeweiligen Schutzposition im Hinblick auf die oben skizzierten Belange der Normenordnung als ganzer. Diese Verstärkung kann sich verdichten bis zur *Zuschreibung* eines subjektiven Rechts zu jemandem, der die Voraussetzungen eines genuin subjektiven Rechtes nicht erfüllt. Dabei mag diese Zuschreibung zunächst moralischen Ursprungs sein. Sie mag aber dann ihre begründete Verlängerung in der juristischen Sphäre finden: in der Zuerkennung eines subjektrechtlichen Status auch dort. Normschutzbelange der dargestellten Art sind ersichtlich solche der Gesamtgesellschaft. Schon daraus erhellt, daß sie gegen gewichtige andere Belange abgewogen werden können und nicht selten müssen. Diese anderen Belange mögen übrigens durchaus ebenfalls im Bereich des Normenschutzes ihre sachliche Grundlage haben. Doch können auch schutzwürdige individuelle Interessen konkreter einzelner Personen mit Interessen des gesellschaftlichen Normenschutzes in Konflikt geraten.

Auch und gerade in der gegenwärtigen Debatte um die Embryonenforschung spielen Normschutzerwägungen eine weitaus größere Rolle, als allgemein an- und wahrgenommen wird. Viele Standpunkte in dieser Diskussion, die als genuin moralische aufgefaßt werden, artikulieren in Wahrheit normative Sekundärpostulate, die sich auf jene Gesamttextur unserer moralischen und rechtlichen Normensysteme beziehen. Das gilt insbesondere für die häufige Reklamation der Menschenwürde in einem vage generalisierenden, den Raum des subjektiven Grundrechts aus Art. 1 Abs. 1 GG oft weit verlassenden Sinn. Es gilt auch für einen großen Teil der populären »Dammbruch«- oder »slippery-slope«-Befürchtungen.[193] Daß solchen Befürchtungen nicht selten unplausible, manchmal gänzlich unwahrscheinliche empirische Prognosen zugrunde liegen und sie deshalb unhaltbar sind, ist eine andere Frage. (Darauf komme ich zurück.)

Argumente dieser Provenienz lassen sich oft erst dann richtig verstehen und beurteilen, wenn man sie als Normschutzpostulate im oben skizzierten Sinne interpretiert. Auch die normativen Gründe für die allgemeine Forderung, der menschliche Embryo dürfe nicht wie eine Sache behandelt, für beliebige Zwecke verwendet, verbraucht oder kommerzialisiert werden, gehören im wesentlichen hierher. Die Forderung ist trotz der subjektiven Nichtverletzbarkeit früher Embryonen vollkommen zutreffend und zu unterstreichen. Ihre Gründe liegen aber primär nicht in aktuellen Schutzinteressen des Embryos, sondern in den dargestellten Belangen des gesamtgesellschaftlichen Normenschutzes.

5. Mit diesen Überlegungen läßt sich ein Bedenken beilegen, das in der internationalen bioethischen Diskussion über den Embryonenschutz oft geäußert wird. Es muß sich auch geradezu aufdrängen, wenn man die Einteilung unserer moralischen Normquellen in Verletzungsverbote und Solidaritätspflichten für erschöpfend halten und die Aspekte des Normenschutzes ignorieren wollte. Das Bedenken ist dieses:

Wenn die Möglichkeit einer wenigstens minimalen subjektiven Erlebensfähigkeit als Voraussetzung eines genuinen subjektiven Rechts beurteilt wird, müßte dies nicht zu inakzeptablen Konsequenzen für bestimmte geborene Menschen führen? Denn auch unter ihnen gibt es welche, die subjektiv vollständig erlebensunfähig sind, z. B. irreversibel Bewußtlose im apallischen Syndrom oder sog. anenzephale Neuge-

---

[193] Die manchmal vagen, als genuin moralische Argumente nicht immer leicht rekonstruierbaren Einwände, die *Jürgen Habermas* neuerdings formuliert hat, gehören großenteils ebenfalls hierher; s. *ders.* (2001).

borene, die ohne Groß- und Mittelhirn zur Welt kommen.[194] Müßte man dann nicht auch ihnen subjektive Grundrechte auf Leben und Würde absprechen?

a) Die Antwort lautet: nein.[195] Wohl ist es richtig, daß das Kriterium der Erlebensfähigkeit, nimmt man es für sich alleine, diese Menschen tatsächlich nicht in den normativen Schutzraum genuin subjektiver Rechte einschließt. Es schließt sie aber auch nicht aus. Was ihren Einschluß jedoch zwingend gebietet, ist das Prinzip des Normenschutzes. Die Fundamentalnormen unserer Rechts- und Moralordnung – Menschenwürde, Lebensrecht, Gleichheitssatz – werden über die Grenzen hinaus, die von den Kriterien ihrer genuinen Begründung gezogen würden, *allgemein*, nämlich allen geborenen Menschen garantiert. Die hauptsächlichen Gründe habe ich genannt: Humanität, Stabilität, symbolische Konsistenz, Orientierungskraft der normativen Gesamttextur unserer Gesellschaft. Ein Normensystem, das alle geborenen Mitglieder prinzipiell in gleicher Weise in den Schutzraum seiner fundamentalen Rechte einschließt, ist gegenüber einem, das für jeden individuellen Lebensschutz jeweils eine gewissermaßen persönliche Qualifikation verlangte, bei weitem vorzugswürdig. Daher werden die entsprechenden subjektiven Grundrechte jedem geborenen Menschen ohne weiteres zugeschrieben, auch wenn er – etwa als Anenzephalus – wegen seiner vollständigen Erlebensunfähigkeit nicht subjektiv verletzbar ist und sein Grundrechtsschutz daher als *genuines* Verletzungsverbot nicht plausibel zu machen wäre. Wir schützen mit seinem Grundrecht auf Leben auch, ja primär das allgemeine Tötungsverbot als Fundamentalnorm der Ethik und des Rechts.

b) Erst wenn man diese Zusammenhänge sieht, lassen sich

---

[194] Zur strafrechtlichen Problematik des Sterbenlassens im ersteren (Apalliker-)Fall s. BGHSt 40, 257; dazu *Merkel* (1995), 545 ff. (m. w. N.); zu der des letzteren (Anenzephalus-)Falles ausführlich *Merkel* (2001), 66 ff., 621 ff.

[195] Daß eine derart indiskutable Konsequenz die hier entwickelte Analyse desavouieren müßte, liegt auf der Hand; es sei aber ausdrücklich hervorgehoben.

im übrigen auch die für selbstverständlich gehaltenen Begrenzungen jenes Schutzes verstehen. Es gibt weltweit wohl keine einzige Klinik, in der lebendgeborene Anenzephale mit den Mitteln der Intensivmedizin am Leben gehalten würden, wiewohl sie damit in den meisten Fällen wochen- oder sogar monatelang überleben könnten. Vielmehr läßt man sie überall und trotz unbezweifelter grundsätzlicher Lebenserhaltungspflicht (»Garantenstellung«) der Ärzte behandlungslos sterben. Auch in Deutschland ist das nicht anders.[196] Aktiv töten darf man sie dagegen nirgendwo. Das zeigt deutlich, daß es nicht wirklich um den Erhalt ihres Lebens geht; andernfalls wäre das Sterbenlassen trotz der Möglichkeit einer (für die Kinder gänzlich leidfreien) Lebensverlängerung moralisch wie rechtlich indiskutabel. Man erkennt jedoch stillschweigend an, daß solche Kinder von ihrem Leben nichts erleben und deshalb auch nicht selbst etwas »haben« können. Daher bemüht man sich um dessen Erhaltung nicht im mindesten. Die Rechtsordnung nimmt das hin, hierzulande wie überall; die Ethik schweigt dazu. Ganz offenbar ist dieses rein vegetative, subjektiv unerlebte Leben nicht der wirkliche Gegenstand des gebotenen Schutzes. Vielmehr ist es die fundamentale gesellschaftliche Verbotsnorm gegen aktive Tötungen. Nur so erklärt sich die völlige Freigabe des Sterbenlassens bei gleichzeitiger Aufrechterhaltung des strikten Verbots jeder aktiven Tötung.

Anenzephale sind aber nicht nur subjektiv erlebensunfähig; sie haben auch niemals irgendetwas erlebt. Bei irreversibel apallischen Patienten ist das anders. Sie waren vor ihrer Bewußtlosigkeit regelmäßig erlebensfähige Personen und subjektiv verletzbar. Das erklärt, warum die Frage, ob man ihre Behandlung mit tödlicher Folge einstellen darf, anders

---

[196] Vgl. nur die Antwort der Bundesregierung auf eine Anfrage der Fraktion DIE GRÜNEN im Bundestag, in: BT-Drucks. 11/7980 (1990), S. 53, wo genau dies lakonisch und ohne weitere Erklärung festgestellt wird (und übrigens seitens der Anfragenden unkommentiert bleibt). Zum ganzen Problem und seiner rechtlichen Behandlung *Merkel* (2001), 66 ff., 621 ff.

als im Falle anenzephaler Neugeborener (übrigens ebenfalls weltweit) umstritten ist.[197] Denn hier tritt neben das Element des Normenschutzes, den wir gegen eine aktive Tötung grundsätzlich für dringender geboten halten als zugunsten einer Rettung[198], das eines gewissermaßen nachwirkend garantierten Schutzreflexes aus dem Verletzungsverbot, der im Fall des Anenzephalus gänzlich fehlt. Es ist für uns alle von erheblichem Belang, wie mit uns verfahren werden darf, sollten wir vom Schicksal eines irreversiblen apallischen Syndroms ereilt werden. Diese gegenwärtige Aktualität des Problems für jeden Einzelnen ist es, was seine Lösung schwierig macht. Es geht eben nicht nur um die von außen und stellvertretend eingenommene Innenperspektive eines Apallikers, sondern um den heutigen Blick jedes einzelnen von uns, der morgen Apalliker sein kann, auf die dann zu erwartende Situation, also auf sich selbst. Daß um solche Fragen weltweit gestritten wird, im Fall des Anenzephalus dagegen nicht (weil *das* eben niemand werden kann, der jemals erlebensfähig gewesen ist), ist deshalb nicht überraschend. Verstehen lassen sich unsere normativ unterschiedlichen Einstellungen dazu nur, wenn man die oben entwickelten Unterscheidungen unserer maßgeblichen Normgründe und dabei vor allem das meistens übersehene Prinzip des Normenschutzes bedenkt.

6. Ziehen wir ein vorläufiges Resümee: Da der frühe Embryo gänzlich erlebensunfähig und deshalb *aktuell* nicht verletzbar ist, und zwar auch durch seine Tötung nicht, da er aber andererseits (regelmäßig) das Potential der Entwicklung zur erlebensfähigen Person hat, obliegt uns ihm gegenüber eine *prima facie*-Schutzpflicht aus dem Prinzip der Solidarität. Diese Pflicht ist gegenüber anderen Belangen Einzelner und der Gemeinschaft abwägbar. Normschutzüberlegungen, die hier wie bei allem Umgang mit menschlichem Leben eine wichtige Rolle spielen, verbieten zahlreiche mögliche Zwecke

---

[197] Für die deutsche Diskussion s. die Nachweise in Anm. 190.
[198] Zu den – vermutlichen – Gründen dafür s. *Merkel* (2001), 583 f.

und Verhaltensweisen gegenüber Embryonen, etwa solche frivoler oder rein kommerzieller oder auch nur frei beliebiger Art. Sie verböten übrigens auch eine Legitimation der Embryonenforschung aus Gründen einer gänzlich abstrakten Forschungstätigkeit, die allein der Befriedigung einer faustischen Neugier diente. Ginge es hier um eine Wissenschaft, die keinerlei angewandten Nutzen für gewichtige Lebensinteressen von Menschen haben könnte, so müßte auch das bedeutsame, nominell sogar unbeschränkte Grundrecht der Forschungsfreiheit aus Art. 5 Abs. 3 GG zurücktreten. Etwas ganz anderes ist freilich die Forschung zum Zweck einer möglichen Hilfe für schwerkranke, leidende, sterbende Menschen. Und um diese, nicht um eine abstrakte wissenschaftliche Neugier geht es bei der Stammzellforschung.

Anders als bei geborenen Menschen gebieten solche Normschutzerwägungen die Intensivierung unserer Solidarität mit dem Embryo bis hin zu einem zugeschriebenen subjektiven Recht auf Leben jedoch nicht. Selbst die aktive Zerstörung von Embryonen erscheint uns nicht als Bedrohung unserer generellen Verbotsnorm gegen aktive Tötungen. Das gilt sogar für die Tötung erheblich weiter entwickelter Embryonen als der hier in Frage stehenden. Die Regelung des Abtreibungsproblems und ihre relativ friedliche Hinnahme durch die Gesellschaft zeigen das deutlich. Vermutlich jeder fühlt intuitiv zumindest einen moralischen Unterschied zwischen der Tötung eines geborenen Menschen und der eines frühen Embryos. Und daher wohl auch dies: daß die *prima facie*-Schutzpflicht für das frühe embryonale Lebens jedenfalls im Vergleich mit dem Tötungsverbot und der Lebenserhaltungspflicht gegenüber geborenen Menschen von relativ geringem Gewicht ist. Daraus ergibt sich auch und gerade unter dem Gesichtspunkt des Normenschutzes die Notwendigkeit, diese unterschiedlichen moralischen Gewichte in der Normenordnung selbst deutlich auszuweisen. Tut man dies nicht, dann drohen irgendwann in Normkonflikten offene Inkonsistenzen – für ein System von Verhaltensnormen stets eine erhebliche Gefahr, da solche Widersprüche auf Glaubwürdigkeit und Dignität der fraglichen Normen Schatten der Unsicherheit und des Zweifels werfen.

7. Wer dies alles im Hinblick auf den Embryonenschutz dennoch bezweifelt, erwäge das folgende Szenario: In einem biotechnischen Labor bricht ein Feuer aus. In dem Labor befinden sich zehn am Vortag *in vitro* gezeugte, lebende Embryonen und außerdem ein durch den Rauch bereits tief bewußtloser Säugling. Ein in letzter Sekunde in das Labor eindringender Retter erkennt, daß er nur noch entweder den Säugling oder die zehn Embryonen retten kann. Hätte irgendjemand ernsthafte Zweifel, wie sich der Retter entscheiden sollte? Und hätte jemand solche Zweifel, wenn es nicht um zehn, sondern um hundert, tausend, ja um beliebig viele Embryonen ginge?

a) Ich habe diese Veranschaulichung unserer tiefsitzenden und vorderhand gewiß revisionsfesten moralischen Intuitionen schon anderswo öffentlich präsentiert.[199] Dagegen ist mancherlei vorgebracht worden, das deshalb hier erwähnt und überprüft werden soll. Der Philosoph *Otfried Höffe* wendet ein, das Beispiel operiere lediglich mit positiven Pflichten, also Pflichten des Retters zur Hilfeleistung. Bei der verbrauchenden Forschung an Embryonen gehe es aber um deren Tötung, also um negative Pflichten, um Verletzungsverbote. Und diese hätten bekanntlich ein erheblich größeres Gewicht[200]. Das ist, bei allem Respekt, ein erstaunlicher Einwand. Es wäre ja wahrhaftig mehr als seltsam, würden wir zwar bei Hilfspflichten zwischen frühen Embryonen und geborenen Menschen einen gewaltigen Unterschied machen, bei Verletzungsverboten aber plötzlich überhaupt keinen

---

[199] *Merkel* (2001), 38; wieder abgedr. in *Geyer* (Hg.) (2001), 51 ff.
[200] *Höffe* (2001), 43; ähnlich *Schockenhoff* (2001), 17; befremdlich *Kollek* ebd. (2001), die behauptet, es sei lediglich eine Frage der subjektiven Präferenzen, wie die Entscheidung des Retters ausfalle; ein moralisches Urteil lasse sich darüber nicht fällen. Das ist so offensichtlich falsch wie eine Rettung der Embryonen statt des Säuglings moralisch verwerflich wäre.

mehr. Und das ist selbstverständlich auch nicht der Fall. Deshalb ist es auch leicht, den Unterschied an einem Beispiel mit negativen Pflichten zu zeigen, ja stärker noch: an einer Kollision von fundamentalen negativen Pflichten auf der einen und lediglich positiven Pflichten auf der anderen Seite. Bleiben wir bei meinem Szenario: Der Retter habe nur dann eine Möglichkeit zur Rettung des Säuglings, wenn er die im Wege stehende Apparatur mit den zehn (oder beliebig vielen) Embryonen zur Seite und dabei ins Feuer stößt, und das heißt: die Embryonen aktiv tötet. Auch in dieser Situation besteht keinerlei Zweifel an der moralischen Pflicht, den Säugling um jenen Preis zu retten. Eine solche aktive Tötung auch nur eines geborenen Menschen, der dem Retter des Säuglings im Wege stünde, etwa eines bewegungsunfähig Gelähmten, wäre dagegen selbstverständlich moralisch verwerflich und juristisch ein rechtswidriger Totschlag. Und sie bliebe beides auch dann, wenn sie das einzige Rettungsmittel nicht bloß für einen, sondern für viele Säuglinge wäre.[201]

b) Eingewendet worden ist weiterhin das folgende: Man könne sich schließlich auch andere Triage-Situationen dieser Art vorstellen könnte, in denen die Rettung des einen und das Verbrennenlassen des anderen keineswegs bedeute, daß der nicht Gerettete ein geringeres Lebensrecht als der Gerettete hätte oder gar überhaupt keines. Klar pointiert hat diesen Gedanken der CDU-Bundestagsabgeordnete *Hubert Hüppe*: Er, Hüppe, würde als Retter und konfrontiert mit der Wahl, entweder seine Frau oder einen Rechtsphilosophen zu retten, die erstere wählen und doch dem letzteren dessen gleich-

---

[201] Man mag das Beispiel auf eine gewiß irritierende Weise weiter zuspitzen: Anstelle des Säuglings befinde sich in dem Labor ein erwachsener Schimpanse in einem Käfig. Es ist keineswegs klar, daß der Retter moralisch verpflichtet wäre, die Embryonen zu retten und den Affen verbrennen zu lassen. Ich halte dies im Gegenteil für moralisch eindeutig falsch. Der Grund liegt in der aktuellen subjektiven Verletzbarkeit des Affen und in deren völligem Fehlen bei den Embryonen. Aber selbst wer dies dezidiert bestreiten möchte, muß wohl zugeben, daß eine Rettung des Affen nicht annähernd das gleiche Unrecht wäre, für das wir sie zweifellos hielten, überließe der Retter dafür nicht zehn frühe Embryonen, sondern zehn Säuglinge dem Flammentod.

gewichtiges Lebensrecht nicht absprechen. Das ist ein auf-
schlußreicher Hinweis. Denn vermutlich würde die Frau des
Rechtsphilosophen in derselben Situation umgekehrt diesen
retten und nicht Frau Hüppe. Und hier genau liegt der
Schlüssel zum Verständnis des allerdings prinzipiellen Unterschieds zu meinem Szenario mit den Embryonen. In einer
Notsituation des Entweder-Oder wie in der des Labor-Falles
gibt es bei gleicher Schutzwürdigkeit der Bedrohten eine
große Menge zulässiger, moralisch nicht vorwerfbarer Präfe-
renz-Kriterien für die Rettung. Persönliche Nähe zwischen
Retter und Gerettetem ist gewiß das wichtigste. Aber auch
andere, schwächere, sogar für sich genommen höchst dubiose
würden wir gewissermaßen schweigend hinnehmen: das
unterschiedliche Alter der Bedrohten oder ihren Gesund-
heitszustand, den blitzschnellen Losentscheid bis hin zur
größeren Sympathie des Retters mit dem einen als mit dem
anderen von ihnen. Keines dieser Kriterien hat irgendetwas
mit dem moralischen oder rechtlichen Schutzstatus der Bedrohten zu tun. Und genau dieser ist das wohl einzige Kriterium, das keine zulässige Direktive für die Wahl abgeben
könnte.[202] Genau umgekehrt verhält es sich aber in meinem
Embryonen-Fall: Hier könnte keines der vorhin genannten
anderen Kriterien die Rettungswahl legitimieren. Das einzige
dafür moralisch zulässige ist der unterschiedliche Schutzstatus der Bedrohten. Der Abgeordnete Hüppe dürfte also
selbst dann nicht die Embryonen statt des Säuglings retten,
wenn er diesen, etwa als ihr biologischer Vater, sehr nahe und
jenem gänzlich fern stünde. Und genau dasselbe gilt für alle
denkbaren Retter der Welt: Immer und unter allen vorstell-

---

[202] Eine Rettungsentscheidung, die sich etwa auf einen »größeren moralischen Wert« und
daher einen gewichtigeren Schutzanspruch von Männern gegenüber Frauen, von Wei-
ßen gegenüber Schwarzen, Jungen gegenüber Alten, Gesunden gegenüber Kranken
(oder dies alles jeweils umgekehrt) stützen wollte, wäre stets moralisch verwerflich und
in keinem Fall akzeptabel. Dagegen wären subjektive Präferenzen des Retters wie
»Dieser Mann war mir als Person sympathischer als die Frau« oder »dieser Weiße sympathischer als der Schwarze« moralisch genauso hinzunehmen wie die jeweils umge-
kehrte Präferenz.

baren sonstigen Umständen müßte jeder von ihnen den Säugling und dürfte nicht die Embryonen retten. Knapp formuliert: wir würden in einer Triage-Situation à la Hüppe praktisch alle Entscheidungskriterien akzeptieren – nur eines nicht: die Behauptung eines prinzipiellen Statusunterschieds. Im Laborbeispiel mit den Embryonen dagegen würden wir keines der im andern Fall denkbaren Entscheidungskriterien akzeptieren – und nur ein einziges billigen: den prinzipiellen Statusunterschied.

c) Das wirft nun allerdings ein helles Licht auf die normativen Probleme, die hier im Spiel sind. Die Einwände Höffes und Hüppes widerlegen nicht nur nicht, sondern unterstreichen, was das ursprüngliche Beispiel zeigen sollte. Sogar aktiv töten dürfte, nein müßte der Retter die Embryonen, wenn er nur so das Kind retten könnte (*gegen Höffe*). Und er müßte dies selbst dann, wenn er den Embryonen verwandtschaftlich nahe, dem Säugling dagegen gänzlich fern stünde (*gegen Hüppe*). Nichts vermag diese wohl universell geteilte, tiefsitzende moralische Intuition zu erklären als der Umstand, daß wir einen nachgerade riesigen Unterschied im Gewicht der Pflichten annehmen, die wir gegenüber geborenen Menschen einerseits und gegenüber Embryonen andererseits haben. Wer will, mag – etwa in der Form des Hüppeschen Einwands – noch immer behaupten, dieser riesige Unterschied schließe nicht zwingend aus, daß gleichwohl beide, früher Embryo wie geborener Mensch, ein Recht auf Leben und Würdeschutz hätten. Die Behauptung führte aber ganz offensichtlich Grundrechte zweiter (oder eher dritter) Klasse ein. Sie blieben, wie unser Laborbeispiel zeigt, in ihrer Schutzfunktion hinter den wirklichen Grundrechten geborener Menschen nachgerade endlos weit zurück. Und das bedeutet einfach: Solche »Grundrechte« wären keine. Wer sie gleichwohl so nennt, beweist damit nicht etwa eine moralische Haltung. Vielmehr spiegelt er – und wäre es *optima fide* – eine Moralität des Schützens und der Fürsorge vor, die von dem großzügig zugeschriebenen »Grundrecht« nicht annähernd beglaubigt wird, deren gebotene Konsequenzen also nicht durchzuhalten sind. Die Ethik darf aber ihre Argumente nicht auf Täuschungen und Selbsttäuschungen gründen. Eine solche Zuschreibung von Grundrechten, die versprechen, was niemand zu halten bereit wäre, ist daher moralisch nicht akzeptabel.

d) Das alles bestätigt die Ergebnisse unserer obigen abstrakten Analyse nachdrücklich. Gewiß ersetzt ein Szenario wie das des brennenden Labors nicht die tragenden ethischen Argumente. Es macht sie vielmehr anschaulich. Es zeigt aber außerdem auch ihre Konsonanz mit unseren fundamentalen moralischen Intuitionen. Diese Kohärenz der Resultate einer eingehenden Analyse mit unseren gut erprobten alltagspraktischen Überzeugungen ist für die moralphilosophischen Argumente selbst von erheblicher Beglaubigungskraft.[203] Daß in einem Beispiel wie dem des brennenden Labors wohl zwischen allen Streitparteien der gegenwärtigen Debatte ein »overlapping consensus«[204], eine vermutlich universale »übergreifende Übereinstimmung« hinsichtlich der Lösung besteht, ist ein gewichtiges Indiz für deren moralische Richtigkeit – und damit freilich auch für die Konsequenzen, die sich aus ihr ergeben.

Die folgende liegt auf der Hand: die Gattungssolidarität mag im Normalfall einen Grund für den Einbezug des Embryos in die moralische Sphäre des Lebensschutzes abgeben. In jedem halbwegs gewichtigen Sonderfall ist dieser objektive

---

[203] Ethische Theorien, die auf irgendeine Weise die Verbindung der Resultate einer analytischen Reflexion mit den »wohlerwogenen Urteilen« (*John Rawls*) unserer alltagsmoralischen Einstellungen für bedeutsam zur Begründung moralischer Normen halten, werden (im weitesten Sinne) kohärentistische oder Kohärenztheorien der Moral genannt. Der vielleicht prominenteste Philosoph, der dieser Richtung zugehört, ist *John Rawls* mit seinem klassischen Werk (1971), dt. (1975), s. ebd. vor allem Kap. 1, 9., 65 ff. Nachdrücklich für eine kohärentistische Begründung von Handlungsnormen *Nida-Rümelin* (2001). – Hier soll lediglich auch auf diese Form der Plausibilisierung und Beglaubigung hingewiesen werden; eine dezidiert kohärentistische Moraltheorie braucht dafür nicht vertreten, in die umstrittenen Probleme der philosophischen Diskussion nicht tiefer eingestiegen zu werden.

[204] Zu diesem Begriff ebenfalls *Rawls* (1992), 285 ff.

Schutzreflex gegen kollidierende andere Interessen abwägbar – ganz anders als ein genuin subjektives Recht auf Leben.
Und er ist, wie die Ausdehnung meines Laborfalles auf beliebig viele Embryonen und auf die Situation ihrer sogar aktiven
Tötung zeigen soll, von relativ geringem Gewicht.

8. Dies ist nun das Ergebnis sämtlicher Überlegungen zum
Speziesargument: Beurteilt man den Embryo nur nach seinem aktuellen Zustand, dem gegenwärtigen Status quo seiner
Erlebensunfähigkeit, dann ist es nicht möglich, ein genuin
subjektives Recht auf Leben für ihn zu begründen. Eine bloß
objektive prima-facie-Pflicht solidarischer Provenienz haben
wir allerdings festhalten können. Sie greift schon über den aktuellen Status des Embryos hinaus und setzt das Potential seiner künftigen Entwicklung voraus. Gute Gründe, wegen der
Spezieszugehörigkeit des Embryos diese Pflicht bis zur Zuschreibung eines subjektiven Rechts zu verstärken, sind nicht
erkennbar geworden. Auch Normschutzüberlegungen der
oben skizzierten Art sprechen nicht dafür – im Gegenteil.
Das demonstriert unser zugespitztes Laborbeispiel deutlich:
Sogar die aktive Tötung der Embryonen zur Rettung des Säuglings wäre moralisch unbedingt geboten. Eine solche Tötung ist aber mit dem Status eines subjektiven Rechts nicht zu
vereinbaren, und zwar weder in rechtlicher, noch in ethischer
Hinsicht. Wollten wir ein solches Recht dennoch zuschreiben, so müßten wir zur Vermeidung destruktiver Inkonsistenzen entweder unsere fundamentalen moralischen Überzeugungen ignorieren oder ihre Änderung erzwingen: In
allen skizzierten Konfliktfällen wären stets die Embryonen
zu retten. Ich nehme an, daß dies niemandem akzeptabel erscheint.

III. Das Kontinuumsargument

1. Schon die bisher entwickelten Argumente zeigen, daß man den Embryo für die Frage seiner (moralischen) subjektiven Rechtsfähigkeit nicht allein nach seinem aktuellen Status beurteilen muß. Daran knüpft das zweite unserer vier möglichen Argumente gegen eine »verbrauchende« Embryonenforschung an: das Kontinuumsargument. Trifft es zu, so mag es über die bisherigen Erwägungen hinaus gleichwohl entscheidend für die Zuschreibung eines embryonalen Lebensrechts sprechen. Sehr klar hat seinen Inhalt das Bundesverfassungsgericht 1975 im ersten »Fristenlösungsurteil« zur Abtreibung formuliert. Die entscheidende Passage lautet so: »Der [menschliche] Entwicklungsprozeß ist ein kontinuierlicher Vorgang, der keine scharfen Einschnitte aufweist und eine genaue Abgrenzung der verschiedenen Entwicklungsstufen des menschlichen Lebens nicht zuläßt. Deshalb kann der Schutz des Art. 2 Abs. 2 S. 1 des Grundgesetzes weder auf den ›fertigen‹ Menschen nach der Geburt, noch auf den selbständig lebensfähigen Nasciturus beschränkt werden. Das Recht auf Leben wird jedem gewährleistet, der ›lebt‹; zwischen den einzelnen Abschnitten des sich entwickelnden Lebens vor der Geburt oder zwischen ungeborenem und geborenem Leben kann hier kein Unterschied gemacht werden.«[205]

2. Das ist eines der tragenden Argumente der Entscheidung. Es beruht jedoch auf einem klassischen, schon in der Antike von den Sophisten demonstrierten Fehlschluß.[206] Gewiß ist das behauptete Kontinuum der menschlichen Entwicklung eine unbestreitbare Tatsache. Der daraus vom Verfassungsgericht abgeleitete Schluß ist dennoch unrichtig. Aus dem Umstand, daß etwas ein Kontinuum ist und nicht von

---

[205] BVerfGE 39, S. 1 ff. (37); in der Sache ebenso *Starck*, in: *v. Mangoldt/Klein/Starck* (1999), Art. 1 Abs. 1 Rnr. 18.
[206] Das sog. *sorites*- oder Haufen-Paradox; eingehend zu dessen logischer Form und zu allen seinen Varianten *Walton* (1992), 37 ff.

sich aus natürliche »Einschnitte« aufweist, kann man nicht schließen, daß solche von außen (von uns) gelegten Einschnitte keine guten Gründe haben könnten oder, wie das BVerfG meint, willkürlich sein müßten. Im Gegenteil. Das zeigt die folgende Überlegung:

Ein Mann von 1,50 m Körpergröße ist ein kleiner Mann; 1 mm mehr an Größe bedeutet keinesfalls den entscheidenden Übergang von »klein« zu »groß«; also ist ein Mann von 1,50 m + 1 mm ebenfalls ein kleiner Mann. Nun fahre man fort: ein Mann von 1,50 m + 1 mm ist also ein kleiner Mann; 1 mm mehr an Größe kann keinesfalls den entscheidenden Unterschied zwischen »klein« und »groß« ausmachen; also ist ein Mann von 1,50 m + 1 mm + 1 weiteren mm ein kleiner Mann. Und nun kann man weiterzählen. Wenn ich richtig rechne, muß man den Vorgang genau tausendmal wiederholen, um bei dem Ergebnis zu landen, daß ein Mann von 2,50 m Größe ein kleiner Mann ist. Man kann das Spiel natürlich auch umgekehrt spielen und bei einem großen Mann von 2,50 m Länge millimeterweise (und wer will und Geduld hat auch mikrometerweise) rückwärts zählen, um irgendwann bei dem Satz anzukommen, daß ein Mann von 1,50 m Größe ein großer Mann ist.[207]

Keiner dieser Übergänge stellt einen »scharfen Einschnitt« dar, wie ihn das Verfassungsgericht als notwendig zum Ausschluß von Willkür verlangt. Dennoch können wir völlig willkürfrei zwischen einem kleinen Mann von 1,50 m und einem großen von 2,50 m unterscheiden, genauso wie wir zwischen stockdunkler Nacht und sonnenhellem Tag unterscheiden können, auch wenn im Zwielicht der Morgendämmerung keine einzige der dabei verrinnenden Hundertstelsekunden einen »scharfen Einschnitt« markieren könnte, vor dem es dunkel und nach dem es hell gewesen wäre.

Bei zahlreichen anderen Kontinua, die wir kennen, verhält sich das ganz genauso. Wir legen auch in das natürliche Kon-

[207] Beispiel nach *Black* (1970), 1 ff.

tinuum der menschlichen Existenz *nach* der Geburt zahlreiche normativ mehr oder minder bedeutsame Einschnitte, von der Strafmündigkeit über Wahlfähigkeits- und Wählbarkeitsalter bis zu einem letzten Einschnitt, der von ganz besonderer Bedeutung ist: dem Tod. Auch dieser Schnitt ist einer, den wir setzen. Er beruht daher auf einer Entscheidung. Denn das Kontinuum der natürlichen Vorgänge mit und in unserem Körper geht selbstverständlich auch nach dem Tod weiter: bis zum endgültigen physischen Zerfall.

3. Willkürlich sind all diese Einschnitte nicht. Willkürlich wäre es im Gegenteil, sie gänzlich zu unterlassen. Der Irrtum des BVerfG scheint mir folgenden Grund zu haben: Regelmäßig sind die Stellen, an denen »von außen« normativ bedeutsame Schnitte in ein natürliches Kontinuum gelegt werden, durch die Erwägungen, die für den jeweiligen Einschnitt sprechen, nicht vollständig determiniert. Man könnte, gewissermaßen im Mikrobereich um die gewählte Schnittstelle herum, den Schnitt immer auch ein wenig anders legen, ohne daß die Funktion, die er zu erfüllen hat, dadurch beeinträchtigt würde. Eine solche konkrete Wahl ist aber nicht schon deshalb willkürlich, weil sie eben eine Wahl ist und auch ein bißchen anders hätte ausfallen können. Und im Makrobereich des Gesamtkontinuums wäre es in aller Regel willkürlich, höchst unvernünftig oder auch ethisch unvertretbar, die von einem solchen Einschnitt getrennten Teile des Kontinuums *nicht* zu unterscheiden.

Das zeigt sich dann besonders klar, wenn das Untersagen eines solchen Einschnitts nicht, wie im Fall des BVerfG, vorteilhaft (Lebensschutz von Anfang an), sondern nachteilig erscheint. Beispielhaft: Weil man im Kontinuum eines individuellen Lebens den Einschnitt »Strafmündigkeit« auch anders legen könnte als auf das Alter von 14 Jahren, ist es keineswegs willkürlich, ihn überhaupt zu legen. Und es ist auch nicht willkürlich, ihn genau dort, bei 14 Jahren zu legen, wiewohl er bei 13 oder bei 15 Jahren ebenfalls nicht willkürlich gelegt wäre. Willkürlich und unvernünftig wäre es aber, ihn gar nicht zu legen und einen Menschen einfach schon von Geburt an als strafmündig zu behandeln. Man überprüfe an dieser Überlegung noch einmal die These des BVerfG: daß ein Kontinuum normativ immer als ein Ganzes behandelt, also immer insgesamt und von seinem Anfang an derselben normativen Bewertung unterworfen werden müsse. Das ist, wie nun deutlich sichtbar wird, nicht richtig.

4. Das Kontinuumsargument beruht somit auf einem Fehlschluß. Für sich allein genommen ist es deshalb überhaupt nicht zur Begründung von irgendetwas geeignet. Zu einer Antwort auf die Frage, ob einem Embryo ein subjektiv moralisches Lebensgrundrecht zugeschrieben werden sollte, kann es daher nichts beitragen. Man braucht also zu seiner Widerlegung nicht erst auf eine ganze Reihe möglicher Einschnitte im Naturprozeß der menschlichen Entwicklung hinzuweisen, die auch als normative »Schnitte« plausibel wären, etwa die Nidation oder andere.[208] Das kann man gewiß tun. Solche Einschnitte muß man jeweils konkret normativ begründen. Das Kontinuumsargument wird aber nicht erst damit widerlegt. Es ist von Anfang an nicht haltbar.[209] Daraus folgt andererseits natürlich nicht, daß man in das Kontinuum der menschlichen Existenz in der Frage des Lebensschutzes nicht doch lieber *keine* Einschnitte legen sollte. Aber nicht deshalb, weil es ein Kontinuum ist. Die Gründe müßten andere sein. Unter ihnen muß offenbar auch das Ziel der Entwicklung, also das, wohin das Kontinuum führen soll, eine wichtige Rolle spielen. Das führt uns zu unserer nächsten Überlegung.

---

[208] Dies unternimmt *Taupitz* (2001), 3438.
[209] Daß es auch eine Variante des Sein-Sollen-Fehlschlusses darstellt, sei beiläufig erwähnt.

IV. Das Potentialitätsargument

Einen solchen Grund könnte das dritte unserer vier prinzipiellen Argumente gegen die Embryonenforschung liefern, das Potentialitätsargument. Es lautet etwa so: Zwar mögen sich die aktuellen Eigenschaften menschlicher Embryonen nicht dafür eignen, ein Tötungsverbot zu begründen; aber seine erwartbaren künftigen Eigenschaften sind genau die, auf denen das allgemeine Menschenrecht auf Leben moralisch gründet. Diese Chance der Zukunft, gewissermaßen sein *status potentialis*, darf ihm daher nicht genommen, sein Leben also nicht zerstört werden.

Dieses Argument hat zunächst etwas unmittelbar Einleuchtendes. Von den meisten Gegnern der Embryonenforschung wird es wohl, und durchaus mit einem gewissen Recht, als der stärkste ihrer Einwände betrachtet. Die Frage ist, was genau davon plausibel gemacht wird und wie weit das Argument reicht. In der obigen Analyse der drei Prinzipien, auf denen unsere normativen Verpflichtungen gründen, hat sich die Voraussetzung einer wenigstens potentiellen Erlebensfähigkeit als Bedingung der Entstehung einer gewissen Solidaritätspflicht erwiesen. Es könnte aber sein, daß ein genauer verstandenes Potentialitätsargument darüber hinausreicht: bis zur Begründung eines genuin eigenen oder immerhin eines zuschreibbaren Lebensrechts des Embryos.

1. Die erste Schwierigkeit, die sich aufdrängt, ist freilich schon die des genaueren Verstehens. »Potentialität« kann vieles heißen. Und jedenfalls nicht alles davon wäre geeignet, die Zuschreibung eines Schutzstatus, der auf bestimmten Eigenschaften oder Zuständen gründet, plausibel zu machen, wiewohl diese nicht aktuell, sondern bloß »potentiell« vorhanden sind. Eine erste begriffliche Klärung könnte so aussehen:

a) Offenbar ist der Begriff der Potentialität eng und analytisch mit dem der Möglichkeit verknüpft. Wenn das Erreichen eines Zustandes x für A nicht möglich ist, kann A kein potentielles x sein, kein Potential für x haben, keines darstellen. Nun läßt sich »Möglichkeit« zweifach verstehen: als bloß logische oder aber als praktisch-reale. Daß jedenfalls eine bloß logische Möglichkeit des künftigen Erwerbs von Eigenschaften untauglich zur Begründung eines gegenwärtigen moralischen Status ist, der auf dem Vorhandensein jener Eigenschaften beruht, liegt auf der Hand. Denn rein logisch könnte nahezu alles fast alles andere werden, also auch etwas, das es – nach allem, was wir wissen – *empirisch* gewiß nicht werden kann. Aus einer solchen logischen Möglichkeit allein folgt normativ ganz offensichtlich nichts. Betrachten wir also die Kategorie der praktisch-realen Möglichkeiten. Sie verteilen sich regelmäßig über ein breites Spektrum unterschiedlicher Wahrscheinlichkeiten. Deren jeweiliges Maß dürfte daher ebenfalls bedeutsam sein für unsere Grundfrage; in einer ersten Präzisierung hätte sie daher so zu lauten: Welche normative Bedeutung haben die Unterschiede in den Wahrscheinlichkeiten von (Personen-)Potentialen für den Umfang der Pflichten, die uns ein solches Potential jeweils auferlegt?

Schon hier läßt sich im Hinblick auf das Potential früher Embryonen streiten. Soll irgendwo im breiten Spektrum der Wahrscheinlichkeiten eine Trennlinie gezogen werden (und wo), mit der sich »schwache« von »starken« Potentialitäten unterscheiden lassen? Und sollen dann nur die letzteren die Zuschreibung eines moralischen Status (und in welcher Stärke) begründen können?[210]

b) Freilich läßt sich, auch wenn man von dieser Schwierigkeit einstweilen absieht, der Begriff »Potentialität« mittels der Kriterien »Möglichkeit« und »Wahrscheinlichkeit« ohnehin nicht ausreichend erfassen. Denn von einem »Potential« kann nur dann die Rede sein, wenn der dabei in den Blick genommene Entwicklungsprozeß mindestens zu einem gewissen Teil von dem Träger des Potentials selbst veranlaßt oder

---

[210] In diesem Sinne – mit ganz unterschiedlichen Differenzierungen im einzelnen – zahlreiche Beiträge der internationalen bioethischen Diskussion zur Abtreibung und zur Embryonenforschung; s. statt aller nur die Kontroverse zwischen *Stone* (1987), 815 ff., und *Fisher* (1994), 281 ff., sowie *Jacquette* (2001), 79 ff.

gesteuert wird. Zur Verdeutlichung: Wir würden nicht vom »Potential« eines Marmorblocks sprechen, ein großes plastisches Kunstwerk zu werden; denn dazu kann er nur durch eine allein von außen veranlaßte Intervention werden, nämlich die entsprechende Bearbeitung durch einen Künstler. Selbst wenn also Picasso bereits den Marmorblock, den er zu einer Plastik behauen will, in sein Atelier geschafft hat und in der nächsten Stunde mit der Arbeit beginnen will, hat der Block selbst kein Potential, ein Kunstwerk zu werden, obwohl die Wahrscheinlichkeit, daß er es wird, bereits sehr groß ist. Dagegen gibt es begrifflich keinen Einwand gegen die Redeweise vom Potential einer Eichel, ein Eichbaum zu werden, wiewohl hier für die Verwirklichung des Potentials natürlich ebenfalls und zusätzlich gewisse äußere Bedingungen erfüllt sein müssen und die Wahrscheinlichkeit, daß ein Baum daraus entsteht, weitaus geringer sein kann, als die im Fall von Picassos Marmorblock.

In diesem Sinn kann man ersichtlich von einem Potential des Embryos sprechen, ein geborener Mensch zu werden. Das gilt jedenfalls wenn der Embryo im Wege eines »natürlichen« Zeugungsakts entstanden ist und sich bereits im Uterus der Schwangeren befindet. Denn dann verläuft die weitere Entwicklung nach einem internen naturkausalen Programm, das keiner externen menschlichen Handlung mehr bedarf und das zu einem hohen Anteil in der biologischen Selbststeuerung der embryonalen Entwicklung besteht. Bei in-vitro-fertilisierten und noch nicht implantierten Embryonen – und nur um solche geht es in der Embryonenforschung – liegen die Dinge allerdings komplizierter. Denn ohne die rein äußere Intervention eines Transfers des Embryos in eine Gebärmutter kann er sich nicht zum geborenen Kind entwickeln. Zwar hat auch er die inneren Steuerungs- und Entwicklungskapazitäten, die ein Potential begrifflich erfordert. Doch ist die Wahrscheinlichkeit seiner Entwicklung ohne den intrauterinen Transfer gleich Null; und eine solche Null-Wahrscheinlichkeit schließt, wie wir schon oben festgehalten haben, die Zuschreibung eines Potentials grundsätzlich aus. Deshalb sagen viele, der durch künstliche Befruchtung erzeugte, extrauterine Embryo habe im Unterschied zum intrauterinen kein selbständiges Entwicklungspotential; daher komme ihm, anders als möglicherweise jenem, kein moralischer Status zu; die Embryonenforschung an in-vitro-Embryonen sei somit ethisch zulässig.[211]

Gleichwohl ist das Argument bei genauerem Hinsehen nicht überzeugend. Nahezu jedes Potential, selbst eines mit sehr starker eigener Innensteuerung seiner Entwicklung, hängt zumindest auch von einigen günstigen Bedingungen seiner äußeren Umwelt ab.[212] Nun liegt es zunächst nahe, als »Umwelt« in diesem Sinn nur natürliche oder sonstwie faktische Bedingungen zu verstehen (z. B. den Uterus der Schwangeren für den Embryo); und meistens werden in der Debatte auch nur solche natürlichen Umweltbedingungen erwogen. Doch ist das für die Klärung einer moralischen Frage nicht ausreichend. Zur »Umwelt« im hier relevanten Sinn gehört vielmehr auch die normative Umwelt: die bereits bestehenden, gut begründeten und allgemein akzeptierten Verbote und Erlaubnisse, Pflichten und Rechte einer konkreten Normenordnung, in der später auch die Entscheidung der hier zu klärenden moralischen Frage ihren Platz haben soll. Zu dieser normativen Umwelt gehören etablierte positive Pflichten. Eine der wichtigsten unter ihnen ist die Pflicht, das Risiko der drohenden Verletzung oder gar Vernichtung eines von der Normenordnung geschützten Wesens abzuwenden, sofern man selbst dieses Risiko geschaffen hat oder aus sonstigen Gründen für seine Entstehung oder seine Kontrolle zuständig ist. Mit der in-vitro-Erzeugung eines Embryos ent-

---

[211] In diesem Sinne etwa *Singer/Dawson* in *Singer et. al.* (Hg.) (1990), 76 ff.; ganz ähnlich der Theologe *Fischer* (2001), 16.

[212] S. schon den obigen Hinweis zu Eichel und Eichbaum. Das macht solche Umweltfaktoren noch nicht zu (kausalen) Produzenten oder zu Bestandteilen des Potentials; doch sind sie notwendige Randbedingungen, und zwar insofern, als ihr Fehlen zur *Zerstörung* des (unabhängig von ihnen entstandenen) Potentials führt.

steht, wenn er überleben soll, die Notwendigkeit seines Transfers in einen Uterus. Anders gewendet: sie schafft für ihn vorhersehbar das Existenzrisiko seines extrauterinen Absterbens. *Hat* daher ein solcher Embryo einen moralischen Status, so ist der ihn Erzeugende verpflichtet, dieses Risiko abzuwenden, den Embryo also nach Möglichkeit zu implantieren und ihm die natürlichen Realisierungsbedingungen seines Potentials zu verschaffen.[213] Eine verbrauchende Embryonenforschung käme dann jedenfalls nicht in Frage.

Daran wird deutlich, daß die Frage, ob der in-vitro-erzeugte Embryo einen moralischen Schutzstatus hat, nicht davon abhängen kann, ob vorweg beschlossen worden ist, ihn zu implantieren oder dies nicht zu tun. Die Argumentation würde sonst offensichtlich zirkulär und damit normativ unbrauchbar. Ihr Schlußmodus sähe etwa so aus: »Implantiert werden muß der Embryo nur, wenn er einen moralisch geschützten Status hat; diesen Status hat er nur, wenn er ein Entwicklungspotential hat; ein solches Potential hat er nur, wenn er implantiert wird; da man ihn aber nicht implantieren will, hat er kein Potential, also keinen Schutzstatus; also muß er nicht implantiert werden.« Das ließe sich knapp so zusammenfassen: »Implantieren muß man ihn nur, wenn man ihn implantiert.« Die untaugliche, zirkuläre Selbstrechtfertigung, eine Art normativer Münchhausentrick, ist evident. Eine Handlung kann selbstverständlich nicht genau dadurch gerechtfertigt werden, daß sie einfach vorgenommen, und ihr Unterlassen nicht dadurch, daß sie schlicht unterlassen wird.

Wir können also festhalten, daß auch der in-vitro-erzeugte Embryo ein internes, hinreichend selbstgesteuertes Entwicklungspotential besitzt – *sofern* ihm »normale« Umweltbedingungen, die natürlichen wie die normativen, gewährleistet sind. Daher kann ihm ein daraus ggf. abzuleitender mora-

---

[213] Eine andere Frage ist es selbstverständlich, ob ein solcher Transfer im konkreten Fall überhaupt *möglich* ist. Zum unmöglichen Handeln – wenn etwa die Eizellspenderin (die »Mutter« des Embryos) verstorben oder schwangerschaftsunfähig erkrankt wäre – ist niemand verpflichtet (*»ultra posse nemo obligatur«*).

lischer Schutzstatus jedenfalls nicht mit dem Argument bestritten werden, sein »Potential« sei in Wahrheit keines, da dessen Verwirklichung allein von einer äußeren Realisierungshandlung abhänge: seiner Implantation. Denn die Pflicht zu dieser Implantation gehört gerade zu jenen normalen normativen Umweltbedingungen, deren Vorhandensein ebenso wie das der natürlichen für die Klärung der Frage, ob von einem Potential die Rede sein kann, vorausgesetzt werden muß.

c) Noch eine weitere Unterscheidung jenseits der Kriterien »Möglichkeit« und »Wahrscheinlichkeit« ist für den Begriff der Potentialität wichtig. In Anlehnung an den dänischen Bioethiker Søren Holm möchte ich sie als die zwischen einem »verteilten« (»distributed«) und einem »vereinigten« (»joint«) Potential bezeichnen.[214] Potentiale können sich aus Einzelelementen zusammensetzen, die erst und nur in einer spezifischen raum-zeitlichen und funktionalen Verbindung potentialitätstauglich sind. Dann hat kein einzelnes von ihnen das fragliche Potential, und auch sie alle zusammen haben es nur, sofern sie in der erforderlichen besonderen Verbindung stehen. Beispielhaft: Eine gute Fußballmannschaft hat das Potential, den Gegner zu besiegen, während es keiner ihrer einzelnen Spieler hat, sowenig wie es alle elf haben, solange jeder von ihnen bei sich zu Hause oder sonstwo, aber nicht zusammen mit den anderen spielbereit im Stadion ist.

Das klingt ein wenig trivial und ist es auch in gewissem Sinne. Gleichwohl erhellt gerade dieser Gedanke ein Argument, das in der Debatte um den Embryonenschutz eine wichtige Rolle spielt. Das Potential des Embryos, so wird ge-

---

[214] *Holm* (1996), 203. – Den Schlußfolgerungen *Holms*, der die Reichweite des Potentialitätsarguments erheblich überschätzt und ihm (mit weiteren Erwägungen) daher ein »right to life« des Embryos entnehmen will, kann dagegen nicht zugestimmt werden. Holm markiert zumindest sein Ziel, den gebotenen Embryonenschutz, bei weitem zu grob; denn dieser ist nicht bloß als »Recht auf Leben« denkbar. Aus dem Nachweis eines sinnvoll präzisierbaren Begriffs embryonaler Potentialität und deren möglicher normativer Relevanz folgt daher keineswegs, wie *Holm* glaubt, daß der Embryo ein Lebensrecht haben müsse.

sagt, tauge nur dann zur Begründung eines moralischen Status, wenn sich dieser gerade in seiner Potentialität (und nicht bloß in anderen Hinsichten) von Ei- und Samenzelle unterscheide. Das sei jedoch nicht plausibel zu machen. Denn: »Alles was über das Potential des Embryos gesagt werden kann«, schreiben Peter Singer und Deane Wells, »kann auch über das Potential der noch getrennten Keimzellen gesagt werden, wenn man sie sich vereint vorstellt.«[215] Da aber niemand ernsthaft auf die Idee käme, für Ei- und Samenzelle einen moralischen Schutzstatus zu fordern, wiewohl sie das gleiche Potential wie der Embryo hätten, tauge ein solches Potential offensichtlich nicht dazu, jenen Status zu begründen.

Das Argument faßt die Beziehung zwischen den Keimzellen, dem Embryo und dem geborenen Menschen offenbar stillschweigend als einen logisch transitiven Zusammenhang auf. Etwa so: Ei- und Samenzelle haben (vereint) das Potential zum Embryo und dieser hat das Potential zum Kind, also haben auch Ei- und Samenzelle das Potential zum Kind. Das ist jedoch keineswegs zwingend. Denn offenbar muß man sich einen spezifischen (raum-zeitlich-funktionalen) Zusammenhang von Ei- und Samenzelle, nämlich deren »Vereinigung«, immerhin *vorstellen*, um zu einem solchen Potential zu gelangen; und vorstellen muß man ihn sich eben, weil sie ihn selbst tatsächlich (noch) nicht aufweisen. Hierin mag aber durchaus ein relevanter Potentialitätsunterschied liegen, und dieser mag auch eine normativ entscheidende Bedeutung haben.

Freilich ist dabei folgendes zu bedenken: Mit dieser Unterscheidung von »getrennt« und »vereinigt« kann man eine Potentialitätsdifferenz zwischen Embryo und Keimzellen nur dann plausibel machen, wenn und soweit die letzteren eben die potentialitätsbegründende funktionale Verbindung (noch) nicht aufweisen. Das ist ersichtlich der Normalfall.

[215] *Singer/Wells* (1984), 91.

Der Eintritt der relevanten Vereinigung erfordert einfach noch irgendwelche äußeren Handlungen, Vorgänge oder Abläufe, typischerweise die Einleitung des Befruchtungsvorgangs. Nun wäre es freilich denkbar, daß diese erforderlichen äußeren Vorgänge schon zwingend naturgesetzlich determiniert sind, also nicht mehr von außen eingeleitet werden müssen, obwohl noch immer »bloß« die Keimzellen vorhanden sind, nicht dagegen ein Embryo. Die beiden Keimzellen müßten sich dann bereits in einem Zusammenhang befinden, dessen Fortentwicklung zur zweifelsfrei potentialitätsbegründenden Vereinigung, nämlich zum Embryo, allein von der internen Selbststeuerung des Keimzellverbundes bewirkt würde, also naturkausal festgelegt und einer weiteren Einwirkung von außen sowenig bedürftig wie zugänglich wäre. In einem solchen Fall hätte es ersichtlich keinen Sinn mehr, von einem Unterschied in der Potentialität zwischen diesem Keimzellverbund und dem Embryo zu sprechen. Denn dann verliefe in beiden Fällen die gesamte weitere Entwicklung bis zum geborenen Kind in vollständig gleichem Maße intern gesteuert und naturkausal determiniert. Als Unterschied wäre allein noch ein geringer *zeitlicher* Vorsprung des Embryos im Ablauf der Dinge erkennbar. Diese Zeitdifferenz markierte jedoch keinen Potentialitätsunterschied mehr, jedenfalls keinen, der irgendeine normative Bedeutung haben könnte. (Sowenig wie das Potential eines fertigen Embryos, zur geborenen Person zu werden, zehn Stunden nach der Befruchtung größer wäre als das nach fünf Stunden.) Einen solchen Zusammenhang der gleichwohl noch nicht zum Embryo fusionierten Keimzellen gibt es. Und er liefert über die eben skizzierten Erwägungen einen entscheidenden Einwand gegen die Durchschlagskraft des Potentialitätsarguments. Das werden wir (unten unter 3.) gleich genauer sehen.

2. Doch sei vor dem Hintergrund der bisher angedeuteten Probleme des Potentialitätsarguments zunächst eine Ausgangsposition bezogen, die ihm seine größtmögliche Reichweite und Stärke verschafft. Wir wollen nach einer Diskus-

sionsmaxime verfahren, die in der analytischen Philosophie »principle of charity« genannt wird: das Prinzip des größtmöglichen Wohlwollens gegenüber der Position, die man kritisch überprüfen will. An allen Unterscheidungslinien, die ich bisher skizziert habe, läßt sich über die Plausibilität des Potentialitätsarguments zur moralischen Statusbegründung streiten; und an allen wird gestritten. Nehmen wir nun an, diese Kontroversen ließen sich sämtlich mit überzeugenden Gründen zugunsten der Annahme eines hinreichend präzisierten Potentials gerade und nur des Embryos entscheiden: seines ganz besonderen Potentials zur Entwicklung genau derjenigen Eigenschaften, die als aktuell vorhandene den moralischen Status eines genuinen subjektiven Schutzrechts zweifelsfrei begründen.

Damit ist zunächst nur ein faktischer Zusammenhang geklärt bzw. unterstellt: die Existenz eines solchen embryonalen Potentials. Nun brauchen wir ein Argument, das diesen faktischen Zusammenhang als normativ bedeutsamen ausweist, eine moralische Norm, die den Schutz eines solchen Potentials gebietet.

a) In der internationalen bioethischen Diskussion über das Potentialitätsargument wird dieses Argument regelmäßig als Antwort auf die Frage gesucht, ob dem Embryo ein »moralischer Status« zukomme. Dabei wird »moralischer Status« stillschweigend genauso wie der moralische Status geborener Menschen verstanden, jedenfalls als einer, der ein »Recht auf Leben« zu begründen vermag. So ist die Frage aber bei weitem zu grob formuliert. Und es ist kein Wunder, daß die anschließend meistens erteilte Auskunft, nein, das Potential des Embryos tauge für eine solche Statusbegründung nicht, den Leser unzufrieden zurückläßt. Denn dabei wird gleichsam die Suggestion mitgeliefert, das embryonale Entwicklungspotential habe, weil es einen *so* verstandenen »moralischen Status« nicht fundieren könne, überhaupt keine normative Relevanz. Und das ist schon auf den ersten Blick nicht überzeugend.

Die Frage nach der Tragfähigkeit des Potentialitätsarguments muß daher differenzierter gestellt werden. Denn ein »moralischer Status« kann seinem Inhaber Schutzpositionen unterschiedlicher Reichweite und Intensität verschaffen. Diese Positionen entsprechen normenlogisch den Pflichten, die allen anderen gegenüber dem Statusinhaber obliegen. Wir haben oben gesehen, daß es verschiedene Pflichten aus unterschiedlichen normativen Quellen gibt. Als primäre Normquellen haben wir »Verletzungsverbot« und »Solidarität« ermittelt. Die aus ihnen erwachsenden Pflichten unterscheiden sich in Gewicht und Reichweite erheblich. Sie führen daher für die von ihnen Begünstigten zu einem unterschiedlich starken Schutzanspruch – wenn man will: zu einem unterschiedlichen »moralischen Status«. Verletzungsverbote begründen einen genuin subjektivrechtlichen, Solidaritätspflichten einen bloß objektiven Schutzstatus. Doch können im letzteren Fall, wie wir ebenfalls gesehen haben, zusätzliche Argumente aus der Quelle des »Normenschutzes« möglicherweise die *Zuschreibung* eines moralischen Status fordern, der in seiner praktischen Reichweite dem subjektivrechtlichen gleichgestellt wird.

b) Diese Unterscheidungen werden in der internationalen bioethischen Diskussion regelmäßig nicht beachtet. Das dürfte jedenfalls auch damit zusammenhängen, daß der moralische Status geborener Menschen von allen drei Pflichtquellen bzw. den drei korrespondierenden Schutzansprüchen konstituiert wird, also solche Differenzierungen grundsätzlich nicht erforderlich macht. Er umfaßt Verletzungsverbote ebenso wie Solidaritätspflichten, subjektivrechtliche Schutzpositionen ebenso wie bloß objektive (abwägbare) und wie schließlich solche, die aus Normschutzerwägungen zugeschrieben werden. Im Falle von Embryonen muß sich das jedoch nicht genauso verhalten. Die so bezeichneten Pflichttypen erfordern, wie wir oben gesehen haben, jeweils unterschiedliche Voraussetzungen. Nicht alle davon mögen von dem Potential des frühen Embryos erfüllt werden, selbst wenn wir dieses, unserem »principle of charity« folgend, als ein denkbar optimales voraussetzen.

Die Frage muß also so formuliert werden: Welcher konkrete Typus von Pflichten ist es, den ein derart besonderes Potential wie das des frühen Embryos eröffnet? Und als normenlogisches Pendant dazu: Welchen konkreten Modus des Schutzes begründet es zugunsten des Embryos?

c) Der des *Verletzungsverbots*, also der Modus eines genuinen subjektiven Schutzrechts, kann es nach unseren bisherigen Überlegungen nicht sein. Wenn zu dessen begrifflichen Voraussetzungen die Minimalbedingung der subjektiven Verletzbarkeit und damit der aktuellen Erlebensfähigkeit gehört, wenn also nur damit hinreichende Gründe für ein genuin subjektives Recht auf Leben, auf Schutz gegen das Verletztwerden durch Tötung, plausibel zu machen sind, dann folgt daraus einfach logisch, daß das bloß potentielle Vorliegen der Erlebens- und Schädigungsfähigkeit jenen Status nicht fundieren kann. Ein *genuin* subjektives Recht auf Leben läßt sich für den Embryo aus seinem Status potentialis daher nicht ableiten.

d) Auch das entspricht übrigens unserer eindeutigen moralischen Intuition. Mag man die Tötung eines frühen Embryos noch so sehr tadeln – es ist trotzdem offenkundig etwas anderes, ob ein erlebensfähiges Wesen, dem damit *aktuell und höchstpersönlich* etwas Furchtbares angetan wird, oder ob ein noch niemals erlebensfähiges Wesen getötet wird, dem *selbst* man damit nichts antun kann, weil es einfach (noch) keinerlei Subjektivität hat, der überhaupt etwas angetan, noch keinerlei eigenes »Wohl und Wehe«, das mißachtet werden könnte. Beide Tötungen mögen verwerflich sein. Aber die letztere ist dies dem getöteten Wesen selbst gegenüber jedenfalls nicht im gleichen Maße wie die erstere.

Damit führen unsere bisherigen Überlegungen zur Potentialität nicht über eine relativ schwache Solidaritätspflicht gegenüber dem Embryo hinaus, wie wir sie schon im Zusammenhang mit dem Speziesargument konstatiert haben: eine abwägbare *prima-facie*-Pflicht zur möglichen Gewährleistung seiner Zukunftschancen. Darin spiegelt sich recht genau der intrinsische Charakter eines Gebots zum Schutz von Potentialität. Einen *Status ad quem*, einen *künftigen* Zustand, ein *späteres* Sein schützen zu sollen, bei gleichzeitiger Unmöglichkeit, dessen physiologische Grundlage aktuell gegenwärtig zu verletzen, entspricht der Normqualität positiver Pflichten. Es ist deutlich und weitaus enger den Pflichten zu Schutz und Hilfe, also Geboten zur Solidarität verwandt als den erheblich strengeren Verletzungsverboten. Gewiß ignoriert die verbrauchende Embryonenforschung diese *prima-facie*-Pflicht nicht dadurch, daß *nichts* getan, daß einfach unterlassen wird (wie es für Hilfspflichten eigentlich typisch ist); vielmehr geschieht hier das Nichtbeachten der Pflicht durch Handeln, also so, wie es für die Übertretung von Verletzungsverboten typisch ist. Doch *kann*, wie wir gesehen haben, dieses Handeln, nämlich der forschende »Verbrauch« des frühesten Embryos, diesen nicht verletzen; denn er ist subjektiv nicht verletzbar. Moralisch relevant ist es allein für seine mögliche Zukunft: Wohl verhindert es ihm diese. Aber seine Gegenwart, seinen aktuellen Status, kann es nicht verletzen.

3. Doch könnte es Gründe geben, aus den oben abstrakt skizzierten Erwägungen zum Normenschutz dem Embryo wegen seines Potentials ein subjektives Recht auf Leben gleichwohl zuzuschreiben. Denn es könnte *uns allen* gegenüber normativ verfehlt und daher gefährlich und verwerflich sein, frühen Embryonen ein solches Recht vorzuenthalten. Wir alle sind aus Embryonen entstanden und wir alle wissen das. Die Stabilität, Motivations- und Integrationskraft einer Normenordnung, zu deren Fundamenten der wechselseitige gleiche Respekt vor den subjektiven Rechten anderer gehört, könnte möglicherweise davon bedroht sein, daß der zeitliche Anfang jeder individuellen Existenz gewissermaßen rückschauend und ex post aus der Schutzsphäre dieser Respekt-

pflicht herausgenommen wird. Man könnte den Gedanken etwa so formulieren: Das konkrete Individuum, das hier und jetzt in seinen Rechten zu respektieren ist, war dies früher einmal nicht – und alle anderen waren es ebenfalls einmal nicht. Könnte das nicht eine bestimmte Grundlage jenes wechselseitigen Respekts beschädigen, nämlich gewissermaßen symbolisch und *ex post* seinen zeitlich-biographischen Ursprung? Könnte dies nicht die gegenwärtige Respektspflicht unterminieren? Und ist es nicht gerade die Potentialität des embryonalen Lebens, was uns solche Erwägungen nahelegen müßte?

a) Nach unseren obigen Überlegungen wäre das freilich nur dann der Fall, wenn sich die spezifische Potentialität des Embryos als etwas normativ anderes und Bedeutsameres darstellte als die Potentialität der beiden Keimzellen, aus denen er entstanden ist und deren »getrenntes« Potential gewiß keine moralische Pflicht zu begründen vermag. Daß gerade der Unterschied zwischen dem »joint potential« des Embryos und dem »distributed potential« der Keimzellen bedeutsam für den moralischen Schutzstatus des Embryos ist, haben wir vorhin vorausgesetzt. Ist es aber wirklich nur und erst der Embryo, der dieses »joint potential« besitzt? Ist es für die Keimzellen davor stets ausgeschlossen?

Das wäre – so haben wir uns das schon verdeutlicht – dann nicht der Fall, wenn es auch zwischen Ei- und Samenzelle eine spezifische Verbindung geben könnte, die ihre Weiterentwicklung bis zur geborenen Person bereits naturkausal determiniert, sie zum Prozeß allein der programmierten internen Selbststeuerung macht, sie von jederlei äußerem Einfluß unabhängig stellt. *Dieses* Potential wäre dann dem des Embryos in seiner Stärke und in allen sonstigen normativ relevanten Hinsichten genau gleich.[216] Wenn wir es dann gleichwohl nur wie das »distributed potential« der getrennten

---

[216] Erinnert sei noch einmal daran, daß der dann allein noch bestehende *zeitliche* Vorsprung des Embryos keinen Potentialitätsunterschied mehr darstellte.

Keimzellen behandelten, also in seinem Fall nicht auf die Idee der Zuschreibung eines Lebensrechts kämen, und wenn wir dafür gute Gründe und dabei keine moralischen Bedenken hätten, dann hieße das ersichtlich ganz einfach, daß die bloße Existenz eines solchen »vereinten« Potentials die Zuschreibung eines Lebensrechts nicht plausibel machen könnte. Und das müßte dann selbstverständlich auch für das identische Potential des Embryos gelten.

Zur Vermeidung eines vielleicht naheliegenden Mißverständnisses: Daß Ei- und Samenzelle in anderer Hinsicht etwas offensichtlich anderes sind als der aus ihnen möglicherweise entstehende Embryo, ist selbstverständlich. Sie sind in ihren jeweils »halbierten« (»haploiden«) Chromosomensätzen noch voneinander getrennt; daher bilden sie – anders als ein Embryo – noch kein (neues) menschliches Individuum. Und das tun sie natürlich auch dann noch nicht, wenn man schon die für eine konkrete Befruchtung vorgesehenen beiden Keimzellen genau identifiziert und sie auf irgendeine Weise physisch nahe zueinander gebracht hat, wie es etwa im Rahmen der sog. ICSI-Methode der Fertilisierung geschieht.[217] Aber dieser offensichtliche Unterschied betrifft allein die *Identität* der möglichen künftigen (potentiellen) Person: Beim Embryo steht sie genetisch bereits fest, bei den in ihren Kernen noch getrennten Keimzellen noch nicht. Dieser Identitätsunterschied muß aber, wie wir uns nun anhand eines ganz realen und aktuellen Sachverhalts veranschaulichen wollen, keine Differenz des Potentials darstellen.

b) In deutschen Reproduktionskliniken lagern derzeit, glaubt man öffentlichen Schätzungen, nur rund 35 bis 60 kryokonservierte Embryonen. Dagegen gibt es dort Zehntausende (manche sagen: über hunderttausend) tiefgefrorener sog. Vor-

---

[217] ICSI = intrazytoplasmatische Spermieninjektion: die gezielte Befruchtung einer Eizelle mit einem ganz bestimmten, vorher ausgewählten Spermium durch direkte mikrochirurgische Injektion dieses Spermiums in die Oozyte; s. dazu *Ola et al.* (2001), 2485 ff.; *Strowitzki* (2000), S. 777 ff.

kernstadien oder Pronuclei.[218] Das sind Eizellen, in die während einer in-vitro-Fertilisierung ein Spermium bereits eingedrungen ist, deren Befruchtung also bereits begonnen hat, aber noch nicht zum Abschluß gekommen ist. Das Eindringen des Spermiums löst die aus vielen Einzelabläufen bestehende Befruchtungskaskade aus. In deren Verlauf erreicht die so »imprägnierte« Eizelle das Vorkernstadium, wenn sich, etwa 15 bis 18 Stunden nach dem Beginn der Kaskade, aus dem haploiden Chromosomensatz in jeder der beiden Keimzellen ein Vorkern gebildet hat. An dieser Stelle der Entwicklung interveniert nun typischerweise der Reproduktionsmediziner: Der Pronucleus wird tiefgefroren; der weitere Ablauf bis zum Abschluß der Befruchtung, der Fusion beider Chromosomensätze (Kernverschmelzung), gleichsam sistiert. Während der Prozedur einer künstlichen Befruchtung werden typischerweise mehrere, meist 12 bis 15 solcher Vorkerne kryokonserviert, um nach einem möglichen Scheitern des ersten Embryotransfers für einen erneuten Versuch die Frau nicht noch einmal mit einer Eizell-Entnahme belasten zu müssen. Denn nach einem solchen ersten Scheitern läßt sich ein zweiter Versuch der Schwangerschaftseinleitung problemlos mit einem zuvor tiefgefrorenen Pronucleus durchführen. Mit dessen Auftauen setzt sich der durch die Kryokonservierung blockierte naturkausale Ablauf seiner weiteren Entwicklung nun wieder von selbst bis zur Kernverschmelzung fort: zu einem neuen diploiden Chromosomensatz, einem neuen individuellen Genom, einem Embryo.

Das Vorkernstadium ist daher biologisch wie auch nach der Definition des § 8 Abs. 1 ESchG noch kein Embryo. Sein Potential zur Entwicklung einer geborenen Person ist aber, wie nun leicht zu sehen ist, dem eines Embryos genau gleich. Denn der nur noch wenige Stunden dauernde Vorgang bis zur Verschmelzung der Kerne ist vollständig naturkausal determiniert und unterliegt allein der internen Selbststeuerung. Ei-

---

[218] Vgl. *Beier* (2000), 334.

ner weiteren Einwirkung von außen bedarf es nicht. Daher hat der Pronucleus genau dieselbe »aktive«, autarke Potentialität, die von den Befürwortern des Arguments regelmäßig als das entscheidende und besondere, ein Lebensrecht erst begründende Merkmal des Embryos angeführt wird.[219] Den Keimzellen, so wird oft gesagt, komme dagegen nur eine »passive« Potentialität zu; sie bedürfe erst noch eines äußeren Vorgangs – der Vereinigung –, um ein realisierbares »joint potential« zu werden. Für die genetisch noch getrennten, aber physiologisch bereits vereinten Keimzellen im Vorkernstadium ist das falsch.

Der Unterschied der Potentiale von Vorkern und Embryo besteht somit allein in einem knappen Zeitvorsprung des einen vor dem anderen, nicht in einer unterschiedlichen Stärke der weiteren Entwicklungsmöglichkeit.[220] Solche Pronuclei, so darf man vermuten, werden in absehbarer Zeit zu Zehntausenden weggeworfen, »entsorgt« werden. Sie werden dies wohl ohnehin schon im laufenden klinischen Betrieb, sobald sie nicht mehr benötigt werden. Protest von irgendwelchen Seiten hat es noch nie gegeben; und daß es ihn auch künftig nicht geben wird, ist keine riskante Prognose. Es handelt sich eben, so hätte die naheliegende Erklärung wohl zu lauten, nicht um Embryonen. Und das ist vollkommen richtig. Richtig ist aber auch, daß es sich um »Personen-Potentiale« genau gleichen Ursprungs, genau gleicher Stärke und damit genau gleicher normativer Relevanz handelt, wie sie den Embryo kennzeichnen. Wird diese Relevanz im einen Fall nicht aner-

---

[219] Daß sich das Vorkern-Potential außerdem vollkommen *kontinuierlich* zu dem des Embryos entwickelt, ist ebenfalls offensichtlich. Daran zeigt sich erneut die Unbrauchbarkeit des Kontinuumsarguments als einer Lebensrechtsbegründung spezifisch und erst für Embryonen. Denn das Kontinuum beginnt ganz offenbar schon vor dem biologischen Existenzbeginn des Embryos. Meines Wissens hat aber noch kein Vertreter des Kontinuumsarguments ernsthaft vorgeschlagen, bereits den vorembryonalen Stadien von Ei- und Samenzelle Lebensgrundrechte zuzuschreiben.

[220] Vergleichbar etwa (wenn erneut eine triviale Veranschaulichung gestattet ist) dem Unterschied zwischen einem Sprengsatz, an dessen Zündschnur der glimmende Funke nur noch zehn, und einem anderen, an dessen Lunte er noch zwanzig Zentimeter zurückzulegen hat: ein Unterschied im *Zerstörungspotential* ist das offensichtlich nicht.

kannt, dann ist es inkonsistent, sie im andern Fall als Grundlage einer Lebensrechtszuschreibung zu reklamieren, und vice versa.

c) Freilich könnte man den Widerspruch auch anders herum auflösen: nicht indem man das Potential des Embryos ebenfalls für untauglich, sondern indem man das (identische) der Vorkerne für tauglich erklärte, die Zuschreibung eines Rechts auf Leben zu begründen. Vorkernstadien wären dann moralisch wie rechtlich genauso zu schützen wie Embryonen. Die bisherige Praxis der umstandslosen Entsorgung nicht mehr benötigter Vorkernstadien wäre gewissermaßen *ex post* als moralisch verwerflich zu qualifizieren, als massenhafte Vernichtung menschlichen Lebens, als Anschlag auf Menschenwürde und Lebensrecht in zehntausenden von Fällen, durchaus als Anlaß für kollektive Bestürzung ob der eigenen (und allgemeinen) Blindheit und Indolenz; sie wäre für die Zukunft mit denselben Strafdrohungen zu unterbinden, die das ESchG als Schutz vor den Embryo stellt; der Gesetzgeber wäre wegen seiner unbegreiflichen bisherigen Nachlässigkeit schwer zu tadeln … etc.

Erinnern wir uns, in welcher Perspektive der Normbegründung alle diese Erwägungen stattfinden und allein sinnvoll sein können: in der des Normenschutzes. Damit wird sofort deutlich, daß ein solches moralisches Verdikt über den gebräuchlichen Umgang mit nicht mehr benötigten Vorkernen abwegig, ja absurd anmuten müßte. Niemand ist bislang auf diese Idee gekommen, weder der Gesetzgeber des strengen ESchG noch die weitaus strengere Enquete-Kommission des Bundestages »Recht und Ethik der modernen Medizin«, ja selbst die noch einmal strengere Konferenz der deutschen katholischen Bischöfe und der Papst in Rom sind es nicht. Und niemand hat diesen Umstand bisher als Bedrohung der Konsistenz, der Humanität, der symbolischen Integrations- und der psychologischen Motivierungskraft unserer Normenordnung empfunden. Die etwa künftige Einführung eines solchen Vorkernschutzes mit Strafrecht und Menschenwürdepathos, so darf man ohne weiteres vermuten, würde nicht nur Kopfschütteln auslösen; sie würde als verfassungswidriger Eingriff in die Freiheit ärztlicher Berufsausübung und individueller Entscheidungen zur eigenen Fortpflanzung abgelehnt und bekämpft.

d) Das Ergebnis liegt auf der Hand: Die Zuschreibung eines Lebensrechts zu Vorkernstadien wegen deren Potentials zur Personenentwicklung aus Gründen des Normenschutzes kommt nicht in Betracht. Sie wäre im Gegenteil ein Angriff auf die freiheitliche Struktur unserer Normenordnung. Da das Vorkernpotential aber dem des frühesten Embryos genau entspricht, kann eine solche Lebensrechtszuschreibung auch für ihn nicht mit seinem Potential allein, also nicht über das Potentialitätsargument begründet werden. Und erneut: im Gegenteil. Denn zu den Grundpostulaten des Normenschutzes zählt das der Konsistenz in fundamentalen Wertungen.

Offene Normwidersprüche desavouieren auf lange Sicht beide Seiten des Konflikts und damit irgendwann auch die Dignität der Grundnorm, die hier im Spiel ist: die des allgemeinen Lebensschutzes für Menschen.

4. Gerade der Vergleich mit den Vorkernstadien macht deutlich, worum das Potentialitätsargument ergänzt werden muß, wenn es sein Begründungsziel erreichen soll: um ein weiteres Argument, das an die bereits feststehende Individualität und Identität des Embryos anknüpft. Damit sind wir ersichtlich beim letzten unserer vier möglichen Grundsatzargumente gegen eine verbrauchende Embryonenforschung.

V. Das Identitätsargument

Schon beim frühesten Embryo, so kann man es ausbuchstabieren, besteht in normativ entscheidender Hinsicht eine Identität mit der geborenen Person, die später aus ihm werden kann. Daher muß er schon aus logischen Gründen ebenso geschützt werden wie diese.[221]

1. Das Problem des Arguments besteht ersichtlich in der Frage, welches denn die entscheidende Hinsicht ist, in der bereits der früheste Embryo identisch ist mit dem geborenen Menschen, der aus ihm werden kann. Denn zwischen einem mikroskopisch winzigen Vier- oder Acht- oder Hundertzellwesen und einem geborenen Menschen läßt sich nur eine einzige Identitätsbeziehung feststellen: die der DNA, des individuellen menschlichen Genoms. Dieses allein ist, das haben wir bereits bei der Erörterung des Speziesarguments und des Sein-Sollen-Fehlschlusses gesehen, als ein bloßes Stück Biologie nicht geeignet, eine ethische Schutznorm zu begründen. Wenn das aber so ist, dann kommt schon aus Gründen der Logik das Mit-sich-selbst-Identischbleiben dieses Stücks biologischer Materie nicht als normbegründend in Betracht: Was normativ irrelevant ist, bleibt es natürlich auch dann, wenn es eben dasselbe (Irrelevante) bleibt.

2. Als selbständige Grundlage einer moralischen Pflicht kann daher nur die Identität solcher Eigenschaften in Frage kommen, die – anders als die bloße Mikrostruktur der DNA – selbst bereits moralisch bedeutsam sind. Frühestens dann, wenn sich diese Eigenschaften in ersten Ansätzen zu entwickeln beginnen, kann eine normativ relevante Identität zwischen diesem und einem späteren Stadium der menschlichen Entwicklung sinnvoll behauptet werden. Und diese normative Relevanz mag dann außerdem vom Potential jener Eigenschaften zur Weiterentwicklung deutlich verstärkt, also in ihrer konkreten Reichweite von einer Kombination aus Identitäts- und Potentialitätsargument bestimmt werden.

Worin immer nun diese normativ identitätsstiftenden Eigenschaften genau bestehen, von welchem organischen Sub-

---

[221] In dieser Form wird das Argument recht häufig in der Strafrechtslehre zum Problem der Abtreibung vorgetragen; vgl. z. B. *Tröndle*, in: *Tröndle/Fischer* (1999), Rnr. 18 c vor § 218 (m. w. N.); *Belling* (1995), S. 184 ff.; *Geiger* (1988), 652 f.

strat, etwa der Entwicklung eines zentralen Nervensystems, sie abhängen und wann immer sie erstmals wenigstens rudimentär vorhanden sein mögen: was sie jedenfalls voraussetzen, ist ein Minimum an mentaler Aktivität. Über zahllose Einzelheiten mag man nun streiten, und in der Moralphilosophie wird auch viel darüber gestritten. Aber eines ist gewiß und auch unbestritten: Der frühe Embryo erfüllt zweifellos keines unter allen diskutablen Kriterien. Daher kann hier offenbleiben, welches davon das bestbegründete sein mag.[222]

3. Wer dennoch zweifelt, möge mir noch einmal in die Veranschaulichung durch ein Gedankenexperiment folgen. Genetisch identisch mit allen späteren Entwicklungsstadien ist der Embryo vom Moment der Kernverschmelzung beider Keimzellen an, also bereits in den frühesten Stadien seiner zellulären Totipotenz.[223] Man stelle sich nun das folgende Szenario vor, dessen Sachverhalt übrigens gänzlich realistisch ist, denn so beginnt die Prozedur der sog. Präimplantationsdiagnostik: Ein Reproduktionsmediziner entnimmt einem Vierzell-Embryo mittels einer Mikropipette eine Zelle, eine sog. Blastomere. Unmittelbar danach beschließt er, die Präimplantationsdiagnostik nicht (oder noch nicht) durchzufüh-

---

[222] Soviel immerhin: Die internationale moralphilosophische Diskussion hat im wesentlichen zwei denkbare Kriterien profiliert, die ernsthaft in Betracht kommen: den (wenigstens rudimentären) *Wunsch* eines Individuums *nach seinem eigenen Weiterleben*, oder aber seine *Empfindungsfähigkeit*. Nach meiner Überzeugung ist das letztere richtig. Das »Wunsch«-Kriterium verlangt zu viel von der gesuchten Minimalbedingung eines moralischen Anspruchs auf Lebensschutz fundierenden Eigenschaft. Einer der Hauptgründe für die Wahl dieses Kriteriums dürfte sein, daß das andere, das der Empfindungsfähigkeit, prima vista sehr viele Tierarten in den Schutzbereich eines moralischen Rechts auf Leben einzubeziehen scheint; und das wird vermutlich allgemein als absurd empfunden. Doch wird dabei verkannt, daß die gesuchte individuelle Eigenschaft bei Menschen nur eine notwendige, nicht aber schon die allein hinreichende Bedingung eines Lebensrechts zu sein braucht (und mehr ist »Empfindungsfähigkeit« tatsächlich nicht). Denn wir können aus den oben skizzierten Normschutzgründen menschlichen Individuen mit guten Gründen auch dann schon Lebensrechte *zuschreiben*, wenn sie selbst die eo ipso hinreichenden schutzbegründenden Eigenschaften noch nicht aufweisen, und wir tun dies auch. Das ist kein moralisch dubioser »Speziesismus«! Denn der Schutz unserer, der menschlichen Normenordnung als ganzer ist sehr wohl ein guter *ethischer* Grund für Differenzierungen des Menschenschutzes gegenüber dem Tierschutz. – Zum ganzen im übrigen meine ausführliche Erörterung in *Merkel* (2001), 491 ff.

[223] S. dazu oben, 1. Kapitel, in und bei Anm. 19.

ren und steckt die zuvor aus dem Zellverbund gelöste einzelne Blastomere wieder dorthin zurück. Zwei Tage später wird der Embryo implantiert, neun Monate später kommt ein gesundes Kind zur Welt.

a) Ist hier etwas gravierend Verwerfliches passiert? Gewiß mag man das möglicherweise riskante Vorgehen des Mediziners fahrlässig oder sonstwie tadelnswert finden.[224] Gefragt ist aber, ob er damit das Tötungsverbot verletzt hat. Intuitiv möchte man die Vermutung wohl eher abwegig finden. Der Embryo ist nach dem Zwischenspiel genau derselbe gewesen wie zuvor, nichts fehlte, nichts ist hinzugekommen. Und das aus ihm entstandene Kind ist selbstverständlich ebenfalls genau das, das ohne jenes kurze Intermezzo geboren worden wäre.

b) Wer dem frühesten Embryo wegen dessen genetischer Identität mit allen Entwicklungsstufen seiner künftigen Existenz ein eigenes moralisches Recht auf Leben zuspricht, muß freilich anders antworten. Und genau diese Antwort geben auch die Normen des ESchG. Sie hätte ungefähr so zu lauten: »Hier ist sehr wohl etwas Verwerfliches geschehen: drei gravierende moralische und sogar strafrechtliche Delikte. Erstens wurde ein Embryo zu einem nicht seiner Erhaltung dienenden Zweck, nämlich dem seiner Teilung, mißbraucht (strafbar nach § 2 Abs. 1 ESchG). Zweitens und schlimmer wurde dadurch ein Embryo geklont (strafbar nach § 6 Abs. 1 ESchG). Denn da die zunächst abgelöste Zelle eine totipotente Blastomere, also selbst ein Embryo war, hat diese Ablösung einen zweiten, genetisch identischen Embryo produziert – und damit zwei ungeborene eineiige Zwillinge.[225] Und schließlich, drittens, war die vermeintliche Wiedergut-

---

[224] Wiewohl es dies keineswegs sein muß. Unschwer denkbar wäre ja zum Beispiel, daß den Medizinern gerade im Moment der Blastomerenentnahme die Nachricht erreicht, die Eizellspenderin habe es sich anders überlegt und wünsche keine Präimplantationsdiagnostik mehr. Was sonst sollte er dann tun, als die Zelle in den Zellverbund zurückzustecken? Sie (einen Embryo!) wegwerfen?

[225] So, nämlich durch »Splitting« des embryonalen Zellverbunds und Ablösung einzelner totipotenter Blastomeren aus ihm entstehen auf natürlichem Weg eineiige Zwillinge.

machungshandlung, das Zurückstecken der Zelle, in Wahrheit das schwerste Unrecht. Denn dadurch wurde ein Embryo vernichtet, also ein menschliches Wesen vorsätzlich getötet (strafbar nach § 2 Abs. 1 ESchG). Denn im Zwischenstadium des gesamten Geschehens, nach Ablösung der einen Blastomere, waren ganz offensichtlich zwei Embryonen vorhanden, im Endstadium nach der Wiedereinfügung nur noch einer. Also ist einer vernichtet worden – nicht anders eben, als wenn man von zwei eineiigen Zwillingen einen getötet hätte.«

c) Die Anmutung des Befremdlichen, ja Absurden, die diese Überlegungen auslösen mögen, ist durchaus berechtigt. Sie sind aber die notwendige Folge der Auffassung, daß die genetisch festliegende Identität bereits des frühesten Embryos zu einem Lebensrecht für ihn führen müsse. Wer das konsequent vertritt, der muß in meinem Beispielsfall tatsächlich von der Tötung eines der »ungeborenen Zwillinge« sprechen. Freilich wäre das der erstaunliche Sonderfall einer Tötung, die nichts Totes hinterläßt. Denn die zurückgesteckte Blastomere stirbt ja als organisches Gebilde überhaupt nicht. Vielmehr überlebt sie bzw. überleben die sich aus ihr per Teilung entwickelnden Körperzellen in dem später geborenen Kind ganz genauso, wie es die drei anderen Blastomeren tun, die der Mediziner nicht angerührt hat. Niemand könnte dann allerdings sagen, zu welchem Gewebeteil im späteren Körper sich die Nachfolgezellen der ehedem abgetrennten Blastomere entwickelt haben. Es mag also durchaus sein, daß aus dieser Blastomere (dem einstigen »ungeborenen Zwilling«!) später Knochenmark- oder Leber- oder Blutzellen geworden sind. Möglich ist sogar, daß sich aus ihr in der weiteren Embryogenese Trophoblastzellen entwickelt haben, aus denen dann die Plazenta entstanden ist, die also überhaupt nicht in den Körper des späteren Kindes eingegangen sind.[226]

---

[226] Zu diesen Differenzierungsvorgängen in der frühen Embryogenese s. *Moore* (1999), 35 ff.

d) Alle diese Überlegungen unterstreichen nachdrücklich die oben formulierte These: Es hat in diesem frühen Stadium der menschlichen Entwicklung noch keinen Sinn, von einer normativ auch nur irgendwie relevanten Identität des Embryos mit der Person, die aus ihm werden kann, zu sprechen. Nicht einmal seine numerische Identität mit dieser Person steht ja fest. Eine für die Zuschreibung von Schutzrechten bedeutsame Identitätsbeziehung kann jedenfalls erst lange nach jener Frühphase des Embryos entstehen.[227]

4. Nun liegt eine Anschlußüberlegung nahe: Hätte der Reproduktionsmediziner meines Beispiels die kurzzeitig abgelöste Blastomere nicht zurückgesteckt, sondern sich zwei Tage weiter entwickeln lassen und ihr dann im Blastozystenstadium die embryonalen Stammzellen entnommen, dann hätte sich der Zellverbund aus den verbliebenen drei Blastomeren selbstverständlich ebenfalls zu genau demselben Kind entwickelt, das in meinem Fall neun Monate später geboren wird. Denn da sich die totipotenten Blastomeren zunächst eine Zeitlang einfach nur teilen, bevor sie sich in unterschiedliche Zelltypen differenzieren, ändert die Entnahme einer solchen totipotenten Zelle am Anfang nicht das geringste an der Identität des später zur Welt kommenden Menschen.

Was, so möchte man fragen, wäre dann in diesem Fall eigentlich Verwerfliches passiert? Eine Blastomere wäre zur Stammzellgewinnung verwendet, kein individualisiertes und identifizierbares menschliches Wesen dabei verletzt oder gar getötet worden, die Identität des ursprünglichen Embryos gänzlich unberührt geblieben. Es ist schwer zu sehen, wie sich darauf ein ethischer Tadel gründen ließe.

Damit ist auch das Identitätsargument als Versuch, ein Lebensrecht für den frühesten Embryo plausibel zu machen, gescheitert.

---

[227] Einen Vorschlag, ab wann in der pränatalen Entwicklung eine solche »zuschreibungsgeeignete« Identität des Nasciturus mit der später geborenen Person angenommen werden sollte, habe ich entwickelt in *Merkel* (1998), 144 ff.

C. Ergebnis: zum ethischen Status des Embryos

I. Verknüpfung von Spezies-, Potentialitäts- und Identitätsargument: Schutz des frühen Embryos als schwache Pflicht aus Solidarität

1. Was bleibt, ist aber offensichtlich die Möglichkeit, das Potentialitäts- zunächst mit dem Identitätsargument zu verknüpfen und dieser Verbindung dann das Speziesargument beizustellen, nämlich das (relativ triviale) Postulat, daß sich die beiden anderen Argumente in biologischer Hinsicht auf den Menschen beziehen müssen.[228] Und das bedeutet insgesamt: Nicht irgendein biologisches Entwicklungspotential, sondern das schon individualisierte, mit sich identisch bleibende Potential eines Wesens, das zur Gattung Homo sapiens gehört, das sich also zur geborenen Person mit allen moralischen und juristischen Schutzrechten entwickeln kann, reicht hin, uns *prima facie* und in gewissen Grenzen zum Schutz dieses Potentials moralisch zu verpflichten, zur möglichen Gewährleistung seiner Entwicklung, oder kurz: zu seiner Erhaltung. Das ist im Schema der oben unterschiedenen drei Prinzipien eine Solidaritätspflicht. Alle vier prinzipiellen Argumente gegen die »verbrauchende« Embryonenforschung reichen dagegen auch zusammengenommen nicht hin, ein Verletzungsverbot und damit ein genuin subjektives Recht auf Leben des Embryos zu begründen.

2. Damit ist unser oben noch vorläufiges Votum bestätigt. Es geht bei der Frage des Lebensschutzes früher Embryonen allein um den Schutz eines bestimmten Potentials, also um eine grundsätzlich abwägbare Pflicht der »Gattungssolidarität«. Der aktuelle Status quo des Embryos allein *um*

---

[228] Das Kontinuumsargument ist dagegen als Fehlschluß für diese gesamte ethische Begründung ohne Bedeutung.

seiner selbst willen kann dagegen nicht Gegenstand einer möglichen moralischen Rücksichtnahme und daher nicht Schutzobjekt eines Verletzungsverbots sein. Auch das steht im übrigen im Einklang mit unseren fundamentalen moralischen Überzeugungen, wie sich leicht illustrieren läßt: Stünde nach einer Präimplantationsdiagnostik fest, daß ein in vitro fertilisierter Embryo wegen eines schweren genetischen Defekts auch nach einer Implantation in den Uterus nicht länger als höchstens vier bis fünf Wochen überleben könnte[229], so würde kein Arzt der Welt eine solche Implantation vornehmen, kein Ethiker der Welt sie für geboten halten, keine Krankenversicherung der Welt sie bezahlen und kein Normalmensch der Welt sie anders als abwegig finden. Der Embryo würde vielmehr als »lebensunfähig« eingestuft und verworfen. Und das geschähe auch dann, wenn die Eizellspenderin, etwa eine gläubige Katholikin, sich in der Entscheidung über eine Implantation unsicher wäre und sie deshalb ausschließlich ihrem Arzt überließe, den man sich dabei durchaus ebenfalls als strengen Katholiken denken darf.[230]

Wäre der Embryo aber eine grundrechtsgeschützte Person, dann wären vier bis fünf Wochen seiner Lebenszeit selbstverständlich alles andere als eine Quantité négligeable. Man stelle sich einen tödlich erkrankten Krebs-Patienten mit einer noch bestehenden Lebenserwartung von drei bis vier Wochen vor, den sein Arzt vorsätzlich und vermeidbar auf der Stelle sterben läßt oder sogar aktiv tötet. In beiden Varianten läge zweifelsfrei Totschlag vor. Warum erscheint uns demgegenüber der Schutz einer gleichen Lebensspanne beim frühesten Embryo nicht bloß nicht geboten, sondern nachgerade abwegig? Die

---

[229] Genetiker kennen eine ganze Reihe solcher schwersten Defekte, die eine Entwicklung auch nur über die ersten intrauterinen Lebenswochen hinaus ausschließen, z. B. die Trisomie 16.

[230] Selbst wenn die Frau die Implantation forderte, wäre es alles andere als klar, ob der Arzt ihrem Wunsch entsprechen dürfte und dadurch nicht vielmehr seine Standespflichten verletzte.

Antwort liegt auf der Hand: weil wir dessen aktuellen Status überhaupt nicht, weil wir vielmehr nur und allenfalls sein Entwicklungspotential schützen. Das wäre aber ethisch wie rechtlich indiskutabel, wenn der Embryo durch seine Tötung schon aktuell subjektiv verletzt würde. Seine vier bis fünf Wochen Lebenserwartung dürften dann der gleichen Lebensspanne jeder geborenen Person keinesfalls nachstehen. Es wäre ein Gebot der Ethik wie des Rechts, sie im gleichen Umfang subjektiv-grundrechtlich zu schützen.

Damit bestätigen unsere moralischen Intuitionen das Ergebnis der genauen Analyse nachdrücklich: Embryonenschutz ist Potentialitätsschutz, also Solidaritätspflicht, nicht Verletzungsverbot.[231]

II. Normenschutzerwägungen

1. Überlegungen zum Normenschutz ändern an diesem Ergebnis nichts. Gewiß verbieten sie einen beliebigen Umgang auch mit frühesten Embryonen. Aber sie gebieten keine Zuschreibung des Status eines Inhabers subjektiver Rechte auf Leben und Menschenwürdeschutz. Keines der vier analysierten grundsätzlichen Argumente stellt dafür ein plausibles Fundament bereit, und sie tun dies auch alle zusammen nicht.

---

[231] Dieser Unterschied darf übrigens nicht einfach mit dem zwischen Tun und Unterlassen im Sinne der Strafrechtsdogmatik gleichgesetzt werden. Denn es gibt durchaus Handlungsverbote, die lediglich »verlängerte« Solidaritätspflichten sind. Beispiel: Zwar darf der Bootseigentümer jemanden, der sich heimlich auf sein Schiff geschlichen hat, grundsätzlich hinauswerfen; entdeckt er ihn aber erst auf hoher See, darf er dies – bei absehbar tödlicher Folge – nicht mehr: in der Sache eine Solidaritätspflicht nach § 323 c StGB, der die »unterlassene Hilfeleistung« mit Strafe bedroht (mit der Kehrseite eines für den Eindringling trotz seines rechtswidrigen Verhaltens bestehenden Notstandsrechts auf »Selbstverschaffung« dieser rettenden Hilfe). Daß der Schiffseigner dann für den Hinauswurf sogar wegen Totschlags, also wegen Bruchs eines Verletzungsverbots, bestraft würde, folgt daraus, daß die Sphäre des Schiffes, soweit und solange sie lebensschützend ist, per Notstand nun dem Eindringling und genau insoweit nicht mehr ihrem genuinen Eigner zugeordnet wird. Deshalb wird der Hinauswurf jetzt als Eingriff in eine (temporär) fremde Sphäre beurteilt. Das ändert nichts daran, daß die (Duldungs-)Pflicht des Schiffseigners eine ihm rechtlich aufgezwungene Solidaritätspflicht ist.

Im Gegenteil hat ihre genaue Analyse gezeigt, daß eine solche Zuschreibung erhebliche Inkonsistenzen produzieren müßte: In keiner denkbaren Kollision mit anderen Belangen käme eine Behandlung des frühen Embryos als Rechtssubjekt ernsthaft in Betracht. Wären solche Kollisisonen nicht denkbar, so wäre die Zuschreibung eines solchen subjektrechtlichen Status vermutlich wenig problematisch. Aber so ist die Welt nicht eingerichtet. Sie konfrontiert uns mit einer ganzen Reihe möglicher Konflikte zwischen den Schutzbelangen des Embryos und den Interessen anderer, geborener Menschen. Zu den Geboten des Normenschutzes gehört aber auch und vor allem dieses: fundamentale Prinzipien gegen die Zumutung offener Inkonsistenzen zu schützen. Das ist weit mehr als nur eine Frage der wissenschaftlichen Redlichkeit, nämlich eine der Ethik selbst. Wer dem frühen Embryo zuerst großzügig subjektive Grundrechte zuschreibt und anschließend in Konfliktsituationen Hintertüren öffnet, um die gebotenen Konsequenzen zu unterlaufen, der desavouiert die Grundnormen unserer Rechts- und Moralordnung selbst. Er unterminiert ihre Dignität, Integrität, Glaubwürdigkeit und daher am Ende ihre Geltungskraft. Denn er führt in ethischer wie in rechtlicher Hinsicht Grundrechte zweiter Klasse und Grundrechtsträger minderen Ranges ein. Die oben analysierte Diskussion zur Abtreibung ist dafür nur das prominenteste Beispiel. Das alles ist auch und vor allem ethisch nicht akzeptabel. Denn es bedroht seinerseits Prinzipien, die zu den normativen Fundamenten der Gesellschaft gehören. Und alle denkbaren Kollisionen (einschließlich des Abtreibungskonflikts) sind, wie wir gesehen haben, mit guten ethischen Gründen nicht anders aufzulösen als zugunsten der geborenen Menschen und zu Lasten des Embryonenschutzes. Daraus folgt, daß die Zuschreibung eines subjektiven moralischen Rechts auf Leben für den frühen Embryo ausscheidet. An den gleichen Erwägungen scheitert die Zuschreibung der moralischen Inhaberschaft einer unantastbaren Menschenwürde.

2. Nichtsdestoweniger ist bereits der früheste Embryo Gegenstand eines objektiven Schutzes der Ethik. Daher muß er es auch für das Recht sein. Ein beliebiger Umgang mit Embryonen, frivole oder sinnlose Experimente, ein gewinnorientierter Handel mit embryonalem Gewebe und jede Form der sinnfälligen Verweigerung der Achtung, die uns in Ansehung alles menschlichen Lebens geboten ist, sind ausgeschlossen. Sie wären unverträglich mit dem, was ich die Gesamttextur einer humanen Normenordnung genannt habe. Zu ihr gehört auch der symbolische Schutz der wesentlichen Konturen unseres Menschenbildes, also der normativen Physiognomie unserer Gesellschaft. Damit wäre es nicht zu vereinbaren, wenn menschliche Embryonen wie leblose Gegenstände behandelt würden.

Damit sind wir ersichtlich bereits in einem Bereich jenseits der individuellen Sphäre des Embryos: in dem der gesellschaftlichen Interessen. Wendet man die angedeuteten Überlegungen ins Juristische, dann wird ihre enge Verbindung mit dem rein objektiv-rechtlichen Gehalt des Menschenwürde-Satzes deutlich.[232] Der dort verankerte Schutz der gattungsbezogenen Menschenwürde gehört im wesentlichen ebenfalls zum Prinzipienbereich des Normenschutzes. Dieses objektive Schutzgebot bezieht sich primär auf Interessen der Gemeinschaft als ganzer. Schon der Begriff des Normenschutzes verweist darauf: Nicht unmittelbar das Individuum, sondern die Grundstruktur seiner normativen Beziehungen zu anderen ist der Gegenstand, um dessen Schutz es geht. Damit wendet sich nun der Blick unserer Analyse: von den Belangen des Embryos zu denen der Gesellschaft. Und das heißt, zu einem Bereich, dessen erstes, nachgerade formelles Kennzeichen die Zulässigkeit und Notwendigkeit von Abwägungen ist. Denn Belange der Gesellschaft können stets mit der Konkurrenz anderer gesellschaftlicher Belange konfrontiert werden. Ein kategorischer Vorrang, wie er in Kollisionen des

---

[232] Vgl. oben 2. Abschn. B. II. 3. c) – zu Anm. 37 und 38.

individuellen Menschenwürdeschutzes mit Gemeinschaftsinteressen zugunsten des ersteren begründet ist, scheidet hier offenkundig aus. Abwägungen sind stets für den Einzelfall vorzunehmen, ihre Ergebnisse jeweils konkret zu begründen.[233]

Welche gesellschaftlichen Belange stehen im Problembereich der verbrauchenden Embryonenforschung zur Abwägung? Das will ich im folgenden Abschnitt untersuchen. Die nun vollständig geklärten individuellen Schutzbelange des Embryos sind nur ein Teil der Gesamtabwägung; und sie sind, wie wir gesehen haben, von relativ geringem Gewicht. Sie allein vermöchten nicht annähernd das Gewicht der Chancen aufzuwiegen, die aus heutiger Sicht mit der Forschung an embryonalen Stammzellen verbunden sind.

---

[233] Dies nicht hinreichend klarzustellen und anzuerkennen, scheint mir ein weiterer grundsätzlicher Einwand gegen *Jürgen Habermas* (2001) zu sein. Er spricht zunächst von »Unverfügbarem« im Menschenbild, und zwar auch jenseits des »Unantastbaren« der Menschenwürde, und reklamiert hierfür die Beglaubigung einer deontologischen Moralbegründung (S. 56 ff., 59). Andererseits sind die allermeisten seiner Einwände gegen die Embryonenforschung gerade nicht deontologischer Art, sondern weisen – ganz konsequentialistisch – auf die negativen Folgen einer solchen Forschung für die Gesellschaft hin (S. 93 ff., 114 ff.). Und die »Unverfügbarkeit« des »vorpersonalen menschlichen Lebens«, die er (recht apodiktisch) für »gattungsethisch« geboten erklärt (S. 78, 115), ist schwerlich überzeugend. Schon mit der rechtlich akzeptierten Abtreibungspraxis ist sie nicht zu vereinbaren. Daran ändert sich nichts, wenn man hier mit Habermas von »existenziellen Entscheidungen« spricht (S. 58). Denn ganz offenbar macht dabei allein das Lebensqualitätsinteresse der Frau in einem Konflikt, den *sie*, nicht der Embryo zu vertreten hat, dessen Leben für sie »verfügbar« – in Deutschland jedes Jahr über 200.000 mal. Das ist, wie ich im verfassungsrechtlichen Teil dieser Untersuchung zu zeigen versucht habe, keinesfalls allein mit der Natur jenes Konflikts, sondern nur mit dem »verfügbaren« (abwägbaren) Status des Embryos zu erklären (von dem kaum bestreitbaren Faktum, daß die allermeisten Abtreibungsentscheidungen wohl für den Embryo, aber keineswegs für die Schwangere »existenziell« sind, ganz abgesehen).

4. Kapitel
Die schützenswerten Belange der Gesellschaft: notwendige Abwägungen

A. Unmittelbare Risiken der Forschung? Mißbrauchs-, »Dammbruch«-, »slippery slope«-Gefahren?

I. Problem Eizellspende: Zwangsrechtlicher Schutz von Frauen gegen sich selbst?

1. Auch hier könnte man zunächst an eine grundsätzliche Unterscheidung denken: die zwischen Interessen der Gesamtgesellschaft und Interessen einzelner Gruppen, die von der Zulassung einer Forschung an embryonalen Stammzellen besonders negativ betroffen sein könnten. Anders als beim Streit um die Präimplantationsdiagnostik ist freilich nicht unmittelbar ersichtlich, welche einzelne Gruppe eine derart herausgehobene Betroffenheit sollte geltend machen können. Daß sich etwa Menschen mit einer genetisch verursachten Behinderung gekränkt fühlen können, wenn im Rahmen der Präimplantationsdiagnostik genau der genetische Fehler, mit dem und dessen Folgen sie selbst ein erfülltes Leben führen,

---

[234] Wiewohl sich das natürlich bei der seit langem etablierten »normalen« Pränataldiagnostik mit anschließender Abtreibungsoption ganz genauso verhält und im übrigen insgesamt auf einem Mißverständnis beruht, nämlich dem Verkennen des fundamental anderen normativen Status des Embryos. Pointiert: nicht weil dieser geschädigt, also wenn man will »behindert«, sondern weil er ein Embryo ist, darf er allenfalls abgetrieben bzw. ausgesondert werden. Das läßt sich leicht zeigen. Es steht ja außer Zweifel, daß *nach* der Geburt jede solche Entscheidung ausgeschlossen wäre, ganz egal wie behindert ein Neugeborenes zur Welt käme. Daher kann es ganz offensichtlich nicht die »Behinderung« sein, was die Verwerfung eines frühen Embryos allenfalls legitimieren kann. – Vgl. zu diesen Fragen die gründliche Analyse von *Buchanan/Brock/Daniels/Wikler*, From Chance

als Kriterium einer negativen Ausleseentscheidung gegenüber Embryonen akzeptiert wird, leuchtet ein.[234] Aber im Gegensatz hierzu verspricht die Forschung an embryonalen Stammzellen für viele Menschen mit schweren Behinderungen nicht Kränkung, sondern große therapeutische Hilfen.[235] Nicht von ungefähr gehören in den Ländern, in denen diese Art der Stammzellforschung bereits zugelassen ist oder erwogen wird, gerade Behindertenverbände zu den stärksten *pressure groups* unter den Befürwortern der Forschung.[236] Auch in Deutschland ist nicht ersichtlich, daß gerade die Behindertenverbände einhellig die Wortführer einer grundsätzlichen Gegnerschaft wären.

2. Jede Embryonenforschung setzt zunächst die Existenz einer extrakorporal verfügbaren Eizelle voraus. Das lenkt den Blick auf die potentiellen Eizellspenderinnen: Frauen jüngeren bis mittleren Alters. Sie kommen als ein besonders gefährdeter Teil der Bevölkerung mit deshalb spezifischen Schutzbedürfnissen in Betracht. Darauf hat bereits 1994 der ›Human Embryo Research Panel Report‹ der amerikanischen *National Institutes of Health* hingewiesen.[237] Denn die Eizellgewinnung für die in vitro-Erzeugung eines Embryos ist typischerweise verbunden mit Risiken und Belastungen für die jeweilige Spenderin: hormonelle Überstimulation der Ovarien, invasiver Eingriff, noch nicht definitiv geklärte Langzeitrisiken für die Gesundheit.[238] Daraus könnten sich weitere Gefahren ergeben. Die als Spenderinnen in Frage kommenden Frauen könnten physisch wie psychisch zum Objekt einer Art Ausbeutung werden: einerseits durch nötigenden Druck ihrer Umgebung, andererseits durch korrumpierende finanzielle Anreize eines möglichen »Eizellen-

---

to Choice. Genetics and Justice (2000), insbes. Kap. VII, S. 258 ff.; ferner *Steinbock* in: *Parens/Asch* (Hg.), (2000), 108 ff.; *Gillam* (1999), 163 ff.

[235] S. dazu *NIH* (USA) (2001), Kap. 6 bis 9, 59 ff., Kap. 11, 99 ff.

[236] Vgl. *Perry* (2000), 1423 (mit einer Liste besonders betroffener Gruppen von Kranken und Behinderten).

[237] *NIH* (USA) (1994), Executive Summary, in: *Lauritzen* (Hg.) (2001), 251 ff. (256 f.).

[238] S. dazu *Macklon/Fauser* (2001), 77 ff.

Marktes« oder -Schwarzmarktes. Das alles wirft die Frage auf, ob eine Forschung, die von derlei risikobeladenen Voraussetzungen abhängt, ethisch vertretbar ist.

a) Nun beruhen die allermeisten Eizellentnahmen auf Einwilligungen, die von den betroffenen Frauen im eigenen Interesse gegeben werden: im Rahmen eines von ihnen selbst in Gang gesetzten Programms zur künstlichen Befruchtung und zur Einleitung einer erwünschten Schwangerschaft. An ein Verbot solcher Programme gegen den ausdrücklichen Wunsch der Frauen und in der Anmaßung einer besseren Einsicht in deren »wirkliche Interessen« wird niemand ernsthaft denken.[239] Das gesetzliche Verbot der Eizellspende zu Forschungszwecken wird in Deutschland allerdings gleichwohl lautstark gefordert. Frauen müßten vor dem Risiko der oben angedeuteten Ausbeutung geschützt werden.[240] Das Argument ist der Musterfall eines rechtlich wie ethisch unzulässigen Paternalismus. Er wird auch als Maternalismus, nämlich als eine von Frauen reklamierte Befugnis zur Zwangsobhut über ihre Geschlechtsgenossinnen, nicht akzeptabel oder sympathischer. Diese prinzipielle Kritik kann gänzlich absehen von der Frage, ob für die Zulassung der Forschung an embryonalen Stammzellen in Deutschland Eizellspenden nur für Forschungszwecke überhaupt erforderlich wären.[241] Was für jede einzelne Entnahme verlangt werden muß und von allgemeinen Rechtsgrundsätzen ohnehin zwingend ge-

---

[239] Wiewohl einige der öffentlich umlaufenden Argumente auch gegen die in-vitro-Fertilisierung (IVF) selbst genau solchen Zuschnitts sind: Kinderwünsche, die auf diese Weise erfüllt werden sollen, seien »pathologisch«; daher müsse man die Frauen vor ihrer eigenen (pathologischen) Unvernunft schützen und die künstliche Befruchtung möglichst zurückdrängen oder ganz verbieten. Daß solche Standpunkte, von ihrer sachlichen Abwegigkeit abgesehen, normativ indiskutabel, nämlich Ausdruck einer verwerflichen Herrschaftsanmaßung über fundamentale Lebensbelange anderer Menschen sind, bedarf wohl keiner weiteren Beweisführung.

[240] Vgl. *Schneider* (2001), 401 ff.; *Kollek* in: *Graumann* (Hg.) (2001), 151 f. – In beiden zitierten Fällen werden die Einwände gegen Eizellspenden im Rahmen des sog. therapeutischen Klonens formuliert; da sie sich aber allein auf das Argument des Schutzes der Frauen stützen, zielen sie auf alle Eizellspenden für jederlei Embryonenforschung, also auch auf normale in vitro-Fertilisierungen ohne Schwangerschaftswunsch.

[241] Was vermutlich nicht der Fall ist; s. dazu sogleich im Text.

boten wird, ist die eingehende Beratung und Aufklärung vor jeder Einwilligung in eine Eizellspende über deren Ziele, Formen und Risiken. Daraus läßt sich mit guten Gründen der grundsätzliche Ausschluß von Kindern und Jugendlichen aus dem Kreis möglicher Eizellspenderinnen ableiten. Auch die gebotene Vorsorge gegen jeden unangemessenen Druck durch Dritte gehört selbstverständlich dazu. Nicht dazu gehört allerdings die prinzipielle zwangsrechtliche Abschirmung gegen Forderungen der Moral. Es ist nicht nur unangemessen, sondern rechtlich illegitim und ethisch verwerflich, die Erfüllung des moralischen Postulats, z. B. einem schwerkranken Mitglied der eigenen Familie durch eine Eizellspende mit therapeutischem Ziel zu helfen, von Gesetzes wegen zu verbieten.[242]

b) Über die selbstverständlichen Schutzvorkehrungen hinaus jedoch jeder Frau die Fähigkeit zur autonomen Entscheidung bestreiten und ihr diese über den zwangsrechtlichen Octroi des eigenen »besseren Wissens« gleich abnehmen zu wollen, ist eine nachgerade beklemmende, antiliberale, frauenfeindliche Anmaßung.[243] Die Entwicklung neuer Heilverfahren in der Medizin ist und war seit eh und je auch auf die altruistische Bereitschaft Freiwilliger angewiesen, im Rahmen eines nach Menschenmaß transparent gemachten und vernünftig beurteilten Risikos den medizinischen Fortschritt zu unterstützen. Warum sollte jemand in die Teilnahme an erheblich gefährlicheren medizinischen Studien, etwa zur Erprobung eines Impfstoffs gegen Malaria- oder HIV-Infektionen, einwilligen dürfen, in eine Eizellspende mit ähnlich lebensrettendem Fernziel aber nicht? Nach allen Erfahrungen der Forschung sind vor allem Personen, die persönlich

---

[242] Abwegig daher *Schneider* (2001), 401 ff., die genau dies fordert: ein gesetzliches Verbot der freiwilligen und gewollten Erfüllung einer moralischen Pflicht.

[243] Das darf durchaus auch als Kritik an dem generellen Verbot der Eizellspende nach § 1 Abs. 1 Ziff. 3 ESchG gelesen werden; immerhin haben hierfür andere Überlegungen, nämlich das Bestreben des Gesetzgebers, »gespaltene Mutterschaften« auszuschließen, die primäre Rolle gespielt; eine fühlbare Prise Paternalismus war aber ersichtlich ebenfalls im Spiel.

mit einem bestimmten gravierenden Krankheitsphänomen in Berührung gekommen sind, sei es als unmittelbar oder nur mittelbar Betroffene, in erfreulich großer Zahl bereit, bestimmte Risiken auf sich zu nehmen, um zur Bekämpfung der entsprechenden Krankheit beizutragen. Eine Rechtsordnung, die Selbstgefährdungen ganz anderen Ausmaßes, vom Rauchen über das Fallschirmspringen bis zum Profiboxen, und noch zu den absurdesten eigenen Zwecken unbesehen gestattet, darf moderate Selbstgefährdungen aus moralisch hochrangigen altruistischen Motiven nicht verbieten.[244] Und die befürchtete marktförmige Kommerzialisierung von Eizellspenden wäre als solche zu unterbinden, nicht aber mit einem Totalverbot jeder, auch der nicht-kommerziellen Spende. Wer käme ernsthaft auf die Idee, mit solchen Bedenken die Abschaffung der Organtransplantation zu fordern?

c) Der zitierte pater- bzw. maternalistische Einwand erscheint im übrigen schon aus tatsächlichen Gründen nachgerade an den Haaren herbeigezogen. In Deutschlands reproduktionsmedizinischen Zentren lagern, wie ich bereits ausgeführt habe, Zehntausende tiefgefrorener »Vorkernstadien«.[245] Sie alle kämen, statt für ihre derzeit übliche »Entsorgung« durch Wegwerfen, als wertvolle Grundlagen für die Stammzellforschung in Betracht. Und was den spezifischen Protest gegen das sog. therapeutische Klonen angeht, also die

---

[244] In Österreich, dessen Fortpflanzungsmedizingesetz ebenfalls die Eizellspende verbietet (§ 3 Abs. 1 und 3 FMedG) sind 1999 zwei Verfassungsbeschwerden von Frauen abgewiesen worden, die zu reproduktiven Zwecken Eizellen spenden wollten und deshalb § 3 Abs. 1 FMedG als verfassungswidrig angegriffen haben. Der ÖVerfGH hält mit offen paternalistischer Begründung die Regelung für gerade noch verfassungsgemäß: zum Schutz der (genau gegen dagegen protestierenden und prozessierenden!) Frauen vor »Belastung, Ausbeutung und Ausnützung«, also zum Schutz der Frauen vor sich selbst; abgedr. in: MedR 2000, 389 ff. (391); berechtigte scharfe Kritik an dieser Entscheidung und dem angegriffenen Gesetz übt *Bernat* (2000), 394 ff.

[245] S. oben 3. Abschnitt, B. III. 3. b) zum sog. Potentialitätsargument; vgl. auch *Beier* (2000), 334.

[246] Dazu *Odorico/Kaufman/Thomson* (2001), 193 ff. (201); eingehend *National Bioethics Advisory Commission* (USA) (1997), 13 ff.; s. auch den Bericht über den sensationsträchtigen »Urfall« dieser Art des Klonens bei Säugetieren, nämlich die Erzeugung des Schafes »Dolly«, *Wilmut/Schnieke/McWhir/Kind/Campbell* (1997), 810 ff.

Erzeugung von Embryonen durch Transfer eines somatischen Zellkerns in eine entkernte Eizelle[246], wofür neue Eizellen benötigt würden (weswegen dieses Verfahren verboten bleiben müsse), so ist dazu zweierlei anzumerken: In normativer Hinsicht zunächst die obigen Argumente gegen die paternalistische Kuratel über die Autonomie anderer. Und in tatsächlicher Hinsicht der Hinweis, daß es nicht nur eine ganze Reihe weiterer, für die derzeit mögliche Forschung ganz gewiß ausreichender Eizellressourcen gibt,[247] sondern auch, daß in den letzten Jahren verschiedene Verfahren einer »sanften« und fortschreitend risikoärmeren Eizellgewinnung entwickelt worden sind, die von der Möglichkeit einer extrakorporalen in-vitro-Reifung der Eizellen Gebrauch machen und daher auf eine hormonelle Überstimulation der Spenderinnen verzichten können.[248] Damit ist die Frage der Zulässigkeit des »reproduktiven Klonens« oder einer anderen Erzeugung von »Forschungsembryonen« ersichtlich noch nicht beantwortet. Sollten sie aber moralisch unzulässig sein, dann jedenfalls nicht aus den hier erörterten Gründen einer paternalistischen Zwangsfürsorge für erwachsene Frauen. Das sollte, will man eine blanke politische Ideologie nicht mit einer ethischen Argumentation verwechseln, eigentlich keinem Zweifel unterliegen.

Die Forderung, jede Forschung an embryonalen Stammzellen »zum Schutz der Frauen« zu verbieten, nämlich zum Schutz autonomer Personen gegen sich selbst, also zu ihrer obrigkeitlichen Bevormundung, ist daher abzulehnen. Sie ist in allen denkbaren Hinsichten verfehlt.

---

[247] Etwa: postmortale Organspenden; fetale Keimzellen nach Schwangerschaftsabbrüchen; Ovarialgewebe, das im Zuge anderweitig veranlaßter Operationen gewonnen werden kann; zu diesen Möglichkeiten und ihren (selbstverständlichen) Einwilligungsvoraussetzungen s. *NIH* (USA) (1994), Executive Summary, abgedr. in *Lauritzen* (Hg.) (2001) 251 ff. (257).

[248] S. *Macklon/Fauser* (2001), 77 ff.; *Hillier* (2000), 201 ff. (jeweils m. zahlr. w. N.).

II. Mißbrauchsrisiken

Das vieldiskutierte Problem eines möglichen Mißbrauchs der Forschung und ihrer befürchteten Tendenz, abschüssige gesellschaftliche Entwicklungen auszulösen und damit Fundamente des Gemeinwohls zu beschädigen, ist nur dann vernünftig zu beurteilen, wenn man einige grundlegende Unterscheidungen beachtet. Auseinanderzuhalten sind zunächst:

(1) Der Mißbrauch einer Forschungserlaubnis in einzelnen, vielleicht sogar sehr vielen Fällen einerseits,

(2) und ein Dammbruch oder die abschüssige Entwicklung einer »schiefen Bahn« (»slippery slope«) hin zu einem unerwünschten gesellschaftlichen Zustand andererseits.

1. Der hauptsächliche Unterschied zwischen beiden ist, grob skizziert, dieser[249]: Ein Mißbrauch berührt, solange er gesellschaftlich als solcher identifizierbar bleibt, nicht die Geltung der Norm, die ihn als tadelnswert ausweist. Daran ändert selbst sein massenhaftes Auftreten nichts. Beispielhaft: Ladendiebstähle in Kaufhäusern als Mißbrauch der dort angebotenen Handlungsfreiheiten werden trotz ihres vieltausendfachen täglichen Auftretens unverändert als Bruch einer geltenden und festgehaltenen Norm und als moralisch verwerflich beurteilt. Ein »Dammbruch« oder eine »slippery slope« dagegen verschiebt Inhalt und die Reichweite der Norm selbst. Das ursprünglich Mißbilligte wird über seine Etablierung als gesellschaftliche Praxis zum Vehikel einer nachfolgenden normativen Beglaubigung und damit zur Verkörperung einer neuen Norm. Das eigentlich Verwerfliche des neuen Zustands wird von der Gesellschaft nicht mehr oder nicht mehr hinreichend wahrgenommen. Im Licht der

---

[249] Die vorgeschlagene Abgrenzung ist eine abstrakt typisierende; in bestimmten Einzelfällen, vor allem solchen mit massenhaften Mißbräuchen, dürfte die Unterscheidung schwierig und eine eindeutige Zuordnung nicht immer möglich sein.

gegenwärtigen Einsichten zeigt sich aber der dann zu erwartende Zustand der Gesellschaft als normativ mißbilligenswert.

2. Mißbräuche einer neuen Handlungserlaubnis, sei sie wissenschaftlicher oder allgemein gesellschaftlicher Art, sind niemals gänzlich auszuschließen. Das ist trivial, und es gilt im übrigen für alle bereits bestehenden Handlungserlaubnisse nicht weniger als für alle denkbaren neuen. Die beste Technik, die moralisch zweifelsfreieste Forschung, jedes noch so erwünschte Produkt kann im Einzelfall mißbraucht werden. Wiederum beispielhaft: Mit einer Picasso-Plastik kann ein Mensch erschlagen, mit einem Schal ein Kind erwürgt, mit einem Skalpell eine Kehle durchschnitten, im sprichwörtlichen wie im wörtlichen Sinne kann Salz in offene Wunden gestreut, Öl ins offene Feuer gegossen werden. Schon daran zeigt sich, daß vor dem Hintergrund einer allgemeinen und verfassungsrechtlich garantierten Handlungsfreiheit allein die Befürchtung kommender Mißbräuche regelmäßig keinen legitimen Grund für ein generelles Handlungsverbot abgeben kann. Der Mißbrauch kann den richtigen Gebrauch nicht desavouieren. Zu bekämpfen ist jener, nicht dieser. Das Verbot des korrekten Gebrauchs ist daher mit der Befürchtung des Mißbrauchs grundsätzlich nicht zu legitimieren.[250] Dies wäre selbst ein Mißbrauch: einer der Macht.

3. Der bloße Hinweis auf Möglichkeiten eines Mißbrauchs der Forschung an embryonalen Stammzellen kann deshalb ihr Verbot nicht begründen. Er vermag darüber hinaus in seiner unspezifischen Form nicht einmal als Projektion einer wirklichen Gefahr im Einzelfall einzuleuchten. Wie könnte ein solcher Mißbrauch aussehen? Das ist (jeden-

---

[250] Das mag sich anders verhalten, wenn es um Handlungserlaubnisse geht, deren Mißbrauch schon im Einzelfall unmittelbar katastrophale Folgen nach sich zöge. Man denke an einen plastischen Extremfall: die atomare Bewaffnung eines Staates. Sie mag als Abschreckung legitim sein; ihr Mißbrauch könnte aber nachgerade die Existenz der Welt bedrohen. Daher erscheint ein generell erzwungenes Verbot solcher Neubewaffnungen plausibel (von der Schwierigkeit seiner Durchsetzung natürlich abgesehen).

falls für eine Stammzellforschung *ohne* therapeutisches Klonen[251]) nicht leicht auszumachen. Die bisherige öffentliche Diskussion in Deutschland hat zwar nicht selten ein allgemeines Mißbrauchsgespenst an die Wand gemalt. Soweit ich sehe ist aber nicht ein einziges plausibles Beispiel genannt worden, das den Typus einer solchen Mißbrauchshandlung mit Stammzellen zu verdeutlichen geeignet wäre. Daß man die Präimplantationsdiagnostik vielleicht irgendwann zur Selektion trivial alltäglicher Merkmale mißbrauchen könnte; daß Eingriffe ins menschliche Genom in Zukunft mit gravierenden Mißbräuchen einhergehen könnten; daß schließlich das sog. reproduktive Klonen beim derzeitigen Stand der gänzlichen Unkontrollierbarkeit seines Schädigungspotentials eo ipso mißbräuchlich erscheint – alles das liegt auf der Hand. Wie aber die Erlaubnis zur Gewinnung von Stammzellen aus Embryonen zu Forschungszwecken, sofern sie als solche für normativ zulässig gehalten wird, mißbraucht oder wie die anschließende Forschung selbst mißbräuchlich betrieben werden könnte, ist schwer zu sehen. Man mag befürchten, daß eine solche Erlaubnis von den Forschern unter der Hand auf andere, von ihr nicht gedeckte Fälle ausgedehnt wird, etwa auf tödliche Experimente mit erheblich älteren Embryonen. Das wäre aber kein Mißbrauch der Erlaubnis zur Stammzellgewinnung, denn aus *solchen* Embryonen lassen sich keine Stammzellen (mehr) gewinnen. Es wäre einfach eine ganz andere, seit eh und je strafbare Tat. Sie würde nicht *mittels*, sondern allenfalls *bei Gelegenheit* der Stammzellforschung begangen, sozusagen nebenher. Solche Taten »bei Gelegenheit« sind immer und in allen Handlungszusammenhängen möglich. Sie sind keine Form des Mißbrauchs der Handlungserlaubnis. So wie ein Stammzellforscher ja während (bei Gelegenheit) seiner Experimente im Labor auch den verhaßten Kollegen erschlagen könnte, was mit einem Mißbrauch der Stammzellfor-

---

[251] Zu der ich im einzelnen erst später komme.

schung ersichtlich nichts zu tun hätte. Denkbar ist freilich, daß solche unerlaubten Handlungen »bei Gelegenheit« den Beginn einer »schiefen Bahn« markieren. Doch sind damit ebenfalls andere Probleme als die des Mißbrauchs bezeichnet. Darauf komme ich sogleich zurück.

Das Mißbrauchsargument jedenfalls ist aus allen dargelegten Gründen schon prinzipiell nicht geeignet, ein Verbot der Stammzellforschung zu legitimieren.

III. »Schiefe Bahn«-, »Dammbruch«- oder »slippery slope«-Gefahren: Einzelformen

1. Etwas anderes sind, wie angedeutet, Argumente, die vor drohenden »schiefen Bahnen« oder »slippery slopes« warnen.[252] Üblicherweise geschieht das in einer gänzlich allgemeinen und undifferenzierten Weise. Das macht die Klärung des möglicherweise vernünftigen Gehalts solcher Argumente sehr schwierig. Daher sind auch hier einige Unterscheidungen erforderlich. Beiläufig und zur normativen Aufhellung: »Schiefe Bahn«-Argumente haben ihre gedanklichen Wurzeln überwiegend in der oben so bezeichneten Sphäre des Normenschutzes. Wer vor »slippery slopes« warnt, tut dies regelmäßig in dem Bestreben, die Geltung wichtiger Regeln oder Prinzipien der gegenwärtigen Moral oder des Rechts zu erhalten und vor ihrer allmählichen Erosion zu schützen. Damit ist ersichtlich noch nichts über die Plausibilität konkreter »schiefe Bahn«-Argumente gesagt, auch wenn die damit verteidigten Normen unbedingt verteidigungswürdig sein sollten. Denn ob solche Argumente ein-

---

[252] Ich bleibe im folgenden bei dieser Formulierung, weil sie das Gemeinte weitaus besser zum Ausdruck bringt als der hierzulande meist verwendete Begriff des »Dammbruchs«. Die dahinterstehende Idee ist die eines allmählichen Rutschens auf einer schiefen Bahn, nicht die einer plötzlich hereinbrechenden, alles verschlingenden Springflut; die letztere wäre ja ersichtlich das Bild einer sehr irrationalen Befürchtung, die niemand ernsthaft hegen dürfte.

leuchtend sind, hängt noch von weiteren Voraussetzungen ab, vor allem von der Richtigkeit ihrer empirischen Annahmen und der Plausibilität der Prognosen, die sie daraus ableiten.

Betrachtet man die innere Logik, die von Argumenten dieses Typs jeweils in Anspruch genommenen werden, so lassen sich drei Versionen auseinanderhalten:[253]

(1) die begriffliche (oder logische) »schiefe Bahn«,

(2) die schiefe Bahn nach einem Präzedenzfall,

(3) die kausale (oder empirische) »schiefe Bahn«.[254]

2. Die begriffliche Version lautet im Zusammenhang mit der verbrauchenden Embryonenforschung ungefähr so:

»Wer für eine solche Forschung selbst in ihrer moderatesten Form eintritt, sie nämlich einerseits nur an ›überzähligen‹, ›verwaisten‹, ohnehin verlorenen Embryonen[255], und andererseits nur zur Förderung lebensrettender medizinischer Heilverfahren zulassen will, der kann schon begrifflich (logisch) nichts mehr dagegen einwenden, wenn anschließend ihre Ausweitung auch auf andere (ältere) Embryonen und auch zu anderen, weniger wichtigen Zwecken gefordert wird.«

Das Argument ist offensichtlich unrichtig. Es würde, derart transparent gemacht, wohl auch von keinem Vertreter

---

[253] Aus der Literatur über »slippery slope«-Argumente v. a. *Walton* (1992); *van der Burg* (1991), 42 ff.; *Lamb* (1988); *Feinberg* in: *ders.* (1992), 283 ff.; *Williams* in: *ders.* (1995), 213 ff.; *Guckes* (1997); Überblick bei *Schöne-Seifert*, in: *Nida-Rümelin* (Hg.) (1996), 590 ff.

[254] Man kann Unterscheidungen von »slippery slope«-Argumenten auch im Hinblick auf die prognostizierten Resultate vornehmen. Bernard Williams etwa unterscheidet »*horrible result arguments*« (Blick auf das schreckliche Endergebnis) und »*arbitrary result arguments*« (Blick allein auf den Umstand, daß die Bahn schief und schlüpfrig ist, also *irgendwohin* führen kann); vgl. *Williams*, a. a. O., 213. – Diese Differenzierung erscheint weniger interessant. Sie macht die Logik des jeweils verwendeten Arguments nicht sichtbar und hat es deshalb schwerer, dessen Stichhaltigkeit zu untersuchen. Daß bei einem »schiefe Bahn«-Argument immer auch die empirische Plausibilität seiner Prognose geprüft werden muß, ist andererseits selbstverständlich.

[255] Ich ignoriere hier vorläufig die ggf. noch »moderatere« Variante der Forschung nur an importierten Stammzellen (dazu weiter unten); denn diese ist ersichtlich nicht selbst eine »verbrauchende« Forschung, sondern setzt lediglich den vorherigen »Verbrauch« durch andere voraus. Im gegenwärtigen Kontext geht es nur um die Frage der Zulässigkeit wirklich verbrauchender Forschung.

der pauschalen »slippery slope«-Befürchtungen unterschrieben. Wer die verbrauchende Forschung nur an Embryonen bis zum 14. Tag seit der Befruchtung und nur zu höchstrangigen therapeutischen Zielen befürwortet, der hat unter logischen Gesichtspunkten nicht die geringste Veranlassung, einer Verlängerung der Forschungsfrist auch nur um einen Tag zuzustimmen, so wenig wie er gehalten ist, die Forschung auch zugunsten trivialerer Ziele zu akzeptieren, z. B. zur bloßen Verbesserung der IVF-Technologie oder gar nur zum Testen neuer Kosmetika. (So wie eine Gemeinde, die auf einer Ausfallstraße die zulässige Höchstgeschwindigkeit von 50 auf 60 km/h erhöht, nicht die geringste Veranlassung hat, über die Erweiterung auf 61, 62, 63 … km/h allmählich zur Hinnahme der unbeschränkten Raserei zu gelangen.)

3. Die zweite Gruppe der »schiefe Bahn«-Befürchtungen, nämlich die auf eine Initialwirkung von Präzedenzfällen verweisende, läßt sich etwa mit dem folgenden Beispiel veranschaulichen: Es mag ein moralisch bedeutsamer Unterschied zwischen der Abtreibung eines drei Monate alten Embryos und der Tötung eines neugeborenen Kindes sein. Moralisch nicht bedeutsam ist aber der Unterschied zwischen der Abtreibung eines dreimonatigen Embryos und der eines Embryos von drei Monaten + *1 Tag*. Lasse man die erstere Abtreibung zu, so schaffe man für jemanden, der die letztere vorzunehmen wünsche, einen Präzedenzfall, auf den er sich berufen könnte, ohne daß ihm moralisch stichhaltige Einwände entgegenzusetzen wären. Das gleiche gelte anschließend für einen Dritten, der eine Abtreibung an einem Embryo von drei Monaten + *2 Tagen*, und für einen nächsten, der sie an einem Embryo von drei Monaten + *3 Tagen* vornehmen wolle – etc. Irgendwann werde man, am Ende dieser Präzedenz-Kette angelangt, auch jemandem, der ein neugeborenes Kind töten wolle, nichts moralisch Belangvolles mehr entgegensetzen können. Diese Handlung wäre aber, wie man aus gegenwärtiger Sicht unschwer erkenne,

extrem verwerflich. Daher müsse schon der Anfang dieser »schiefen Bahn«, eben der erste Präzedenzfall, unterbunden werden.[256]

Argumente dieses Typs nehmen über das Aufzeigen der Präzedenzfall-Kette hinaus zumindest *eine* weitere Voraussetzung an, die psychologischer Natur ist: die Neigung der jeweils über die Zulässigkeit eines Nachfolgefalles Entscheidenden, dem Druck (oder der Legitimation) des vorangegangenen Präzedenzfalles auch tatsächlich nachzugeben. Diese Neigung, so unterstellt das Argument, gehe kausal auf die Zulassung des ersten Falles zurück. Gleichbehandlungs- und Fairneßempfindungen müßten dann die allmähliche Zulassung aller Nachfolge-Fälle drängend nahelegen. In »schiefe Bahn«-Argumente des Präzedenzfall-Typs mischen sich somit regelmäßig Elemente der »kausalen« Version. Und da sich allenfalls über diese Elemente die behauptete Gefahr verwirklichen könnte, sei die weitere Analyse darauf konzentriert.

4. Kausale oder empirische »schiefe Bahn«-Argumente heißen deshalb so, weil sie keine logischen, sondern erfahrungsmäßige Zusammenhänge behaupten.[257] Aus ihnen werden bestimmte negative Prognosen abgeleitet. Da sich diese im weitesten Sinne auf künftiges menschliches Handeln beziehen, machen solche »schiefe Bahn«-Argumente in hohem Maße Gebrauch von psychologischen Annahmen. Stillschweigend oder ausdrücklich setzen sie voraus, daß sich Menschen in bestimmten Situationen und in bestimmten so-

---

[256] Man kann von »slippery slope«-Argumenten dieses Typs ein weiteres, das ebenfalls zum Typus »Präzedenzfall« gehört, unterscheiden. Es prognostiziert nicht die oben dargestellte »schiefe Bahn« aus lauter einander *ähnlichen* Fällen. Vielmehr prophezeit es, daß dem ersten Fall eine *Vielzahl genau gleicher* Fälle folgen werde, die (erst) in ihrer Gesamtheit sozial und moralisch inakzeptabel seien (obwohl dies für den einzelnen Fall am Anfang vielleicht nicht gelte). Diese Differenzierung kann hier vernachlässigt werden.

[257] Die allgemeine (logische) Form solcher Argumente sieht so aus: (1): Handlung (a) ist prima facie moralisch akzeptabel. (2): Wenn Handlung (a) zugelassen wird, so wird sie das Auftreten einer Reihe von Ereignissen e_1, e_2 … e_n verursachen. (3): Die Ereignisse e_1, e_2…e_n wären moralisch mißbilligenswert. (4): Daher ist es moralisch geboten, Handlung (a) zu verhindern.

zialen Rollen eben so und so verhalten. Also etwa, daß Stammzellforscher, denen man bestimmte Erlaubnisse gibt, dazu neigen, diese Erlaubnisse unterderhand auszuweiten. Oder, daß etwa vorhandene Kontrollinstanzen diese Neigung teilen bzw. hinnehmen. Oder schließlich, daß Gesellschaften, die eine verbrauchende Embryonenforschung zulassen, dazu tendieren, den Respekt vor menschlichem Leben insgesamt zu verringern und entsprechend verwerfliche Praktiken zu akzeptieren.

a) Bevor die Plausibilität solcher Annahmen beurteilt werden kann, empfiehlt sich eine weitere wichtige Differenzierung. Sie unterscheidet hinsichtlich der befürchteten negativen Folgen zwischen

(1) einerseits solchen, deren moralische Unzulässigkeit nicht sicher ist,

(2) und andererseits solchen, deren moralische Verwerflichkeit feststeht und von niemandem bezweifelt wird.

b) *Zu (1)*: Was die Stammzellforschung angeht, so umfaßt die Gruppe (1) vor allem Warnungen vor einer möglichen Ausweitung dieser Forschung selbst. Als Vertreter einer »slippery slope«-Befürchtung dieser Art könnte man etwa sagen: Schon der bloße Import von Stammzellen zur Forschung dürfe nicht zugelassen werden; andernfalls werde man irgendwann dem Druck der Wissenschaftler nachgeben und ihnen auch die Gewinnung solcher Zellen, also die Tötung von Embryonen zu gestatten. Darauf werde der nächste Schritt folgen: die Erlaubnis zur Herstellung von Embryonen allein zu Forschungszwecken (sog. Forschungsembryonen). Und schließlich werde am Ende die Zulassung des »therapeutischen Klonens« stehen, weil man sich davon weitere Forschungs- und Therapieerfolge verspreche.

Es ist aber keineswegs klar, daß alle diese Folgen moralisch negativ zu beurteilen wären. Man kann eine solche Argumentation daher ablehnen, ohne ihre Prognosen als solche anzugreifen. Vielmehr könnte man die vorhergesagte Entwicklung als nicht verwerflich, möglicherweise sogar als wünschenswert bezeichnen.[258] Einwände dieser letzteren Art beruhen ersichtlich nicht auf empirischen, sondern auf genuin ethischen Gründen. Daher werde ich sie erst nach den eigentlichen »schiefe Bahn«-Argumenten erörtern.[259] Als spezifische »slippery slope«-Befürchtungen will ich dagegen nur solche behandeln, die vor unbestritten verwerflichen Folgen warnen.

c) *Zu (2)*: Ganz gewiß abzulehnen wären Auswirkungen der Stammzellforschung, die den moralischen Gesamtzustand der Gesellschaft verschlechterten. Entsprechende Befürchtungen lassen sich hauptsächlich unter zwei Stichworten einordnen: Negative Veränderung unseres Menschenbildes durch die »Instrumentalisierung« oder »Funktionalisierung« menschlichen Lebens«; und deshalb, zweitens: Verringerung des Respekts vor menschlichem Leben überhaupt – mit unabsehbaren weiteren Auswirkungen.

aa) Solche Folgen können sich nicht von selbst, sondern allenfalls vermittelt über menschliches Handeln einstellen. Daher ist die psychologische Annahme, Menschen ließen sich von einer zugelassenen verbrauchenden Embryonenforschung zu solchen Wandlungen ihrer inneren Einstellung und damit ihres Verhaltens motivieren, unter den tatsächlichen Voraussetzungen des Arguments die wichtigste. Drei Einwände hiergegen drängen sich auf:

(1) Der erste betrifft die Undifferenziertheit der Behauptung im Hinblick auf die Menschen, bei denen solche negativen Wirkungen befürchtet werden. Denn die Frage eines drohenden Wandels innerer Einstellungen zum menschlichen Leben mag sich bei verschiedenen Gruppen der Bevölkerung

---

[258] So wurden vor etwa hundert Jahren in manchen europäischen Ländern gegen die Forderung, das Wahlrecht für Frauen einzuführen, »slippery slope«-Argumente dieses Typs vorgetragen: Lasse man Frauen erst einmal wählen, dann werde nachfolgend auch ihre Wählbarkeit gefordert – zunächst für die Parlamente, dann für Regierungspositionen und am Ende sogar für die Funktion eines Staatsoberhaupts. – Die vernünftige Antwort auf solche Befürchtungen bestand ersichtlich nicht darin, ihre empirische Wahrscheinlichkeit zu bestreiten, sondern ihre Verwirklichung zu fordern.
[259] S. unten sub B. die Diskussion möglicher Varianten der Stammzellforschung.

ganz unterschiedlich darstellen. Das liegt vor allem dann nahe, wenn sie zu der angeblich moralkorrumpierenden Forschung ganz unterschiedliche Beziehungen haben. Die Befürchtung mag daher im Hinblick auf die Forscher eine andere Plausibilität haben als im Hinblick auf politische Entscheidungsträger oder auf den außerwissenschaftlichen »Normalbürger«, der mit dieser Forschung keine Berührung und von ihr weder Vorstellung noch Anschauung hat.

(2) Der zweite Einwand betrifft die Undifferenziertheit der Bezeichnung für das angeblich bedrohte Gut: Die Prognose, der »Respekt vor dem menschlichem Leben« werde verringert, wenn man dessen »Instrumentalisierung« zulasse, ist bei weitem zu grob formuliert, um sinnvoll diskutabel zu sein. Beispielhaft: Diese Prognose erscheint ersichtlich weitaus plausibler, wenn eine Gesellschaft die Sklaverei einführt, als wenn sie die Organtransplantation bei hirntoten Spendern zuläßt.[260] »Instrumentalisierung menschlichen Lebens« kann man aber, bei der Abstraktheit dieser Formel, durchaus beides nennen. Ganz offenbar macht also der unterschiedliche moralische Schutzstatus des jeweiligen Lebens, um dessen Instrumentalisierung es dabei geht (das von Sklaven einer- und das von Hirntoten andererseits), zugleich einen entscheidenden Unterschied für die Frage aus, ob als Konsequenz eine generelle Respektsverringerung zu befürchten wäre. Genau deshalb läßt sich auch die Plausibilität der entsprechenden Prognose im Hinblick auf die Embryonenforschung nicht sinnvoll erwägen, wenn man einfach von »Instrumentalisierung menschlichen Lebens« spricht und damit den erheblichen Unterschied zwischen dem moralischen Status frühester Embryonen einerseits und geborener Menschen andererseits ignoriert.

(3) Der dritte Einwand schließlich bezieht sich auf die grobe Pauschalität der Prognose selbst. Sie verdankt sich den

---

[260] Daß die Sklaverei schon an sich und ohne weitere gesellschaftliche Folgen moralisch verwerflich ist, liegt im übrigen auf der Hand. Für mein Argument spielt das keine Rolle.

beiden soeben genannten Differenzierungsmängeln. Führt man dagegen die für eine vernünftige Überprüfung der Befürchtungen notwendigen Unterscheidungen ein, dann zeigt sich schnell, daß gerade die dramatischen Aspekte der beschworenen Gefahren in hohem Grade unwahrscheinlich sind.

bb) Damit kommt das Hauptproblem solcher »schiefe Bahn«-Behauptungen in den Blick. In ihrer Grobheit überrollen sie gewissermaßen das Terrain der Probleme. Horrorszenarien wie die so projizierten findet jeder abscheulich. Das ist ein probates Mittel, um hinter der damit stimulierten moralischen Empörung die notwendigen Unterscheidungen unkenntlich zu machen. Beachtet man diese jedoch, so tendieren die zuvor mobilisierten Entrüstungs- und Abwehr-Affekte in aller Regel zum Verschwinden.

Betrachten wir das genauer: Wer etwa den Stammzellforschern grundsätzlich mißtraut, mag die Korruption ihres moralischen Empfindens durch eine verbrauchende Embryonenforschung und nachfolgend ihre erhöhte Gefährlichkeit befürchten. Zwar ist nicht recht einzusehen, wie die Forschung an einem mikroskopisch winzigen, vollständig empfindungsunfähigen Frühembryo von der halben Größe etwa des Punkts am Ende dieses Satzes, geeignet sein könnte, bei moralisch empfindenden Menschen den Respekt vor geborenem menschlichen Leben herabzusetzen und eine Neigung z. B. zu kriminellen Humanexperimenten zu fördern. Auch gibt es nicht den geringsten empirischen Hinweis darauf, daß in Ländern wie England oder den USA, in denen diese Forschung seit über zehn Jahren betrieben wird, eine solche Korruptionswirkung des schwindenden Respekts bei den zuständigen Wissenschaftlern zu beobachten wäre.[261] Gleichwohl mag, wer will, dieses Risiko als nicht auszuschließendes voraussetzen. Genau deshalb organisieren aber Gesellschaften unseres Typs (wie die englische oder die amerikanische)

---

[261] Dazu überzeugend *Robertson* (1999), 122 ff.

vorsichtshalber Instrumente der Kontrolle über solche Forschungen. Mit ihnen wird nicht nur das Risikopotential der Forscher überwacht. Vielmehr verdeutlicht und beglaubigt die Gesellschaft damit genau die moralische Grundnorm des Lebensrespekts, an der sie festhalten will und derentwegen sie die Forschung kontrolliert. Warum dann aber der außerwissenschaftliche Rest der Gesellschaft, der mit dieser Forschung keinerlei Berührung hat, von dieser Normverdeutlichung nicht weitaus eher moralisch bestärkt, als von der fernen und unbekannten Forschung moralisch korrumpiert werden sollte, ist schlechterdings nicht einzusehen. Und genausowenig einzusehen ist die Befürchtung, die öffentlichen Kontrollinstitutionen könnten der gleichen korrumpierenden Verlockung erliegen, wie man sie bei den Forschern vermutet. Kontrollvorgänge dieser Art sind öffentlich transparent und damit selbst kontrollierbar.

Auch hier wäre im übrigen von den Propheten der »schiefen Bahn« ein empirischer Beleg, wenigstens ein schwaches Indiz für ihre Befürchtungen einzufordern. Freilich findet sich keines und ließe sich auch keines herbeischaffen. Vielmehr sprechen sämtliche verfügbaren Daten aus den Ländern, in denen die verbrauchende Embryonenforschung zugelassen ist und durchgeführt wird, für das Gegenteil der nachtschwarzen Prognosen. Weder sind z. B. in England seit der Einführung der Embryonenforschung (1990) die Zahlen der Schwangerschaftsabbrüche noch die der illegalen Humanexperimente oder gar die der Mord- und Totschlagsfälle angestiegen. Im übrigen gibt es keinerlei Anzeichen für die Annahme, daß sich England in irgendeiner dieser Hinsichten nachteiliger darstellte als Deutschland. Vermutlich würde man sich dort das deutsche Attest, man sei auf dem abschüssigen Weg zu einer Gesellschaft der unmoralischen Instrumentalisierung von Menschen, mit Nachdruck verbitten.[262] Welche Veranlassung dann freilich umgekehrt die deutsche

---

[262] Vielleicht auch (und nach meiner Erfahrung eher) mit einer gewissen Ironie.

Gesellschaft hätte, solchen Prophetien für sich selbst zu glauben, bleibt gänzlich dunkel.

cc) Hinzu kommt, daß das soziale Ethos dieser Gesellschaft moralisch sehr genau zwischen frühestem, empfindungslosem und jeder Form von geborenem menschlichen Leben unterscheidet. Das macht die befürchtete Korruptionswirkung noch unplausibler. Die weitgehende Liberalisierung der Abtreibung in Deutschland seit 1993 gibt keinerlei Anlaß für die Annahme, daß der Respekt vor menschlichem Leben dadurch verringert worden wäre. Gewiß sind (vermutlich) die Abtreibungszahlen seither gestiegen.[263] Das ist aber unmittelbarer Teil dieser Liberalisierung selbst. Und gerade dies beglaubigt die hier vertretene These: Obwohl die Gesellschaft das rechtliche Gebot des Respekts vor dem embryonalen Leben *in utero* weitgehend zurückgenommen bzw. aufgehoben hat, ist nicht der geringste Verlust an Respekt gegenüber geborenem Leben zu erkennen. Ganz im Gegenteil: Es spricht vieles dafür, daß die gesellschaftliche Sensibilität gegenüber behinderten oder hilflosen Menschen in den letzten Jahrzehnten deutlich gestiegen ist.[264] Warum sich dies unter dem Gesichtspunkt der »Instrumentalisierung« des Lebens anders verhalten und warum die Gesellschaft mit der Zulassung der Embryonenforschung ihr Unterscheidungsvermögen plötzlich verlieren sollte, ist unerfindlich.[265]

»Schiefe Bahn«-Argumente des vorgestellten Typs sind daher empirisch in jeder Hinsicht unplausibel. Schon deshalb wären sie als Grundlage eines politischen Votums gegen die Embryonenforschung nicht akzeptabel.

5. Wichtiger, nämlich normativ entscheidend, ist aber das folgende: »Schiefe Bahn«-Argumente des vorgestellten Typs sind (was ihren Verfechtern freilich oft entgeht) im Grund-

---

[263] Nachweise etwa bei *Tröndle*, in: *Tröndle/Fischer* (1999), Rnr. 14 c, d vor § 218.
[264] Wiewohl hier gewiß der moralisch gebotene Zustand noch lange nicht erreicht ist.
[265] Ebenso (mit weiteren Argumenten) *Birnbacher* in: *Neumann/Schulz* (Hg.) (2000), 165.

satz utilitaristische Argumente. Sie stellen den Nutzen für die Gemeinschaft, nämlich deren Schutz vor befürchteten »slippery slopes«, unbesehen über die Interessen einzelner, die etwa von der Stammzellforschung künftig Hilfe in schwerem Leid erhoffen könnten. Gewiß haben gesellschaftliche Schutzinteressen hinsichtlich fundamentaler Normen großes Gewicht. Aber in ihrer Abwägung mit gegenläufigen Interessen muß die Frage, ob sie wirklich ernsthaft bedroht sind oder wären, also die Wahrscheinlichkeit der negativen Prognosen, selbstverständlich ebenfalls eine maßgebliche Rolle spielen. Die einfache Behauptung irgendeines Risikos für den gesellschaftlichen Normenschutz, und wäre es sogar bei weitem plausibler als das der Embryonenforschung nachgesagte, reicht keineswegs aus, um das generelle und vollständige Ignorieren wichtiger anderer Interessen moralisch zu legitimieren. Es ist ein Merkmal aller menschlichen Entwicklung, daß keine Zukunft gänzlich risikofrei zu haben ist. Daraus die Legitimation einer vollständigen Blockade jeder noch so positiven Möglichkeit für Einzelne wegen denkbarer unerwünschter Nebenwirkungen für die Gesellschaft ableiten zu wollen, ist moralisch verwerflich. Es ist das Zeichen einer grob utilitaristischen Einstellung.[266] Im übrigen darf man die politischen und verfassungsrechtlichen Institutionen dieses Staates für hinreichend leistungsfähig halten, unerwünschte Entwicklungen ggf. zu korrigieren. Politisch wie ethisch dürfte es nicht zu den kleinsten Risiken einer modernen Gesellschaft gehören, keine mehr eingehen zu wollen.

---

[266] Wie sie in dieser bedenken- und rücksichtslosen Variante im übrigen kein moderner utilitaristischer Philosoph vertreten würde.

B. Varianten der Gewinnung embryonaler Stammzellen und ihre ethische Beurteilung

Vier Arten der Gewinnung embryonaler Stammzellen für die Forschung kann man unterscheiden:

(1) Den *Import* aus im Ausland vorhandenen Zell-Linien;

(2) die Gewinnung aus überzähligen *Reproduktionsembryonen*, nämlich aus ursprünglich für die Fortpflanzung erzeugten, aber dafür aus irgendeinem Grund nicht mehr verwendbaren Embryonen;

(3) die Gewinnung aus sog. *Forschungsembryonen,* nämlich aus solchen, die allein zum Verbrauch für die Stammzellgewinnung mittels in-vitro-Fertilisierung erzeugt worden sind;

(4) und schließlich die Gewinnung aus *geklonten* Forschungsembryonen.[267]

Diese vier Möglichkeiten werden moralisch in aller Regel unterschiedlich beurteilt.[268] Dabei wird die hier gewählte Anordnung (1) – (4) üblicherweise als eine Eskalation der moralischen Bedenklichkeit oder Verwerflichkeit verstanden. Im folgenden soll geklärt werden, ob dies zutrifft, welche ethischen Prämissen dabei vorausssetzt sind und welche Konsequenzen daraus zu ziehen wären.

---

[267] Ziff. (4) kann in drei Untervarianten weiter differenziert werden: (1): Klonierung durch *Zellkerntransfer*; d.i. die bei der Erzeugung des Schafs »Dolly« angewandte Methode, den Kern (die DNA) einer Körperzelle in eine »entkernte« Eizellhülle zu transferieren und dort mittels eines bestimmten bio-elektrischen Ambientes zur Teilung und damit gewissermaßen zum Embryonendasein zu aktivieren. (2): Klonierung durch *Embryonensplitting*; d.i. die sozusagen von der Natur angewandte Methode der Separierung einzelner Blastomeren aus dem Verbund noch totipotenter Embryonalzellen im frühesten Stadium (bis zum Achtzeller). (3): die sog. *Parthenogenese*, d.i. die künstliche Stimulation lediglich einer Eizelle zur Teilung und damit zum Embryonaldasein. Das letztere ist zwar keine Klonierungsmethode im strengen Sinn; aber sie führt zu einem genetisch mit der Eizellspenderin identischen Embryo; wegen dieses exakt gleichen Resultats kann sie ebenfalls den Klonverfahren zugerechnet werden. – Erinnert sei schließlich an die im 1. Abschnitt, A. I. dargestellte Möglichkeit, Stammzellen aus den primordialen Keimzellen abgetriebener Feten zu gewinnen; diese sog. embryonalen Keimzellen unterscheiden sich aber in mancherlei Hinsicht von den embryonalen Stammzellen; vgl. die Nachweise oben, a. a. O.

[268] S. nur die Diskussion im Report der *National Bioethics Advisory Commission* (USA) (1999), 45 ff.

I. Der Import aus dem Ausland

Der Import embryonaler Stammzellen ist für jemanden, der auch ihre Gewinnung für legitim hält, offensichtlich kein moralisches Problem. Das entspricht dem hier erarbeiteten und begründeten Standpunkt. Wer dagegen diese Gewinnung wegen der damit verbundenen Tötung der Embryonen ablehnt, sieht sich dem Verdacht der »Doppelmoral« ausgesetzt, wenn er zugleich den Import solcher Stammzellen aus anderen Ländern befürwortet. Dieser Verdacht richtet sich gegen eine Art der »moralischen Hehlerei«: gegen ein moral-deliktisches Anschlußverhalten, nämlich das vorsätzliche Profitieren von einer Vortat, die man selbst für verwerflich hält. Der Verdacht ist ersichtlich nicht einfach von der Hand zu weisen.[269]

1. Die dabei auftauchenden Fragen sind freilich schwieriger als gemeinhin angenommen wird. Denn nicht jeder »profitable« Anschluß an verwerfliche Vortaten ist seinerseits verwerflich. Wer eine Erbschaft annimmt, obwohl der Erblasser ermordet worden ist, verhält sich, sofern er mit dem Mord nichts zu tun hat, nicht unmoralisch. Auch ist es normativ keineswegs inkonsistent, den Anlaß des Erbfalles so zu bedauern wie zu verurteilen und gleichwohl den damit verbundenen materiellen Vorteil nicht auszuschlagen. In ganz ähnlichem Sinne sind Organtransplantationen nicht deshalb verwerflich und Organempfänger wie transplantierende Ärzte nicht deshalb zu tadeln, weil der »Spender« ermordet worden ist; solche Organtransplantationen werden hier wie andernorts durchaus vorgenommen. Andererseits würden wir es als skandalös empfinden, in Deutschland beispielsweise Organe von Menschen zu importieren, die in anderen Staaten zum Tode verurteilt und hingerichtet worden sind, selbst wenn dies im Einklang mit den dort geltenden Gesetzen geschehen wäre.

---

[269] Ich nehme nun den schon im 1. Abschnitt, A. II., angedeuteten Hinweis auf und versuche ihn zu klären.

Das ist schon auf den ersten Blick ein eher verwirrender Befund. Und wenn ich recht sehe, sind die moralischen Probleme, die hier im Spiel sind, noch längst nicht geklärt.[270] Vorweg abgetrennt und ausgeschieden seien zunächst die nicht hierher gehörenden Fälle der direkten Teilnahme (Beihilfe oder Anstiftung) an der Vortat.[271] Danach wird man drei Typen eines moralisch inakzeptablen Anschlußverhaltens zu unterscheiden haben:

(1) Fälle, in denen das vorsätzliche Profitieren möglicherweise oder sicher eine *kausal verstärkende Rückwirkung* auf die künftige Fortsetzung des Vortatverhaltens hat.

(2) Fälle, in denen sich das Anschlußverhalten auch ohne irgendeine Rückwirkung als normativ inkonsistent und daher objektiv unehrlich darstellen könnte: als irgendeine Form der *symbolischen Billigung* des Vortatverhaltens, das gleichzeitig ausdrücklich abgelehnt wird. Mit einer Wendung des Medizinethikers Dieter Birnbacher könnte man hier von einer »expressiven Dissonanz« sprechen.[272]

(3) Fälle, in denen die *Ungeheuerlichkeit der Vortat* jeden anschließend daraus erwachsenden Vorteil gewissermaßen kontaminieren müßte und daher moralisch verbietet.

2. *Zu (3)*: Vorweg aus dem Bereich unserer Probleme ausscheiden können wir den Falltypus (3). Er umfaßt nur Sachverhalte, deren Verwerflichkeit über die einer »gewöhnlichen«

---

[270] Das gilt jedenfalls für die deutsche Diskussion, die sich dieses Themas noch kaum angenommen hat. Die internationale Debatte, meist zum angrenzenden Thema der Stammzell- oder sonstigen Gewebsentnahme aus abgetriebenen Feten, hat eine ganze Reihe von Einzelproblemen immerhin transparent gemacht; s. etwa *National Bioethics Advisory Commission* (USA) (1999), 46 ff.; s. auch *Siegel* in: *National Bioethics Advisory Commission* (USA) (2000), J-1 ff.; *Robertson* (1999), 109 ff.; *Gillam* (1997), 397 ff. (alle m. w. N.).

[271] Die Verwerflichkeit einer solchen Teilnahme hat grundsätzlich denselben Charakter wie die der Haupttat, von der sich jene herleitet. In Einzelfällen mag die Abgrenzung des Anschlußverhaltens von der Beihilfe, ja sogar von der Anstiftung zu neuen Haupttaten freilich schwierig sein. Doch ist die Notwendigkeit solcher schwierigen Abgrenzungen im Einzelfall nichts Ungewöhnliches.

[272] *Birnbacher*, persönliche Kommunikation. – Ähnliche Erwägungen klingen an in der Stellungnahme der *Zentralen Ethikkommission der Bundesärztekammer* zur Frage der Übertragung von Hirngewebe aus abgetriebenen Feten in das Gehirn parkinsonkranker Patienten, in: (1998), A-1871.

Mordtat weit hinausreichen muß. Denn die lebensrettende Organentnahme sogar aus einem soeben ermordeten »Spender« akzeptieren wir ohne ethischen Vorwurf. Nicht hinnehmen würden wir dagegen den Import von Organen aus den *killing fields* eines Völkermordes, etwa des in Ruanda vor einigen Jahren geschehenen. Auch die Verwendung von Leichenpräparaten aus den Vernichtungslagern der Nationalsozialisten erschiene uns noch Jahrzehnte später gänzlich inakzeptabel. Selbst die bloße Benützung möglicherweise wichtiger Daten und Erkenntnisse aus den verbrecherischen Humanexperimenten der Nazis gilt manchen als unvertretbar[273], obwohl durchaus viele unserer heutigen medizinischen Einsichten ihre Wurzeln in Experimenten haben, die wir nach heutigem Standard als unmoralisch und illegitim verwerfen müßten. Aber die Berührung mit dem ungeheuerlichen Geschehen des nationalsozialistischen Völkermordes ist etwas anderes. Sie muß noch jeden zeitfernen Nutzen, der aus dieser Quelle käme, vergiften.

Niemand, der bei Verstand ist, wird die Gewinnung von Stammzellen aus frühen Embryonen in einem solchen Licht sehen. Mag man sie sogar als Tötungsdelikt empfinden und beschreiben – das brächte sie allenfalls in eine Verbindung mit anderen, »gewöhnlichen« Tötungstaten, nicht aber mit dem organisierten Massenmord eines Verbrecherregimes. Damit bliebe die Frage ersichtlich unbeantwortet, warum man sich an diese mit eigennützigem Verhalten anschließen darf, es an jene aber nicht dürfen soll.

3. *Zu (1)*: Was die Möglichkeit einer kausalen Rückwirkung betrifft, so wären deren eindeutigste Form handfest ökonomische Anreize, die vom Anschlußverhalten auf die Fortsetzung genau der verwerflichen Praxis ausgehen könnten, als die sich das Vorverhalten darstellt. Der Kauf embryonaler Stammzellen im Ausland und das Bezahlen eines (vermutlich hohen) Entgelts dafür könnten die Entstehung eines

---

[273] Vgl. etwa *Seidelman* (1988), 221 ff. – Hier mag man freilich zweifeln.

internationalen Marktes fördern. Das wiederum könnte über die Nachfrage nach solchen Zellen deren Produktion stimulieren und damit zum Anlaß der Tötung weiterer Embryonen werden. Wer einen solchen Verbrauch von Embryonen mißbilligt, kann dessen auch nur mittelbare Förderung nicht gutheißen.

Freilich erschiene das Risiko einer solchen kausalen Einflußnahme weitaus geringer, wenn sichergestellt wäre, daß die nach Deutschland importierten Stammzellen nicht aus eigens dafür erzeugten »Forschungsembryonen«, sondern nur aus überzähligen (»verwaisten«) Embryonen der Reproduktionsmedizin stammen. Die öffentliche Kontrolle solcher Stammzellimporte, vor allem deren Erlaubnispflichtigkeit, die jetzt im neuen »Stammzellgesetz« auch festgelegt ist, könnte für diese Sicherstellung sorgen. Gänzlich auszuschließen wäre es allerdings nicht, daß damit anderswo gleichwohl ein ökonomischer Anreiz zu einer Art »Überschußerzeugung« von »Reproduktionsembryonen« entstünde oder gefördert würde. Besonders wahrscheinlich erschiene das andererseits nicht. Denn die Erzeugung von Embryonen zu Reproduktionszwecken muß sich auch in anderen Ländern generell im Rahmen des *dafür* Erforderlichen halten. Diese Begrenzung der Gründe für die Erzeugung eines Embryos in der Reproduktionsmedizin erscheint gegenüber dem externen Zugriff aus anderen, etwa rein ökonomischen Motiven hinreichend stabil und resistent.

Das verbleibende Risiko einer indirekten und ungewollten Marktbeteiligung ist daher auch für jemanden tolerabel, der die verbrauchende Embryonenforschung moralisch verwirft, wo immer sie betrieben werden mag. Denn wer den Ausschluß seiner eigenen förderlichen Teilnahme daran im Rahmen seiner Möglichkeiten jeweils sicherzustellen bemüht ist, der muß nicht ständig damit rechnen, von seinen Vertragspartnern getäuscht und mit Stammzellen beliefert zu werden, die in Wahrheit aus »Forschungsembryonen« stammen. Dieses »Vertrauendürfen« entspricht einem Grundprinzip nicht nur der rechtlichen, sondern auch der moralischen Zurechnung von Handlungsfolgen, nämlich solchen Folgen des eigenen Handelns, die im Anschlußverhalten anderer bestehen. Grob: wer sich selbst korrekt verhält, wird für das unkorrekte Ausnützen seines Verhaltens durch andere auch dann nicht verantwortlich, wenn er es als abstrakte Möglichkeit voraussehen konnte. Der Vorwurf der »Doppelmoral« wäre unter diesen Voraussetzungen jedenfalls nicht darauf zu stützen, daß man mit dem Import von Stammzellen de facto das mißbilligte Verhalten anderer fördere.

4. *Zu (2)*: Schwieriger erscheint die Abwehr dieses Vorwurfs aber, soweit er sich nicht gegen die kausalen Folgen eines Stammzellimports richtet, sondern gegen die moralische Lauterkeit der Importeure selbst, sofern sie eben die Stammzellgewinnung ethisch mißbilligen. Hier dürfte auch der Schwerpunkt des Verdikts liegen. »Doppelmoral« scheint ja vor allem einen Vorwurf der Heuchelei auszudrücken, also eher die Gesinnung des Handelnden als dessen praktisches Einwirken auf die Begebenheiten der Welt zu tadeln.

a) Freilich muß man dann erklären, warum ein solcher Tadel gegenüber dem Import embryonaler Stammzellen plausibel sein sollte, während er dies in den erwähnten Fällen der Erbschaftsannahme oder der Organtransplantation nach einer Mordtat gewiß nicht wäre. Doch läßt sich eine solche Erklärung sehr wohl formulieren. Ein Mord ist ein schweres, gesellschaftlich allgemein geächtetes Unrecht. Am Fortbestand dieser negativen Beurteilung besteht nicht der geringste Zweifel. Daher hat jedes Verhalten anderer, das nicht als gewollte Kooperation mit dem Täter oder als klare Billigung seiner Tat gedeutet werden kann, die Vermutung für sich, zur allgemeinen gesellschaftlichen Normalität und nicht in eine komplizenhafte Verbindung mit dem Mord zu gehören. Deshalb gerät der Transplantationsmediziner nicht in den Verdacht, sich über den Mord, der ihm ein transplantables Organ »beschert«, zu freuen und sich weitere Morde zu wün schen.[274] Und auch dem Erben des Mordopfers gegenüber besteht kein Anlaß zu einer solchen Unterstellung, wenn er die Erbschaft annimmt. Ihr Handeln bringt objektiv nichts zum Ausdruck, was moralisch bedenklich wäre. Es kann schlechterdings nicht als symbolische Zustimmung zu dem vorangegangenen Verbrechen interpretiert werden.

b) Beim Stammzellimport verhält sich dies möglicherweise anders. Denn die Gewinnung von Stammzellen gilt in den Ländern, in denen sie zugelassen wird, keineswegs als verwerfliche Handlung wie etwa der Mord. Sie gilt im Gegenteil als Beitrag zu einer Forschung hohen moralischen Rangs. Auch zählen die Wissenschaftler, die sie betreiben, zu den hochgeachteten Eliten ihrer Gesellschaften. Ihre Tätigkeit wird generell als segensreich für die Interessen der Menschheit beurteilt. Nichts anderes gilt für ihre hiesigen Kollegen, die ggf. mit den nach Deutschland importierten Stammzellen arbeiten würden. Hinzu kommt, daß die Öffentlichkeit den zuständigen Forschern in aller Regel nicht nur die wissenschaftliche, sondern auch eine gewisse moralische Expertise im Hinblick auf ihre Tätigkeit und deren Gegenstände zuschreibt.[275] Daher liegt es hier wesentlich näher als im Fall einer Mordtat, einen solchen kommunikativen An- und Zusammenschluß als Ausdruck einer gewollten Kooperation zu deuten und damit als stillschweigende Billigung des vorangegangenen Handelns durch den »Anschlußtäter«. Und diese Deutungsmöglichkeit reicht jedenfalls in der öffentlichen Wahrnehmung aus, um der Forschung an importierten Stammzellen eine beifällige Zustimmung zum vorangegangenen Embryonenverbrauch zu unterstellen. Wird andererseits das Verbot dieses Verbrauchs im eigenen Land gutgeheißen, dann liegt der Vorwurf der Doppelmoral tatsächlich schlüssig auf der Hand.

---

[274] So wenig wie seine Tätigkeit als Kausalbeitrag zur Förderung künftiger Mordtaten in Betracht käme.
[275] Ähnlich *Gillam* (1997), 405.

c) Gewiß wird dabei die skizzierte Unterstellung des zumindest inneren Kooperierens vorausgesetzt. Aber diese ist
eben keineswegs abwegig. Dabei muß man bedenken, daß sie
weniger an den einzelnen Wissenschaftler, als vielmehr an die
gesamte Sphäre der Stammzellforschung adressiert ist. Diese
als ganze müßte durchaus *objektiv* den Anschein der Billigung einer ausländischen Praxis vermitteln, von deren Existenz die eigene ja immerhin ganz grundsätzlich abhinge.
Und die »expressive moralische Dissonanz«, die sich aus dem
gleichzeitigen Festhalten am inländischen Verbot einer solchen Praxis ergibt, wird ebenfalls der Forschung als ganzer
attestiert: als eine objektiv-symbolische Bedeutung ihres gesamten Betriebs. Dieser Tadel muß die einzelnen Wissenschaftler nicht treffen und nicht auf sie zielen. Aber als generelles Verdikt über eine Forschung, die auf einem Fundament
gründet, das verbal für verwerflich erklärt wird (und womöglich von ihr selbst), ist er ernst zu nehmen. Daher hat,
wer die Gewinnung embryonaler Stammzellen für ein gravierendes moralisches Delikt hält, gute, ja zwingende
Gründe, auch ihren Import abzulehnen.

d) In diesem Licht betrachtet erweist sich der politische
Kompromiß, den der Gesetzgeber in § 4 Abs. 2 des neuen
Stammzellgesetzes (StZG) mit der ausnahmsweisen Import-
zulassung bei gleichzeitiger Verdammung der ausländischen
Vortat festgeschrieben hat, als moralisch faul. Der öffentlich
nicht selten artikulierte Verdacht der »Doppelmoral« ist
zwar, soweit ich sehe, nirgendwo begründet worden. Er *ist*
aber, wie wir nun sehen, tatsächlich begründet

5. Nun gibt es freilich die Möglichkeit noch einer anderen
inneren Haltung. Man kann das Verbot der verbrauchenden
Embryonenforschung in Deutschland akzeptieren, auch
wenn man diese selbst nicht für moralisch verwerflich hält.[276]

---

[276] Ob unter dieser Voraussetzung allerdings die *Strafdrohungen* des ESchG akzeptabel wären, ist mehr als zweifelhaft, nach meiner Auffassung sogar klar zu verneinen, mag aber
hier dahinstehen.

Dieter Birnbacher hat die Unterscheidung von genuin moralischen und bloßen »Kulturnormen« vorgeschlagen, nämlich zwischen einerseits ethisch wohlbegründeten und daher zwingend verbindlichen Normen und andererseits solchen, die nur die tatsächlichen Einstellungen innerhalb einer bestimmten Bevölkerung zu einer bestimmten historischen Zeit widerspiegeln und anderswo nicht geteilt und nicht einleuchtend gefunden werden mögen.[277] Wer in der Gewinnung embryonaler Stammzellen keine Verletzung ethisch wohlbegründeter Normen zu sehen vermag, der mag immerhin anerkennen, daß große Teile der Bevölkerung dies ihrerseits sehr wohl tun. Solche gegenteiligen Auffassungen gewissermaßen zu überrollen und damit die Empfindungen ihrer Träger möglicherweise nachhaltig zu verletzen, wäre selbst ein erhebliches moralisches Problem. Und dies bliebe es auch dann, wenn die Auffassungen, die jenen verletzten Empfindungen zugrundeliegen, einfach irrig sein sollten.[278] Wer daher die verbreitete Ablehnung der Embryonenforschung in Deutschland als »Kulturnorm« in diesem Sinn, nicht dagegen als genuin ethisch begründet beurteilt, der kann sehr wohl für die Freigabe des Imports von Stammzellen eintreten, ohne – jedenfalls derzeit – das hiesige Verbot ihrer Produktion aufheben zu wollen. Ihn trifft der Vorwurf der Doppelmoral nicht. (Das war allerdings nicht die Haltung der Abgeordneten, die das neue StZG verabschiedet haben und dabei mit großem moralischen Aplomb die Zulassung des Imports embryonaler Stammzellen problemlos mit dem generellen strengen Ver-

---

[277] *Birnbacher* (2000), 164 ff.
[278] Das wirft freilich eine schwierige Frage auf. Denn es kann gewiß nicht bedeuten, daß auch falsche Meinungen allein wegen ihrer Landläufigkeit auf Dauer wichtige und moralisch gebotene Entwicklungen blockieren dürften. (Zur Erinnerung: landläufig war vor nicht allzu langer Zeit hier und anderswo auch die Auffassung, daß die Sklaverei und die rechtliche Benachteiligung von Frauen legitim, das Konkubinat und die Homosexualität dagegen strafwürdig seien.) Es bezeichnet vielmehr die öffentliche, durchaus auch politisch-moralische Aufgabe, den Prozeß der Klärung solcher umstrittenen Probleme intensiv zu betreiben. Irgendwann müssen sie dann entschieden werden, und dann allerdings auf dem Fundament guter Gründe und nicht empirischer Umfrageergebnisse.

dikt über deren Gewinnung zu verbinden und das schlechte Gewissen der Heuchelei dabei gleichwohl zu vermeiden wußten.)

Die Vermutung liegt nahe, daß nicht wenige, die gegenwärtig in Deutschland die Freigabe des Imports bei gleichzeitiger Aufrechterhaltung des Erzeugungsverbots fordern, eigentlich (und möglicherweise ohne sich selbst darüber gänzlich im klaren zu sein) Vertreter der hier skizzierten »Kulturnorm«-Deutung sind, also die verbrauchende Embryonenforschung nicht für ein wirkliches moralisches Delikt halten.[279] Wer dagegen diese Art der Forschung als Bruch einer moralischen Grundnorm beurteilt, kann tatsächlich, wenn er normativ konsistent bleiben will, aus den oben dargelegten Gründen auch dem Import nicht zustimmen. Mit der Akzeptanz des Verbots der verbrauchenden Forschung sind daher beide Auffassungen vereinbar. Wer schließlich dieses Verbot selbst schon für unbegründet hält, hat mit der Freigabe des Imports natürlich keine ethischen Probleme. Ob dieser dann überhaupt noch erforderlich wäre, ist eine andere Frage.

II. Verwendung überzähliger Reproduktions- vs. gezielte Erzeugung von Forschungsembryonen

Die oben unter (2) angeführte Methode der Stammzellgewinnung aus überzähligen Reproduktionsembryonen ist nach den Ergebnissen der gesamten bisherigen Analyse weder verfassungsrechtlich untersagt noch moralisch verwerflich. Möglicherweise verhält sich das mit der unter (3) genannten Methode, der Gewinnung von Stammzellen aus Forschungsembryonen, jedoch anders. Diese Überzeugung ist jedenfalls ganz offensichtlich weit verbreitet. Dabei

---

[279] Jedenfalls den »Empfehlungen« der Deutschen Forschungsgemeinschaft (2001) unter Ziff. 7 läßt sich diese Auffassung deutlich entnehmen.

scheint der moralische Unterschied beider Methoden sogar oft als außerordentlich groß empfunden zu werden. Unter den Gegnern jeder verbrauchenden Embryonenforschung gilt die Variante der Verwendung von Forschungsembryonen als die noch erheblich verwerflichere. Nicht selten weisen aber auch Befürworter einer verbrauchenden Forschung an überzähligen Embryonen die Vorstellung einer Erzeugung von Forschungsembryonen mit Nachdruck zurück. Schon unter den Mitgliedern des berühmten »Warnock-Committee«, das 1984 mit dem entsprechend benannten »Report« die Grundlage für die englischen Regelungen zur Embryonenforschung von 1990 legte, war das Problem umstritten, und zwar auch zwischen denen, die sich im übrigen in ihrer Zustimmung zur verbrauchenden Forschung an überzähligen Reproduktionsembryonen einig waren.[280] Auch Art. 18 der »Menschenrechtskonvention des Europarates zur Biomedizin«, der sog. Bioethikkonvention vom 4. April 1997, hebt die Unterscheidung hervor. In seinem Abs. (1) stellt er die Zulassung einer Forschung an Embryonen in vitro der jeweils individuellen Entscheidung jedes Einzelstaates anheim; dagegen verbietet er die Erzeugung menschlicher Embryonen zu Forschungszwecken in seinem Abs. (2) ausdrücklich. Die Deutsche Forschungsgemeinschaft lehnt in ihren Empfehlungen zur Stammzellforschung vom 3. Mai 2001 die Herstellung von Embryonen allein zum Zweck der verbrauchenden Forschung ebenfalls ab, wohingegen ihr die Verwendung überzähliger Reproduktionsembryonen ethisch vertretbar erscheint.[281]

Auffallend ist freilich, daß es kaum Versuche einer wirklichen ethischen Begründung dieses Unterschieds gibt. Meist wird er apodiktisch behauptet. Exemplarisch sind insofern die erwähnten »Empfehlungen« der Deutschen Forschungsgemeinschaft: »Die Herstellung von Embryonen zu For-

---

[280] S. *Warnock* (1985), 63 ff.
[281] *DFG* (2001), Ziff. 10.

schungszwecken [stellt] in ethischer Hinsicht ein Problem dar, das sich von der Nutzung überzähliger Embryonen noch einmal deutlich unterscheidet, wird doch hier ein Embryo eigens deshalb hergestellt, um die angestrebte Entnahme von Stammzellen zu ermöglichen.«[282] Ganz offensichtlich wird hier die Behauptung, der Sachverhalt X stelle ein besonderes ethisches Problem dar, mit der einfachen Wiederholung von X »begründet«, also in Wahrheit nicht begründet. Warum die Herstellung von Embryonen »eigens« zu Forschungszwecken ein ethisches Problem ist, erfährt man ersichtlich nicht durch die Information, daß dabei Embryonen eigens zu Forschungszwecken hergestellt werden (nämlich zum Zweck der Stammzellgewinnung). Offenbar hält man den Unterschied zur Verwendung überzähliger Embryonen für evident. Das ist er aber keineswegs. Im Gegenteil erscheint es bei genauerem Hinsehen schwierig, seine moralische Bedeutung zu begründen. Vier Argumente scheinen mir dafür in Betracht zu kommen:

(1) Das Risiko einer (erleichterten) »slippery slope« – hin zu einer Forschung nicht mehr bloß zu hochrangig therapeutischen, sondern auch zu unnötigen, sinnlosen oder sogar frivolen Zwecken.

(2) Eine Position der »Wahl des geringeren Übels«, nämlich die Annahme, daß »an sich« jede verbrauchende Embryonenforschung verwerflich und in Fällen überzähliger oder »verwaister« Reproduktionsembryonen nur deshalb akzeptabel sei, weil diese Embryonen ohnehin unrettbar verloren seien; daher sei es besser (also das geringere Übel), sie wenigstens noch einem guten Zweck zuzuführen; diese notstandsähnliche Legitimation entfalle aber bei der Herstellung von Forschungsembryonen gänzlich.

(3) Die sog. »Doktrin der Doppelwirkung«, nämlich die Beurteilung der moralischen Qualität einer Handlung (hier

---

[282] *DFG*, a. a. O. (pdf-Datei), 42.

der Erzeugung von Embryonen) allein nach der jeweiligen Intention des Handelnden und nicht nach den Eigenschaften der Handlung selbst.

(4) Der Gedanke, daß die absichtliche Herstellung einer Situation, in der eine an sich verbotene Handlung ausnahmsweise erlaubt sein kann, einen Mißbrauch der Erlaubnis darstelle und daher von dieser nicht gedeckt werde.

1. *Zu (1)* Die Befürchtung eines gesteigerten Risikos der »schiefen Bahn« zu ethisch inakzeptablen Forschungszwekken sei hier nur deshalb erörtert, weil sie an prominenter Stelle, nämlich in dem oben zitierten englischen »Warnock-Report«, als Minderheitsvotum artikuliert wird. Dort heißt es: »Sobald auch nur ein Fuß auf die ›schiefe Bahn‹ des absichtlichen Herstellens von [Forschungs-]Embryonen gesetzt wird, gibt es keine Sicherung gegen die Gefahren mehr.«[283] Das ist schon auf den ersten Blick nicht einleuchtend, und nicht einmal im Hinblick auf bloß vereinzelte Mißbräuche.[284] Warum sollte ein Forscher, der einen Embryo mißbräuchlich zu einem verbotenen Zweck verwenden will, dies nur dann tun, wenn der Embryo zur Forschung erzeugt worden, nicht aber, wenn er aus der Reproduktionsmedizin übriggeblieben ist? Dafür ist schlechterdings kein plausibler Grund erkennbar. Da für jede Embryonenerzeugung eine Eizellspende Voraussetzung ist, dürfte es für skrupellose Forscher zudem typischerweise leichter sein, an überzählige Reproduktions- als an Forschungsembryonen zu kommen. Das macht die Annahme, im letzteren Fall bestehe ein höheres Mißbrauchsrisiko als im ersteren, noch unplausibler, von einer echten »schiefen Bahn« für die *gesamte* Forschung nicht zu reden. Im Warnock-Report wird nicht ein einziges Argument für diese Be-

---

[283] *Warnock* (1985), 67 (meine Übersetzung, R. M.).
[284] Im Warnock-Report wird an dieser Stelle nicht deutlich zwischen Mißbrauch und »schiefer Bahn« getrennt; s. aber zur Notwendigkeit dieser Unterscheidung oben, 4. Abschnitt, A. II.

fürchtung vorgebracht. Es ist auch keines ersichtlich. Das Risiko des Forschungsmißbrauchs oder gar einer »schiefen Bahn« zum schließlich kollektiv akzeptierten Mißbrauch ist in beiden Fällen offensichtlich genau das gleiche. Es dürfte bei hinreichender Kontrolle dieser – als Geheimpraxis ohnehin kaum denkbaren – Forschung verschwindend gering sein. Aus ihm allein läßt sich für die Embryonenforschung beiderlei Provenienz kein Verbot herleiten.[285] Und ein besonderes nur für die Erzeugung von Forschungsembryonen daher erst recht nicht.

2. *Zu (2)*: Plausibler erscheint das Argument von der »Wahl des geringeren Übels«. Freilich setzt es voraus, daß die Forschung an Embryonen jedenfalls ein moralisches Übel ist, also die Forschung an Embryonen jederlei Herkunft. Setzt man dies voraus, dann ist das Argument richtig. Denn das absichtliche »Einfädeln« einer Situation, in der dann verwerflich gehandelt werden soll, ist moralisch ebenfalls verwerflich. Das gilt auch dann, wenn die »einfädelnde« Handlung *für sich allein genommen* nichts Unmoralisches hat – wie etwa die Erzeugung eines Embryos, die ja in der Reproduktionsmedizin jedes Jahr vielhundertfach geschieht.[286] Denn die Unmoralität ergibt sich dann nicht aus dem Handlungsvollzug allein, sondern erst aus seiner Funktion, die verwerfliche Anschlußtat zu ermöglichen. Daher geschehen in einem solchen Fall *zwei* unmoralische Taten. Sie sind schon quantitativ ein »größeres Übel« als eine einzige unmoralische Handlung (die tödliche Forschung an ei-

---

[285] Zu den Argumenten gegen Totalverbote auf der Grundlage von Mißbrauchsängsten s. oben 4. Abschnitt, A. II. 2.

[286] Man kann allerdings die Auffassung vertreten, daß allein die »falsche« Intention des Handelnden hinreiche, seine Handlung *für sich allein* moralisch verwerflich zu machen, auch wenn der äußere Handlungsvollzug als solcher nicht verwerflich sei. Darauf komme ich später zurück. Im gegenwärtigen Zusammenhang ist das noch nicht erforderlich; denn hier wird die Erzeugung des Embryos nur als Vorbereitung für eine (vorausgesetzt) verwerfliche Nachfolgehandlung, seine Tötung, erörtert. Die Vorbereitung und Ermöglichung einer unmoralischen Handlung ist aber auch als *äußerlicher Handlungsvollzug* verwerflich – nur eben nicht für sich allein, sondern nur im funktionalen Zusammenhang mit der verwerflichen Nachfolgetat.

nem Embryo), die im Anschluß an eine moralisch unbedenkliche (die Erzeugung zum Zweck der Reproduktion) vorgenommen wird.

a) Daraus allein scheint allerdings noch keine größere Verwerflichkeit der zweiten Handlung für sich allein genommen zu folgen: der verbrauchenden Embryonenforschung selbst. Denn diese ist auch dann, wenn sie sich an eine ihrerseits verwerfliche Vortat anschließt, keine andere als im Falle des Anschlusses an eine moralisch einwandfreie Vortat: beidemale die Tötung eines Embryos zu Forschungszwecken. Doch täuscht dieser Anschein. Denn jene verwerfliche Vortat, die Erzeugung des Embryos, wird allein deshalb vorgenommen, weil die Anschlußtat, seine Tötung für Forschungszwecke, nachfolgen soll. Ohne diese gäbe es jene nicht.[287] Daher spielt die nachfolgende Tötung, von ihrer eigenen (hier diskussionshalber vorausgesetzten) Verwerflichkeit abgesehen, zusätzlich die Rolle einer Art vorauswirkender Anstiftung zur unmoralischen Vortat. Die Zweckverklammerung der Erzeugung des Embryos mit seiner Tötung macht daher – immer unter der Voraussetzung der Verwerflichkeit der letzteren – nicht nur beide Handlungen unmoralisch. Sie erweitert auch die Unmoralität der

---

[287] Das ist übrigens der Grund, warum die folgende, in diesem Zusammenhang oft gestellte Frage schief ist: Wie es denn sein könne, daß allein die unterschiedliche Absicht im Kopf des Mediziners, der den Embryo in vitro erzeugt, dessen anschließenden Verbrauch einmal (bei Reproduktionsabsicht) gut und einmal (bei Forschungsabsicht) verwerflich mache; schließlich sei der gesamte doppelaktige Handlungsverlauf in beiden Fällen identisch (so etwa *Parens* in: *Holland/Lebacqz/Zoloth* (2001), 43 f.). Wohl liegt eine solche Identität der äußeren Handlungsabläufe vor, wenn sie beide vorgenommen werden. Nur muß man sehen, daß deren erster Teil (die Erzeugung des Embryos) ohne den dabei schon erwarteten zweiten Teil *überhaupt nicht* vorgenommen würde. Es ist also nicht einfach so, daß eine Absicht pro Forschung beim Embryonenerzeuger mysteriöserweise alle Folgehandlungen auch anderer Personen verwerflich macht. Vielmehr entscheidet von Anfang an allein diese Absicht darüber, daß die äußere Erzeugungshandlung überhaupt stattfindet. Also: der konkret zu Forschungszwecken erzeugte Embryo X wäre, falls die Erzeugung zu Forschungszwecken verboten wäre, nicht etwa mit einer anderen Absicht, er wäre vielmehr *überhaupt nicht* erzeugt worden. Deshalb ist es schief, von einer Identität der äußeren Handlungsabläufe zu reden: Ohne die Absicht gäbe es den ersten Teil des Handlungsablaufs nicht – und damit auch nicht den zweiten, der sich ja daran immer nur anschließen kann.

Anschlußhandlung selbst um ein zusätzliches Element: um das der Veranlassung der Vortat.

Wer also die Tötung frühester Embryonen für ein moralisches Unrecht hält, hat gute Gründe, die Erzeugung der Embryonen allein für diesen Zweck ebenfalls für ein Unrecht und die anschließende Tötung daher für ein noch größeres zu halten, als sie es (nach seiner Auffassung) für sich genommen ohnehin wäre.

b) Freilich ist für diese Überlegung die Prämisse der Verwerflichkeit jeder verbrauchenden Forschung an frühen Embryonen vorausgesetzt. Diese Prämisse ist nach allem bislang hier Dargelegten unrichtig, und zwar sowohl verfassungsrechtlich als auch ethisch. Akzeptiert man dieses Resultat unserer Analyse, dann erscheint die Beschränkung der Embryonenforschung auf überzählige Reproduktionsembryonen schwer begründbar. Das läßt sich vor allem mit einer Erwägung verdeutlichen, die in der öffentlichen Diskussion kaum bemerkt worden ist. Wenn die verbrauchende Forschung an frühen Embryonen rechtlich wie moralisch überhaupt legitim ist, dann ist sie sogleich auch moralisch geboten. Das ist keine Frage von internen Maximen der Wissenschaft, sondern eine der Ethik. Das einzig legitimierende Ziel dieser Forschung ist ihre mögliche Eignung als Hilfe für schwerkranke, leidende Menschen. Eine solche Hilfe ist – in den Grenzen der Erlaubtheit ihrer Mittel natürlich – immer moralisch geboten und daher ist es auch die Erforschung ihrer Realisierungschancen. Es ist aber schlechterdings nicht einzusehen, warum eine Handlung, die – wie die Erzeugung eines Embryos – für sich allein genommen nicht unmoralisch ist, dies ausgerechnet dadurch werden könnte, daß sie eine *moralisch gebotene* andere Handlung ermöglichen soll. Das wird mit einem in dieser Diskussion populären einseitigen Blick, der nur die Hälfte des Themas wahrnimmt, meist übersehen. Es sei, so wird gesagt, nicht akzeptabel, »menschliches Leben allein zum Zwecke seiner Zerstörung zu erzeugen«.[288] Aber Forschungsembryonen für eine Stammzellgewinnung werden offensichtlich nicht »allein zum Zweck ihrer Zerstörung«, sie werden vielmehr zum Zweck einer möglichen Rettung vieler Menschenleben und zur Hilfe in schwerem Leid erzeugt.

c) Gegen solche Überlegungen wird eingewandt, die Erzeugung von Forschungsembryonen bedeute eine »totale Verzwecklichung«[289] bzw. »Instrumentalisierung« menschlichen Lebens. Deshalb sei sie jedenfalls abzulehnen, auch wenn man die verbrauchende Forschung an überzähligen Embryonen als zulässig beurteile; denn eine solche »Verzwecklichung« verletze die Menschenwürde. Aber dieses Argument beruht auf einem dreifachen Mißverständnis.

Erstens: Die »Verzwecklichung« des Embryos liegt nicht in seiner Herstellung, sondern in seiner anschließenden Tötung zugunsten der Forschung. Allein und allenfalls von diesem »Verbrauch« und der in ihm liegenden »Instrumentalisierung« läßt sich das moralisch Verwerfliche auch der ihn vorbereitenden Erzeugung herleiten. Anders formuliert: das moralische Unrecht der Erzeugung zum Verbrauch ist ein unselbständiges, abgeleitetes Unrecht. Es ist das Unrecht der typischen Beihilfe, das seine Verwerflichkeit immer erst vom Unrecht der Haupttat empfängt.[290] (Daher sprechen Strafrechtler bei der Beihilfe von »akzessorischem« Unrecht.) Daraus folgt: Wer die Erzeugung von Forschungsembryonen als »totale Instrumentalisierung« und daher menschenwürdewidrig ablehnt, der muß zunächst die Tötung überzähliger Embryonen *jedweder* Provenienz verwerfen. Ist die »Ver-

---

[288] Formulierung von *Lord Jakobovitz*, Mitglied des englischen Oberhauses, in der Begründung seines (erfolglosen) Antrags, den englischen »Human Fertilisation and Embryology Act« zu ändern und die Erzeugung von Forschungsembryonen zu verbieten, zit. nach *Morgan/Lee* (1991), 26.

[289] So der in der öffentlichen Debatte gebräuchliche Ausdruck, der eigentlich schief ist. Gemeint ist eher das Gegenteil, gewissermaßen so etwas wie »Vermittelung«, denn getadelt wird gerade die Behandlung des Embryos als bloßes Mittel und eben nicht als »Zweck an sich selbst«. Da »Vermittelung« semantisch anderweitig besetzt ist, mag es bei dem üblichen Ausdruck bleiben.

[290] Zu welchem es dann freilich zusätzlich noch einen *eigenen* Unrechtsbeitrag beisteuert.

zwecklichung« früher Embryonen ein gravierendes Unrecht, dann allein wegen deren tödlichen Verbrauchs zugunsten Dritter. Dieser ist es dann, was als das genuine Unrecht in *jedem* Fall abgelehnt werden muß. Es ist daher inkonsistent, die Erzeugung von Forschungsembryonen als »Verzwecklichung« zu verwerfen, aber den Verbrauch von überzähligen Embryonen aus der Reproduktionsmedizin als moralisch akzeptabel zu beurteilen. Denn dieser letztere Verbrauch instrumentalisiert die dabei getöteten Embryonen ganz genauso.

Zweitens: Diese Inkonsistenz läßt sich nicht mit dem Hinweis beheben, die überzähligen (»verwaisten«) Embryonen seien nun einmal ohnehin unrettbar verloren; daher dürfe man sie ausnahmsweise einem wenigstens noch für Dritte nützlichen Verbrauch zuführen. Das darf man nur dann, wenn dieser Verbrauch *generell* nicht als menschenwürdewidrige »Verzwecklichung« zu beurteilen ist. Denn ist er dies im allgemeinen, dann bleibt er es selbstverständlich auch dann, wenn der »instrumentalisierte« Embryo »ohnehin verloren« ist. Für diesen Fall ist dann eine Art Notstandsrechtfertigung seiner aktiven Tötung, wie sie das Argument des »Ohnehin-verloren-Seins« insinuiert, gänzlich verfehlt. Das läßt sich leicht zeigen, nämlich an Fällen geborener und noch lebender, aber unrettbar (»ohnehin«) verlorener Menschen. Wer käme ernsthaft auf die Idee, einen sagen wir wegen eines Hirntumors sterbenden Menschen, unter Verweis auf sein unabwendbares Verlorensein sofort zu töten, um ihm seine Organe zu entnehmen und ihn auf diese Weise einem »wenigstens noch für Dritte nützlichen« Verbrauch zuzuführen? Instrumentalisierung fremden Lebens ist verboten, wenn und weil sie menschenwürdewidrig ist. Bei Sterbenden (»ohnehin Verlorenen«) ist sie das ganz genauso wie bei Gesunden. Hier Notstandstötungen zugunsten Dritter zu erlauben, wäre ein Angriff auf eine Fundamentalnorm unserer Rechts- und Moralordnung. Daß sie in der Sache genau diesen Angriff vorschlagen, verkennen die Befürworter des Verbrauchs von überzähligen Embryonen, wenn sie zugleich die Herstellung von Forschungsembryonen als Verzwecklichung und als Menschenwürdeverletzung ablehnen.[291]

Drittens: Es ist allerdings insgesamt normativ verfehlt, die verbrauchende Embryonenforschung »Verzwecklichung« oder »Instrumentalisierung« zu nennen und daraus den Vorwurf des Menschenwürdeverstoßes abzuleiten. Weder verfassungsrechtlich noch ethisch gibt es überzeugende Gründe, dem frühesten Embryo den subjektrechtlichen Status eines Inhabers der Menschenwürde zuzusprechen. Dann ist aber die Rede von seiner »verwerflichen Instrumentalisierung« verfehlt. Denn die »Instrumentalisierung« von Leben, das keinem grundrechtlichen Schutz oder keinem mehr unterliegt, ist nicht nur nichts Ungewöhnliches. Sie ist im Gegenteil sozial üblich und nicht selten moralisch lobenswert oder sogar geboten. Das gilt auch im Falle menschlichen Lebens. Die gesamte Sphäre der Transplantationsmedizin zeigt dies sinnfällig und nachdrücklich. Denn selbstverständlich ist bei einer postmortalen Organspende nicht nur die entnommene Körpersubstanz »menschliches Leben«, sondern auch und vor allem nahezu der gesamte restliche Körper des Organspenders – mit Ausnahme des Gehirns. Diese biologisch lebende menschliche Substanz, rund 98 Prozent des Körpers der vorherigen Person, wird aber durch die Organexplantation ganz offensichtlich zugunsten Dritter »verbraucht«, also »instrumentalisiert« und »verzwecklicht«.[292] Niemand käme

---

[291] Leider kann man auch den Verfassern der »Empfehlungen« der DFG zur Stammzellforschung diesen Vorwurf nicht ersparen. Sie meinen, daß auch Befürworter eines subjektrechtlichen Menschenwürde-Status des Embryos der verbrauchenden Forschung an »verwaisten«, also ohnehin verlorenen Embryonen zustimmen könnten (2001, pdf-Datei, 42 oben). Es ist nachdrücklich zu betonen, daß eine solche Zustimmung nicht konsistent möglich ist, daß sie unter der Voraussetzung des embryonalen Menschenwürde-Status vielmehr ein Angriff auf die Fundamentalnorm der Rechtsordnung und somit verwerflich wäre; deshalb hätte ein solcher Ergebnis-Konsens, wie ihn die DFG empfiehlt, auch für die Gegner eines embryonalen Menschenwürde-Status keinen Wert.

[292] Größtenteils natürlich auch »getötet« – nämlich die gesamte nichttransplantierte Körpersubstanz, deren biologisches Leben gerade durch die Entnahme der Organe beendet wird, wiewohl es mit maschineller Unterstützung weiter erhalten werden könnte.

auf die Idee, das mit moralisierendem Aplomb so zu nennen und als Menschenwürdeverletzung zu tadeln.[293] Der vorherige Tod des Gehirns *allein* reicht uns – und dem Rest der Welt ebenfalls – als moralisch beglaubigtes Fundament der Transplantationsmedizin.[294] Gleichwohl steht außer Zweifel, daß dabei menschliches Leben zugunsten anderer Menschen »verzwecklicht« wird. Abstrakte Suggestivformeln dieser Art sind ohne eine genaue ethische Klärung der Probleme, auf die sie angewandt werden, wertlos, irreführend und im Ergebnis demagogisch.

d) Schon im verfassungsrechtlichen Teil dieser Untersuchung haben wir allerdings gesehen, daß der Menschenwürdebegriff nicht nur ein subjektives Grundrecht, sondern seit eh und je auch den gattungsbezogenen Schutz unseres »Menschenbildes« einschließt.[295] Wer die Erzeugung von Forschungsembryonen ablehnt und zugleich die Verwendung überzähliger Embryonen zur Stammzellgewinnung befürwortet, könnte sich nun auf jenen speziesbezogenen Würdebegriff berufen, um seine Position widerspruchsfrei zu machen. Das Argument lautet dann ungefähr so: Abzulehnen sei lediglich eine *totale* Instrumentalisierung von Embryonen. Wohl werde auch ein überzähliger Reproduktionsembryo instrumentalisiert, wenn man ihn, weil er nun einmal ohnehin verloren sei, zur Stammzellgewinnung verwende. Doch liege darin noch kein Verstoß gegen die Menschenwürde. Denn einerseits sei der frühe Embryo im Sinne eines subjektrechtlichen Status kein Menschenwürdeträger. Und andererseits werde unser allgemeines Menschenbild von der Instrumenta-

---

[293] Das gilt im übrigen auch für Hirntodgegner, die sich keineswegs als Gegner der Transplantationsmedizin verstehen. Vielmehr wollen sie den Hirntod zwar nicht als Todes-, wohl aber als »Organentnahmekriterium« anerkennen; vgl. exemplarisch *Höfling* (1995), 26 ff. – Gegen eine solche Akzeptanz (angeblich) rechtmäßiger Tötungen von Menschen zugunsten Dritter – und freilich für die Anerkennung des Hirntodkriteriums – *Merkel* (1999), 113 ff.

[294] Zu den begründenden Argumenten s. 3. Abschnitt, A. I. 1. sowie insbesondere B. I. 2. b) und c).

[295] S. oben 2. Abschnitt, B. II. 3. c).; zur Vagheit und daher Ideologieanfälligkeit dieses »Bildes« zu Anm. 152.

lisierung des Embryos durch seinen Verbrauch *allein* noch nicht berührt. Erst wenn außerdem auch seine Erzeugung in den Dienst dieses Verbrauchs gestellt werde, mache man ihn zum Objekt einer totalen Instrumentalisierung. Nicht nur sein Getötetwerden, sondern schon sein »Ins-Leben-Kommen« werde dann gänzlich den Zwecken anderer unterworfen. Und so etwas verletze unser Menschenbild, also *unser aller* Würde.

aa) Das Argument ist immerhin konsistent. Stark ist es gleichwohl nicht. Es ignoriert ebenfalls die Struktur seines Gegenstands als die eines Doppelaktes (Erzeugung + Verbrauch), dessen erster Teil in seiner moralischen Qualität vollständig von der moralischen Bewertung des zweiten Teiles abhängt. Behält man dies im Blick, dann liegen zwei Einwände gegen das Argument nahe:

Zum einen: Die Wertung, auf die es sich stützt, bleibt gänzlich apodiktisch. Worin sollte aber vor dem Hintergrund der dargelegten normativen Zusammenhänge hier ein Verstoß gegen unser Menschenbild zu finden sein? Warum sollte die Vornahme einer in sich wertfreien Handlung (Erzeugung) zu einem moralisch hochwertigen Zweck (Stammzellforschung) verwerflich sein? Woher genau könnte denn bei der Verknüpfung einer *moralisch erlaubten* mit einer *moralisch gebotenen* Handlung plötzlich die Verwerflichkeit kommen? Gehört es nicht auch zu unserem Menschenbild, schwerkranken, leidenden, sterbenden Menschen zu helfen, wenn das mit einer Handlung möglich erscheint, gegen die als solche man bei anderer Gelegenheit – im Falle »überzähliger« Embryonen – keine Einwände hat? Kurz: die Anhänger jenes Arguments scheinen bei ihrer Abwägung des Hilfegebots gegenüber Leidenden mit einem rein objektiven Menschenbild-Schutz zu einem Ergebnis zu kommen, das eindeutig falsch ist.

Zum andern und damit zusammenhängend: Verkannt wird bei diesem Argument ganz offenbar, daß die Tötung eines frühen Embryos zwar *an sich* ein gewisses moralisches

Übel[296], daß aber die Entscheidung für dessen Erlaubtheit zum Zweck der Stammzellentnahme das Resultat einer Abwägung ist, in der dieses Übel erwogen und im Vergleich zu dem damit erstrebten Gut für nachrangig befunden worden ist. Damit ist das Abwägungsergebnis als ganzes – und nicht bloß das erstrebte Forschungsziel – moralisch positiv bewertet (sonst müßte es einfach anders ausfallen). Soweit stimmen ja die Befürworter einer Stammzellentnahme aus überzähligen Embryonen zu (sonst dürften sie diese nicht befürworten). Dann darf man aber, wenn man nun die Erzeugung des Embryos beurteilt, diese nicht zu dem moralischen Negativum seiner anschließenden Tötung, sondern muß sie zum moralischen Positivum des vorher erzielten Abwägungsergebnisses in Beziehung setzen. *Das,* und nicht die Tötung eines Embryos, ist ihre Zweckorientierung. Die Erzeugung für sich genommen ist aber moralisch neutral. Sie kann also ihren Wert oder Unwert nur aus dem Zweck, zu dem sie vorgenommen wird, beziehen. Behält man dies alles im Blick, so gelangt man zu dem oben dargelegten Ergebnis: Eine an sich neutrale Handlung kann nicht dadurch verwerflich werden, daß sie zu einem moralisch gebotenen Zweck vorgenommen wird. Und umgekehrt kann dieser Zweck nicht dadurch desavouiert werden, daß man ihn mit einer neutralen Handlung zu erreichen sucht.

bb) Gewiß kann man die gewissermaßen doppelte Ausrichtung – nämlich sowohl der Erzeugung als auch des Verbrauchs eines Embryos – auf die fremdnützige Forschung abstrakt eine »stärkere« oder sogar »totale Instrumentalisierung« nennen. Doch verschlägt die bloße Etikettierung nichts für die ethische Beurteilung. Und bei dieser muß man dann freilich zu seiner vorherigen Überzeugung stehen: daß nämlich das Ziel dieser Instrumentalisierung positiv zu bewerten ist. Dann kann es aber gegen dessen Verknüpfung mit einem erlaubten Mittel keinen moralischen Einwand mehr geben.

---

[296] S. die obigen Argumente zu Solidaritätspflicht und Normenschutz, 3. Abschnitt, B. I. 4.

e) Nicht selten werden die Gründe der moralischen Unterscheidung zwischen Reproduktions- und Forschungsembryonen nicht negativ (»Instrumentalisierung« etc.), sondern positiv formuliert: Der dem menschlichen Leben geschuldete Respekt gebiete es, Embryonen nur zu dem Zweck ihrer eigenen Entwicklung zu erzeugen; die Erzeugung von Forschungsembryonen sei daher als Verletzung des Minimalgebots an Respekt zu verwerfen. Dagegen könne die Tötung überzähliger Embryonen in Betracht kommen, da diese dann immerhin zuvor mit dem gebotenen Respekt erzeugt worden seien.

Doch ändert diese Drehung der Begründungsperspektive nichts an den normativen Sachproblemen und deshalb auch nichts an deren Lösung.[297] Das Argument ist schlechterdings nicht einzusehen. Wie ein und dieselbe moralische Norm des Respekts vor dem Embryo zwar dessen Erzeugung, aber nicht seine Tötung zu Forschungszwecken verbieten könnte, bleibt einfach rätselhaft. Und daß für den letzteren Fall die (angebliche) Notlagenrechtfertigung des »Ohnehin-Verlorenseins« nicht greift, haben wir bereits gesehen. Auch dieses Argument verkennt also, daß das Unrecht (wenn es eines ist) der Erzeugung eines Embryos immer nur und allenfalls ein derivatives, aus dem späteren Umgang mit ihm abgeleitetes sein kann. Und daß es deshalb normativ ausgeschlossen ist, als Haupttat in dem einen Fall (Tötung zur Forschung) genau das zu erlauben, was man als Beihilfe im anderen (Erzeugung zur Forschung) streng verbietet. Auch hier gilt daher: Wer die *Erzeugung* zu Forschungszwecken als

---

[297] Von der Untauglichkeit der gänzlich vagen »Respekts«-Formel abgesehen. Sie wird in der Embryonenschutzdebatte oft als probater (aber ungeeigneter) Passepartout für alle möglichen Argumentziele mobilisiert; beispielhaft: Man dürfe Embryonen töten, wenn man sie dabei nicht als Sachen behandle, sondern ihnen Respekt entgegenbringe. Das allein ist kein Argument. Damit läßt sich auch das genaue Gegenteil »begründen«, weil sich so überhaupt nichts begründen läßt. Nicht frei von dieser Argumentations-Beliebigkeit der »Respekt«-Formel auch die amerikanische *National Bioethics Advisory Commission* (1999), 50 (die sich freilich zu einem rechtspolitischen Kompromiß gedrängt sah). In diesem Punkt zutreffend (in anderen nicht) die schon ältere Kritik von *Callahan* (1995), 39 f.

respektsverweigernd verwirft, der muß aus dem gleichen Grund auch und erst recht die *Tötung* zu Forschungszwecken verwerfen – ganz egal, ob der Embryo, der nun getötet werden soll, zuvor »respektvoll« erzeugt worden ist oder nicht; denn diese Tötung geschieht immer »respektlos«, nämlich forschungshalber.

f) Ein weiterer Einwand, der die moralische Unterscheidung Reproduktions- vs. Forschungsembryonen hervorhebt, verweist auf das Risiko einer »schiefen Bahn«: Selbst wenn man im Vergleich mit dem Verbrauch überzähliger Embryonen den von Forschungsembryonen nicht als besonderes moralisches Unrecht sollte kennzeichnen können, so sei deren Herstellung gleichwohl schon quantitativ und äußerlich ein zusätzlicher Akt der Instrumentalisierung. Damit werde die Gesamtinstrumentalisierung zu einer totalen. Das könnte ein erster Schritt zur Entwicklung einer Auffassung sein, in der Embryonen zunehmend nur noch als Mittel zu fremden Zwecken wahrgenommen würden. Das wiederum könnte einer fortschreitenden Instrumentalisierung des Menschen überhaupt Vorschub leisten – möglicherweise zunächst nur durch die biomedizinische Forschung, am Ende aber durch die Gesellschaft insgesamt.[298]

Das Problem dieser Befürchtung ist, wie das der bereits erörterten »slippery slope«-Argumente, ein doppeltes: Einerseits ist sie in einer Gesellschaft, die ihre öffentliche Wahrnehmung moralischer Probleme zunehmend sensibilisiert (wofür gerade die gegenwärtige Debatte zur Stammzellforschung ein sprechender Beleg ist), schon empirisch äußerst unwahrscheinlich. Die glatte Suggestivität solcher Argumente wird erkauft mit ihrer hohen und vagen Abstraktheit, hinter der die konkrete Unwahrscheinlichkeit der empirischen Voraussetzungen und der prognostizierten Folgen nicht selten aus dem Blick gerät. Andererseits, und weitaus

---

[298] Der Einwand wird erwogen – und am Ende mit überzeugenden Gründen verworfen – im Report der amerikanischen *NIH* (1994), 53.

wichtiger, sind solche Argumente moralisch verfehlt.[299] Sie gründen auf der bedenkenlos utilitaristischen Annahme, alle noch so vagen Risiken für die Gesellschaft als ganze könnten gegenüber den Leiden konkreter Personen stets und unbesehen den normativen Vorrang beanspruchen.[300] Da aber diese Risiken der Gesellschaft sozusagen von seiten ihrer selbst drohen und keineswegs von jenen leidenden Menschen, denen die Stammzellforschung künftig möglicherweise helfen könnte, nimmt das Argument, salopp und pointiert, etwa die folgende Form an: »Ihr, die (künftigen) Schwerkranken, könnt nicht damit rechnen, daß die sich hier abzeichnende Chance zur Hilfe für euch erforscht und entwickelt wird; denn ließen wir, der Rest der Gesellschaft, das zu, so würden *wir uns selbst* anschließend vielleicht mit unerwünschten Verhaltensweisen gefährden.« Das Unmoralische einer solchen Haltung ist offensichtlich. Es mutet erstaunlich an, daß »schiefe Bahn«-Argumente dieses Typs in der öffentlichen Debatte meist als moralisch sakrosankt gehandelt und allenfalls in ihrer empirischen Plausibilität bestritten werden. So einleuchtend dieses Bestreiten ist: noch dringender geboten ist es, das ethisch Verwerfliche zu kennzeichnen, auf der solche Argumente beruhen.

3. *Zu (3)*: Mit den vorstehenden Überlegungen ist auch das dritte Argument, das zugunsten einer moralischen Unterscheidung zwischen der Stammzellgewinnung aus Reproduktions- und der aus Forschungsembryonen angeführt wird, im wesentlichen schon geklärt. Die sog. »Doktrin der Doppelwirkung« geht auf eine normative Denkfigur der Scholastik zurück, deren klassische Formulierung Thomas von Aquin zugeschrieben wird.[301] Sie besagt, daß schlechte

---

[299] Dazu schon oben, 4. Abschnitt, A. III. 5.

[300] Leider kann man, so meine ich, den Vorwurf, mit dieser verkappt utilitaristischen Voraussetzung ohne jede kritische Prüfung zu argumentieren, auch der neuen Abhandlung von *Jürgen Habermas* (unbeschadet ihrer verbalen Ablehnung utilitaristischer Ethikbegründungen) nicht ersparen; s. dazu oben zu und in Anm. 156 und 157.

[301] Vgl. *Thomas von Aquin* (1954), Quaestio 64, Art. 7: »Es steht nichts im Wege, daß ein und dieselbe Handlung zwei Wirkungen hat, von denen nur die eine beabsichtigt ist, die

Nebenwirkungen einer Handlung, die einen moralisch guten (Haupt-)Zweck verfolgt, dann zu rechtfertigen sind (und mit ihnen die gesamte Handlung), wenn sie vom Handelnden nicht beabsichtigt, sondern nur in Kauf genommen werden und nicht außer Verhältnis zum angestrebten guten Zweck stehen.

a) Diese Lehre ist vor allem in der katholischen Moraltheologie auch heute noch einflußreich. Mit ihr versucht man, so unterschiedliche Handlungen wie die »indirekte Euthanasie«[302] und Bombardierungen mit sog. zivilen »Kollateralschäden« im Krieg zu rechtfertigen. Ich spreche sie hier deshalb an, weil sie auch im Kontext der verbrauchenden Embryonenforschung an prominenter Stelle, nämlich in dem schon erwähnten britischen Warnock-Report von 1984, herangezogen worden ist, um die Unterscheidung Reproduktions- vs. Forschungsembryonen zu begründen. Die Tötung von Embryonen zu Forschungszwecken, so heißt es dort in einem Minderheitsvotum, könne im allgemeinen nicht gerechtfertigt werden; nur unter den besonderen Voraussetzungen der Überzähligkeit von Embryonen in der Reproduktionsmedizin komme das in Frage, da die Tötung dann nur als Nebenwirkung einer anderen, moralisch wohlbegründeten Handlung (der Erzeugung zu Fortpflanzungszwecken) erscheine.[303]

b) Auf die moralphilosophischen Einwände gegen und die Argumente für die Doppelwirkungslehre, braucht hier nicht

andere aber außerhalb der eigentlichen Absicht liegt. [...] Eine solche Handlung hat nichts Unerlaubtes.« – Thomas verwendet die Überlegung hier allerdings lediglich zur Klärung der normativen Implikationen der Notwehr; daher ist seine geistige Urheberschaft an der verallgemeinerten (vor allem auf den Notstand erstreckten) Doppelwirkungslehre nicht unbestritten; skeptisch z. B. *Bennett* (1995), 200. – Für die Notwehrlehre ist eine solche Rechtfertigung übrigens weder erforderlich noch in der Sache zutreffend; darüber dürfte es jedenfalls unter Strafrechtlern heute keinen Dissens geben.

[302] D. i. die Lebensverkürzung durch Schmerzmedikation bei schwer leidenden, sterbenden Patienten. Der Ausdruck »indirekte Euthanasie« ist hier übrigens suggestiv irreführend, denn nichts an der Nebenwirkung »Tod« ist »indirekt«, weder die Handlung, noch die Absicht des Handelnden; s. dazu *Merkel* (2001), 174 ff.

[303] *Warnock* (1985), 68.

eingegangen zu werden. Ihre Anwendung im Warnock-Report ist ersichtlich verfehlt: Die verbrauchende Tötungshandlung als solche muß gerechtfertigt werden, nicht die Erzeugung des Embryos. Und da bei jener der Tod des Embryos keineswegs als »Nebenwirkung«, sondern ganz unmittelbar beabsichtigt wird[304], kann sie ihre Rechtfertigung nicht daraus beziehen, daß eine Handlung *vor* ihr ein – wie es im Report heißt – »well intentioned act« gewesen ist. Zur Rechtfertigung der Tötung *überzähliger* Embryonen ist die Doppelwirkungslehre daher untauglich. Und zur Verwerfung der Erzeugung und Tötung von *Forschungsembryonen* ist sie unnötig. Denn sie setzt offenkundig voraus, daß die Tötung des Embryos zur Stammzellentnahme moralisch verwerflich sei. Wer dies aber annimmt, der kann mit den oben [b) aa)] entwickelten Argumenten einfach die Erzeugung zu Forschungszwecken als Beihilfe zur Tötung verwerfen und diese selbst als Veranlassung (Anstiftung) jener Beihilfe zusätzlich belasten.[305] Dafür bedarf es keines Vergleichs mit denkbaren anderen Vortatabsichten, die man (und noch dazu irrig) per Doppelwirkung für gerechtfertigt erklärt.

c) Wer andererseits – wie die vorliegende Untersuchung –

---

[304] Wollte man dies bestreiten und einfach sagen, direkt intendiert sei eben nur die Stammzellgewinnung, der Tod des Embryos sei dagegen nur als Nebenfolge in Kauf genommen, so käme das einem ziemlich dreisten Schwindel und damit einer radikalen Desavouierung der gesamten Doppelwirkungslehre gleich. *So* könnte man dann auch die Tötung eines lebenden Menschen zum Zweck der Organentnahme zur Rettung eines anderen »rechtfertigen«: Direkt beabsichtigt seien eben nur die Gewinnung des Organs und die Rettung des Organempfängers; die Tötung des Zwangsspenders sei dagegen bloß »in Kauf genommene«, wenngleich absolut sichere »Nebenwirkung«. Eine abstruse Flunkerei, die im übrigen gewiß kein katholischer Moraltheologe unterschreiben würde.

[305] Es sei darauf hingewiesen, daß im Strafrecht ein Haupttäter (das wäre hier der den Embryo Tötende) für die außerdem von ihm vorgenommene konkrete Anstiftung eines Gehilfen nicht gesondert *bestraft* wird. Das ist eine Frage der strafrechtlichen Konkurrenzlehre; nach ihren Regeln tritt die zusätzlich verwirklichte Anstiftung als Grundlage der Strafe hinter die Haupttat zurück; das ändert am *Vorliegen* einer solchen Anstiftung unbestritten nichts. – Wir klären hier aber die *moralische* Zurechnung; sie kennt ein solches »Verschwindenlassen« zusätzlicher (verwerflicher) Anstiftungen nicht. Freilich geht es hier regelmäßig nicht um eine konkret-persönliche Anstiftung, wie sie das Strafrecht verlangte, sondern um die Anstifterfunktion gewissermaßen der gesamten Forschungssphäre, sofern dieser die Arbeit mit eigens dafür erzeugten »Forschungsembryonen« gestattet würde.

die moralische Verwerflichkeit der verbrauchenden Forschung an Embryonen insgesamt bestreitet, bedarf für den Fall der Reproduktionsembryonen der Doppelwirkungslehre zu seiner Rechtfertigung ohnehin nicht. Und er braucht sich von deren (falsch begründeter) Verweigerung für den Fall der Forschungsembryonen nicht im mindesten beeindrucken zu lassen.

4. *Zu (4)*: Weitaus wichtiger als bisher wahrgenommen scheint mir für die Intuitionen, die in der öffentlichen Debatte eine maßgebliche Rolle spielen, das vierte der oben genannten Argumente zu sein: der Gedanke, es sei mißbräuchlich, eine Situation, in der eine an sich verbotene Handlung ausnahmsweise gerechtfertigt sei, selbst und absichtlich herbeizuführen, um dann unter ihrer Deckung jene Handlung durchführen zu können. Eine solche selbstverschaffte Rechtfertigung sei daher zu versagen; die Handlung bleibe verboten. Für das gegenwärtige Problem heißt das in etwa:

Die Tötung eines Embryos zu Forschungszwecken komme nur dann als legitim in Betracht, wenn dieser Embryo ohnehin unweigerlich verloren sei. Ein solcher Fall, eine Art Notstand, könne bei Reproduktionsembryonen gelegentlich auftreten, wiewohl sie zu einem anderen Zweck, dem ihrer Entwicklung, erzeugt worden seien. Stelle man dagegen einen Forschungsembryo her, so wisse man vorweg, daß er keinesfalls implantiert, sondern von Anfang an in ein »ohnehin verlorenes« Leben geholt werde. Das bedeute, daß diese – im anderen Fall rechtfertigende – Situation hier absichtlich herbeigeführt werde, um den Embryo für die Forschung töten zu können. Diese absichtliche Produktion der Rechtfertigungslage müsse nach allgemeinen moralischen Prinzipien zur Versagung der rechtfertigenden Wirkung führen. Damit bleibe die Tötung eines Forschungsembryos stets verwerflich, und deshalb – so kann man mit den oben dargelegten Argumenten ergänzen – auch seine Erzeugung als Beihilfe dazu.

a) Dieses normative Prinzip dürfte die verbreitete Auffassung zur moralischen Differenz zwischen Reproduktions- und Forschungsembryonen erheblich stärker beeinflussen, als in der Debatte zur Embryonenforschung bislang deutlich geworden ist. In seiner abstrakten Fassung ist es ganz gewiß gültig, und zwar sowohl für die Ethik als auch für das Recht. Zur Veranschaulichung: Wer absichtlich für sich selbst eine Notwehrlage herbeiführt, indem er einen anderen mit schweren Provokationen zu einem Angriff reizt, um ihn dann unter dem Deckmantel der Notwehr töten zu können, dem wird die Rechtfertigung für diese Tötung versagt, obwohl er äußerlich tatsächlich in einer Notwehrlage gehandelt hat.[306]

b) Die Erzeugung von Forschungsembryonen zum Zweck ihrer anschließenden Tötung scheint auf den ersten Blick genau diese Struktur aufzuweisen. Sieht man genauer hin, so erkennt man jedoch, daß der Eindruck täuscht. In einer Notlage gründet die Rechtfertigung einer grundsätzlich verbotenen Handlung allein auf deren Funktion, den Gefährdeten (nach bestimmten Prinzipien) aus der Not zu befreien. Jenseits dieser Befreiung gibt es keinen positiven Zweck, der etwa von der Rechtfertigungsnorm als etwas Gutes »gewollt« wäre und der daher zur Rechtfertigung etwas beitrüge. Am Beispiel der Notwehrlage: Der in ihr Handelnde darf nicht deshalb (ggf.) töten, weil und damit anschließend jemand tot ist, sondern allein deshalb, weil er sich aus der Lage des rechtswidrig Angegriffenen befreien darf. Nicht weil die *weiteren* Folgen der Notwehr, also der nach ihr eingetretene Zustand, irgendjemandem, die Normenordnung eingeschlossen, erwünscht wären, durften sie herbeigeführt werden, sondern nur deshalb, weil die unerwünschte Notwehrlage, sollte sie gerecht behoben werden, nur mit solchen Folgen zu

---

[306] In der Strafrechtslehre als »Absichtsprovokation der Notwehrlage« geläufig; sie schließt nach ganz überwiegender Auffassung die Rechtfertigung aus, weil hier die Notwehrhandlung nicht als normativ »geboten« (vgl. § 32 Abs. 1 StGB), sondern als Mißbrauch einer Erlaubnisnorm erscheint. Eine solche »Notwehrhandlung«, so wird ganz richtig gesagt, sei in Wahrheit ein »maskierter Angriff«.

beheben war.[307] Genau deshalb liegt es auf der Hand, daß im Falle der absichtlichen, vom »Angegriffenen« erwünschten Herbeiführung einer solchen Lage ebenjene Gerechtigkeitserwägungen die Rechtfertigung ausschließen.

c) Und daran wird auch der Unterschied zur Situation des Embryonenverbrauchs für die Stammzellgewinnung ganz deutlich. Der entscheidende, ja in Wahrheit der einzige Grund für seine Zulassung kann nur die Erwünschtheit seiner sämtlichen Folgen sein: die Ermöglichung einer Forschung, in deren weiterer Konsequenz therapeutische Hilfen für unzählige Menschen möglich werden könnten. Hieraus allein ist die Tötung von Embryonen zu rechtfertigen – wenn sie überhaupt zu rechtfertigen ist. Jede andere Argumentation zur Rechtfertigung ist unehrlich und daher inakzeptabel. Das gilt insbesondere für die Behauptung, überzählige Reproduktionsembryonen würden nur wegen der »notstandsähnlichen Lage« getötet, in der sie nun einmal ohnehin verloren seien. Denn diese Lage hat, nun wird dies ganz deutlich, nichts mit einer Notstandslage zu tun. Nicht um eine Befreiung der Embryonen aus einer unerwünschten Gefahrensituation – der Gefahr des ihnen wegen ihres »Übriggebliebenseins« drohenden Todes – geht es. Vielmehr geht es ganz im Gegenteil darum, diese den Embryonen »ohnehin« drohende Gefahr *selbst* und *vorzeitig* und *absichtlich zu verwirklichen*. Und dies geschieht allein deshalb, weil die daran zu knüpfenden Folgen erwünscht sind und gewollt werden. Noch ein-

---

[307] Für den rechtfertigenden Notstand gilt, was die Folgen der Nothandlung angeht, nichts anderes. Zwar müssen in ihm (anders als bei der Notwehr) die Folgen der Handlung gegen die ihrer Unterlassung abgewogen und darf nur dann gehandelt werden, wenn die Unterlassung zu erheblich gravierenderen Schäden als die Handlung führen müßte. Der Grund für dieses Abwägungserfordernis ist aber nicht etwa das *positive* Ziel einer Maximierung des gesellschaftlichen Güterbestands. Er liegt vielmehr darin, daß nur in solchen Situationen (nämlich zur Abwehr der drohenden *schweren* Schädigung eines anderen) einem unbeteiligten Dritten die Inkaufnahme allenfalls *kleiner, bagatellarischer* Schäden an seinen Gütern zwangsweise zugemutet, er also zur Solidarität mit dem Gefährdeten genötigt werden darf. Notstandslagen sind daher gesellschaftlich wie normativ genauso unerwünscht wie Notwehrlagen, und deshalb sind es – betrachtet man nur sie alleine – auch die Folgen der Notstandshandlung.

mal: primär hieraus muß dann die Legitimation der Tötung bezogen werden. Legt man dagegen den Schwerpunkt der Rechtfertigung auf das »Ohnehin-Verlorensein« der Embryonen, so nimmt deren Tötung, die ja aus ganz anderen Motiven als dem des »Verlorenseins« erfolgt, die sinistre Färbung des »Ausnützens einer günstigen Gelegenheit« an. Darin steckt, wie bereits angedeutet, ein erhebliches Element von Unehrlichkeit, also Unmoral.

d) Daher bedeutet das absichtliche Herbeiführen der Situation, in der ein früher Embryo zu Forschungszwecken getötet wird, keinen Mißbrauch der Erlaubnisnorm. Denn diese besteht (sofern sie besteht) nicht darin, lediglich die Befreiung aus jener Situation zu ermöglichen. Sie besteht vielmehr in einer Rechtfertigung, die allein aus den erwünschten Folgen der Tötung des Embryos erwachsen kann. Die Besonderheit der (angeblichen) »Notlage«, in der der Embryo (angeblich) nur als »ohnehin Verlorener« getötet wird, ist dafür ohne Belang.

5. Kann man also den Verbrauch von frühen Embryonen zur Stammzellgewinnung überhaupt rechtfertigen, dann allein deshalb, weil das erwünschte Ziel die Tötung legitimiert. Daher muß das Resultat der Abwägung, die eine solche Rechtfertigung beglaubigen kann, insgesamt positiv bewertet werden. Dann darf aber diese Situation auch absichtlich herbeigeführt, dürfen also Forschungsembryonen erzeugt werden. Dagegen vermag das »Ohnehin-Verlorensein« überzähliger Reproduktionsembryonen zur Legitimation ihrer Tötung nichts beizutragen. Es ist daher nicht akzeptabel, dies als den entscheidenden oder sogar als einzigen Rechtfertigungsgrund auszugeben. Das ist jedenfalls und mindestens unehrlich. Im schlimmeren Fall tastet es eine ethische wie rechtliche Grundnorm an: dann nämlich, wenn man zugleich embryonales Leben für grundrechtlich geschützt erklärt. Dann könnte der Umstand, daß es »ohnehin verloren« ist, nicht den Schatten einer Rechtfertigung dafür liefern, es zugunsten Dritter aktiv zu töten. Dies auch in der gegenwärti-

gen Debatte nachdrücklich klarzustellen, erscheint mir als ein wesentliches Gebot des Normenschutzes: der Integrität der fundamentalsten Normen unserer Moral und unserer Rechtsordnung.[308]

6. Vor dem Hintergrund aller Erwägungen zu den obigen Argumenten (1) bis (4) liegt nun eine psychologische Vermutung nahe. Die verbreitete Auffassung, zwar sei der Verbrauch überzähliger Embryonen zur Forschung akzeptabel, die Herstellung von Forschungsembryonen jedoch nicht, dürfte hauptsächlich auf einem ungeklärten Rest an schlechtem Gewissen beruhen. Und dieser seinerseits hat vermutlich (und nicht verwunderlich) mit der labyrinthischen Verworrenheit der normativen Probleme zu tun, die hier im Spiel sind. Deutlich und zweifelsfrei empfunden wird das moralisch jedenfalls Problematische der Tötung früher Embryonen. Schon die genauen ethischen Gründe dafür, warum und in welchem Grade dies problematisch ist, verlieren sich jenseits der abstrakten und inhaltsleeren Schlagworte jedoch meist im Ungewissen. Erst recht gilt das für die Argumente zugunsten möglicher Rechtfertigungsgründe. Wer die öffentliche Diskussion der vergangenen eineinhalb Jahre verfolgt hat, wird den Eindruck eines schwer durchschaubaren Dickichts von Gedanken, Argumenten, Intuitionen und Polemiken kaum abweisen können.

a) Das macht die weithin unveränderte Skepsis gegenüber allen bisherigen Lösungsvorschlägen immerhin verständlich. Und damit auch jenen Rest an schlechtem Gewissen, der sich im Hervorheben der moralischen Unterscheidung zwischen Reproduktions- und Forschungsembryonen und in der strik-

---

[308] S. oben, 3. Abschnitt, B. I. 4. c). – Daß die DFG dies nicht tut, vielmehr auch Vertretern eines Grundrechtsstatus von Embryonen die Zustimmung zu deren Verbrauch im Falle des »Ohnehin-Verlorenseins« als Kompromiß nahelegen will, ist der gravierendste Einwand gegen die »Empfehlungen zur Forschung mit menschlichen Stammzellen« (vgl. oben, Anm. 291). Ein solcher Kompromiß über zwar grundrechtsgeschütztes, aber »ohnehin verlorenes« Leben« darf auch im Falle früher Embryonen keinesfalls gemacht werden. Denn er wäre einer über die Normen der Grundrechte selbst und damit ein Anschlag auf deren Inhalt und Geltung.

ten Ablehnung der letzteren zugleich Ausdruck und Beruhigung verschafft. Ein deutliches Indiz für diese Funktion der Gewissensbeschwichtigung ist das folgende: Zahlreiche offizielle Stellungnahmen, die zunächst jenen moralischen Unterschied mit Nachdruck betonen, begründen das Verbot der Herstellung von Forschungsembryonen anschließend allein mit dem Hinweis, »derzeit« sei eine solche Herstellung für die Stammzellforschung nicht erforderlich. Denn man habe im Augenblick genügend tiefgefrorene Embryonen aus der Reproduktionsmedizin.[309] Das ist alles andere als ein kategorisch-moralisches Argument. Es demonstriert vielmehr deutlich, daß man die Möglichkeit, das Verbot in Zukunft aufzuheben, sollte die Stammzellforschung irgendwann mit den vorhandenen überzähligen Embryonen nicht mehr auskommen, im Prinzip sehr wohl anerkennt. Ganz offensichtlich hat also dieses Verbot auch in den Augen vieler seiner Befürworter nicht den Status einer grundlegenden moralischen Norm. Es dürfte eher als eine pragmatische Anerkennung der gegenwärtigen öffentlichen Unsicherheit auf diesem neuen Problemgebiet der Ethik zu deuten sein. Oder, mit dem oben

---

[309] Einige typische Beispiele (Hervorhebungen sämtlich von mir, R. M.):
(1) *National Bioethics Advisory Commission* (USA), (1999), Executive Summary, V: (der Rechtslage in Amerika entsprechend nur auf die Frage bezogen, welche Forschungen mit öffentlichen Geldern gefördert werden sollten): »*At the current time* [...] embryos remaining after infertility treatment provide an adequate supply of research resources ...«
(2) *Canadian Institutes of Health Research* (2001), zit. nach *Shanner* (2001), 20: »There are no convincing arguments *at present* for creating human embryos [...] for the purpose of deriving such stem cell lines.«
(3) *European Group on Ethics in Science and New Technologies* (2001), 52, Ziff. 2.7: »... Erzeugung von Embryonen zur Gewinnung von Stammzellen ethisch unannehmbar, *wenn bereits überzählige Embryonen* als Quelle *zur Verfügung stehen.*«
(4) Europäisches Parlament, *Ausschuß für Humangenetik* (2001), 18, Ziff. 38 a): »...die Erzeugung von Embryonen [...] für die Zwecke der Zelltherapieforschung *derzeit* insofern verfrüht, als sich der Wissenschaft ein weites Feld für Forschungen mit alternativen Quellen für menschliche Stammzellen bietet«.
(5) *Nuffield Council on Bioethics* (England) (2000), 17: »*While there are sufficient and appropriate donated embryos from IVF treatments* for use in research, we consider that there are no compelling reasons to allow additional embryos to be created [...] for ES cell research or therapy.«
(6) *The Nordic Committee on Bioethics* (2000): »The creation of embryos solely for research purposes seemed *not necessary at the present stage* of research.«

eingeführten Terminus von Birnbacher: als eine Art »Kultur-norm«[310]. Solche Normen variieren im Strom der Zeit und mit dem Wechsel der Kulturen, der Staatsgrenzen, der Rechtsordnungen, ja sogar der verfügbaren Argumente. England etwa läßt die Erzeugung von Forschungsembryonen zu, Amerika (ohne öffentliche Fördergelder) und Israel ebenfalls, Holland, Belgien, Frankreich und einige skandinavische Länder bereiten Gesetzesentwürfe vor, in denen sie unter bestimmten Voraussetzungen als Ausnahme akzeptiert wird, in Spanien hat eine zentrale Ethikkommission dasselbe vorgeschlagen – und alles dies doch gewiß ohne daß irgendjemand ernsthaft auf die Idee kommen sollte, diese Staaten als ethische Ignoranten oder gar als Zerstörer moralischer Grundnormen zu bezeichnen.[311]

b) Immerhin ist die in Deutschland überwiegend festgehaltene »Kulturnorm«, Embryonen dürften nicht zu Forschungszwecken erzeugt werden, auch dann beachtlich, wenn sie moralisch irrig sein sollte.[312] Solange die ethischen Fragen im Zusammenhang der neuartigen biomedizinischen Entwicklungen für politische Antworten noch nicht einmal hinreichend transparent sind, muß die Irritation großer Teile der Bevölkerung auch als moralisches Problem ernstgenommen werden. Daher dürfen psychologische Entlastungs-, Zufluchts- und Beruhigungspositionen auch dann nicht einfach ignoriert werden, wenn sie genau diese Funktionen recht deutlich demonstrieren und im übrigen einer genauen Analyse nicht standhalten sollten. Nach den oben entwickelten Argumenten trifft auf die moralische Ablehnung der Herstellung von Forschungsembryonen – ggf. bei gleichzeitiger Zustimmung zum Verbrauch überzähliger Embryonen – beides zu.[313]

---

[310] S. oben zu Anm. 277.
[311] Die Angaben zu den genannten Staaten aus *UNESCO – International Bioethics Committee* (2001), 5 f. Speziell zu Frankreich *Viville/Menozo,* (2002), 261 ff.
[312] Zu den Gründen s. oben zu und in Anm. 278.
[313] Daß die weitere Klärung dieser Probleme in der weltweit geführten Diskussion mögli-

c) Daran läßt sich für die Gegenwart ein rechtspolitischer Kompromißvorschlag knüpfen. Man sollte derzeit wohl den Empfehlungen der obenzitierten internationalen Verlautbarungen folgen (Anm. 309) und die Erzeugung von Forschungsembryonen so lange nicht zulassen, wie die vorhandenen überzähligen Embryonen der Reproduktionsmedizin als Grundlage für die Stammzellforschung ausreichen. Zugleich sollte aber der Prozeß der gesellschaftlichen Klärung dieser Probleme und der Vermittlung moralisch beglaubigter Lösungswege vorangetrieben werden. Die künftige Option einer Herstellung von Forschungsembryonen sollte dabei nachdrücklich vertreten und ihre guten ethischen Gründe sollten deutlich gemacht werden. Im übrigen sollte die mögliche Revidierbarkeit aller gegenwärtig vertretenen Auffassungen im Lichte späterer besserer Einsichten von sämtlichen Beteiligten der Debatte ohnehin anerkannt werden: als Prinzip der intellektuellen Redlichkeit und damit der gesellschaftlichen Ethik selbst.[314]

7. Dieser Vorschlag, an einem bedingten Verbot der Erzeugung von Forschungsembryonen vorläufig festzuhalten, bezieht sich nicht auf die Nutzung von Zehntausenden kryokonservierter Vorkernstadien (Pronuclei), die gegenwärtig in den Tiefkühlvorrichtungen deutscher reproduktionsmedizinischer Zentren lagern.[315] Diese »noch nicht ganz«-Embryonen, deren Entwicklung wenige Stunden vor der Erreichung des Zygotenstadiums durch die Kryokonservierung arretiert worden ist, sind ausnahmslos mit der (bedingten) Absicht ihrer Implantation in den Mutterleib erzeugt worden. Freilich sind sie in ihrer genetischen Identität noch immer Ei- und

cherweise den hier vertretenen Standpunkt künftig als irrig und gerade den kritisierten der Unterscheidung von Forschungs- und Reproduktionsembryonen als richtig erweisen könnte, ist dabei selbstverständlich vorausgesetzt; freilich scheint mir derzeit nicht ein einziges rationales Argument dafür zu sprechen.

[314] Das geschieht derzeit in der deutschen öffentlichen Diskussion keineswegs. Im Gegenteil wird mit einiger Hingabe die Neigung kultiviert, den Gegner moralisch zu diskreditieren.

[315] Dazu mit Nachweis oben bei und in Anm. 218 (zum sog. Potentialitätsargument).

Samenzelle, zwar physisch schon verschmolzen, aber noch nicht in ihren haploiden Kernen, also noch nicht zu einem neuen diploiden Chromosomensatz – einem individuellen Embryo. Daher könnte man begrifflich und mit einer Prise Sophismus das Auftauen solcher Pronuclei, an das sich der naturkausale Ablauf der weiteren Entwicklung zum Embryo dann selbsttätig anschließt, als »Erzeugung« eines Embryos qualifizieren. Geschieht dies alles zum Zweck der Stammzellgewinnung, dann ist – wiederum gut sophistisch – der Tatbestand der »Erzeugung zu Forschungszwecken« ganz offenbar erfüllt.

Merkwürdigerweise wird diese Konstellation in der bisherigen Debatte kaum erwogen.[316] Eigentlich liegt sie aber auf Hand. Das mag die Vermutung legitimieren, daß Befürworter von Forschungsembryonen die Existenz der Pronuclei vielleicht unerwähnt lassen, um keine schlafenden Hunde zu wecken, und Gegner, weil sie durchaus geeignet erscheint, das moralische Pathos, mit dem man jede »Erzeugung zu Forschungszwecken« verwirft, ein wenig zu ernüchtern. Beide Parteien sollten aber eigentlich den Mut ihrer Überzeugungen auch in solchen Anschlußfragen bewähren. Im übrigen erscheint allerdings der folgende Konsens naheliegend: Wer das moralische Fundament seiner unbedingten Ablehnung der Erzeugung von Forschungsembryonen in der damit verbundenen »totalen« Instrumentalisierung des Embryos sieht, während er die Forschung an überzähligen Reproduktionsembryonen als nur partielle Instrumentalisierung akzeptiert, der müßte die Verwendung von Embryonen, die aus aufgetauten Vorkernstadien entstanden sind, eigentlich akzeptabel

---

[316] Soweit ich sehe jedenfalls nicht. Ich selbst habe allerdings in der Begründung eines Gesetzentwurfs zur Reform des ESchG für die FDP-Bundestagsfraktion (der im Schlußkapitel dieser Untersuchung wiedergegeben wird) diesen Gedanken ausformuliert und zu begründen versucht. Auch bei der vieldiskutierten Frage, ob nicht schon und allein das Problem der (belastenden) Eizellgewinnung ein Verbot jeder Embryonenerzeugung zu Forschungszwecken rechtfertige (dazu oben zu und in Anm. 240 und 245), wird erstaunlicherweise die *vorhandene* Ressource der tiefgefrorenen Vorkernstadien, die ansonsten zu Tausenden einfach weggeworfen werden, nicht einmal erwähnt.

finden. Denn der ihre Entstehung einleitende Vorgang, das Auslösen der (später durch Tiefgefrieren angehaltenen) Befruchtungskaskade, geschah gerade nicht in der Absicht ihrer Instrumentalisierung zur Forschung. Vielmehr sind sie, wenngleich bedingt, allein ihrer potentiellen Entwicklung wegen erzeugt worden. Daher kann im Sinn des Instrumentalisierungs-Arguments nicht von einer »totalen«, also Entstehung wie Verbrauch bestimmenden »Verzwecklichung« gesprochen werden. Auf dieser normativen Grundlage sollte eine Einigung zugunsten der Verwendung solcher Vorkernstadien erzielbar sein.[317]

Wer den Argumenten der vorliegenden Abhandlung folgt, müßte es ohnehin als einigermaßen abwegig empfinden, Vorkernstadien zu Zehntausenden zwangsweise wegwerfen zu lassen, dagegen die mit genau derselben Absicht, womöglich in ein und demselben Fertilisierungsverfahren erzeugten und lediglich einige Stunden später tiefgefrorenen Embryonen für die Zwecke der Stammzellforschung freizugeben. Daher sollte das gegenwärtige Verbot der Erzeugung von Forschungsembryonen für die Dauer seines künftigen Bestands das Auftauen von Vorkernen explizit ausklammern. Und jedenfalls sollte die Zulässigkeit eines Imports aus dem Ausland nicht daran scheitern dürfen, daß man dort die zu importierenden Stammzellen möglicherweise aus aufgetauten Vorkernstadien gewonnen hat.

---

[317] Erwähnt werden mag in diesem Zusammenhang, daß auch im Rahmen der Präimplantationsdiagnostik (PID) ein solcher Vorgang der »gezielten« Erzeugung eines Embryos zum Zweck seines Verbrauchs auftaucht: dann nämlich, wenn die dem Embryo zu Untersuchungszwecken entnommene Zelle (Blastomere) noch totipotent, also nach der Ablösung aus dem übrigen Zellverbund selbst ein Embryo ist. Über den allgemeinen Streit um die PID hinaus hat dies bislang niemand als moralisch noch einmal *gesondert* verwerflich thematisiert.

III. Das »therapeutische Klonen«

Zu klären bleibt die vierte der am Beginn dieses Abschnitts aufgezählten Möglichkeiten einer Gewinnung embryonaler Stammzellen: die des sog. therapeutischen Klonens. Ich beschränke mich hier im wesentlichen auf die Klonierungsmethode des Transfers eines somatischen Zellkerns (genauer: seiner DNA) in eine »entkernte« Eizelle, also auf jene Methode, der das weltberühmte Schaf Dolly seine Existenz verdankt.[318] Beschränken kann ich mich außerdem auf relativ wenige Bemerkungen. Denn die Kriterien der normativen Beurteilung dieses Vorgangs sind im Vorstehenden schon nahezu vollständig erörtert worden. Moralisch bedeutsam ist diese Klonierungsmethode zunächst deshalb, weil sie offenkundig eine Variante der Erzeugung eines Embryos ausschließlich zu Forschungszwecken, also eine Form seiner »totalen Instrumentalisierung« ist. Die hierzu einschlägigen Argumente habe ich oben erörtert. An ihnen und ihrer Kritik ändert allein die technische Besonderheit des Erzeugungsverfahrens nichts.

1. Nicht selten wird allerdings bestritten, daß es sich bei dem Produkt eines solchen Klonierungsvorgangs überhaupt um einen wirklichen Embryo handle. Schließlich sei es (oder er) ersichtlich nicht das Ergebnis einer Befruchtung, sondern nur der technischen Fusion zweier vorhandener Zellbestandteile. Entscheidend sei, daß dabei kein neues individuelles Genom entstehe. Erst ein solches könne aber als Zeichen des Ins-Leben-Kommens eines Embryos, eines genetisch neuen und individuellen menschlichen Wesens gelten.

---

[318] Zu den Möglichkeiten des therapeutischen Klonens menschlicher Embryonen s. *Lanza/Cibelli/West* (1999), 975 ff. – Im übrigen gelten die folgenden Überlegungen *mutatis mutandis* auch für die zweite denkbare Klonierungsmethode, die durch »Embryonensplitting«, also durch Ablösen einzelner totipotenter Blastomeren aus einem embryonalen Zellverbund (wenn man so will: die Klonierungsmethode der Natur bei der Erzeugung eineiiger Zwillinge). Daher werde ich das Embryonensplitting nicht gesondert behandeln.

Das mag man so sehen und sagen. Man mag es aber auch anders sehen, nämlich so: Es müßte seltsam anmuten, von der seit Jahren offenbar munter lebenden Dolly zu sagen, sie sei zwar ein richtiges Schaf (was sonst?), aber das, woraus sie entstanden sei, sei kein Schafembryo gewesen. Was sonst?[319]

Definitions- und Benennungsdifferenzen dieser Art sind für die ethische Reflexion gänzlich belanglos. Von ihrem Ausgang hängt normativ nichts ab. Moralisch relevant ist dagegen, ob solche entwicklungsfähigen Produkte aus der Fusion menschlicher Zellteile genau diejenigen Kriterien erfüllen, die zur Begründung des ethischen (und rechtlichen) Status früher Embryonen üblicherweise herangezogen werden. Am Beginn des Ethikteils unserer Untersuchung habe ich diese Kriterien benannt: Spezies-, Kontinuums-, Potentialitäts- und Identitätsargument.[320] Alle vier erfüllt ein durch Zellkerntransfer geklonter Embryo, seine prinzipielle Entwicklungsfähigkeit vorausgesetzt, genauso wie ein auf natürlichem Wege oder ein durch IVF entstandener.[321] Daher muß er moralisch genauso beurteilt werden, wie es jene Argumente im Hinblick auf Embryonen gebieten. Es ist deshalb durchaus angemessen, ihn »Embryo« zu nennen.[322]

---

[319] Darauf verweist z. B. *Engels* (2000/2001), 174; sie glaubt allerdings irrig, von der korrekten Klassifizierung des Klonierungsprodukts als Embryo oder Nicht-Embryo hingen die ihm geschuldeten ethischen Pflichten ab. Doch können moralische Pflichten durch Definitionen oder Etikettierungen selbstverständlich weder entstehen noch verschwinden noch verschoben werden

[320] Oben, 3. Abschnitt, B.

[321] Man lasse sich hier im Hinblick auf das »Identitätsargument« nicht durch die Überlegung irritieren, daß ein derart geklonter Embryo doch keine »eigene« (genetische) Identität, sondern »bloß« die des Zellkernspenders habe. Das ist zwar richtig, hat aber nichts mit dem Identitätsargument zum Zweck der Statusbegründung zu tun. Dieses verweist nur auf die schon im frühesten Stadium bestehende Identität des Embryos *mit dem später daraus möglicherweise entstehenden geborenen Menschen.* Dieses (genetische) Identischbleiben mit allen seinen späteren Entwicklungsphasen liegt ersichtlich auch beim geklonten Embryo vor. Ob es noch jemand anderen mit demselben Genom gibt, ist dafür genauso irrelevant wie im natürlichen Fall eineiiger Zwillinge.

[322] Von der strafrechtlichen Frage abgesehen, ob § 6 Abs. 1 (Klonierungsverbot) und § 8 Abs. 1 ESchG (Definition von »Embryo«) tatsächlich auf einen derart geklonten »Embryo« anwendbar wären. Um die Klarstellung einer Antwort sollte sich der Gesetzgeber bei einer allfälligen Revision des ESchG bemühen.

2. Die Vorteile, die eine Erzeugung von Embryonen mittels dieser Methode für die Stammzellgewinnung hätte, liegen auf der Hand. Unterstellt man perspektivisch die künftige Sicherheit des »therapeutischen« Klonens und die Anwendungsreife von Therapieverfahren der Stammzelltransplantation zur Regeneration kranken oder zerstörten Körpergewebes, dann bedeutete die Verfügbarkeit von Stammzellen aus geklonten Embryonen einen großen medizinischen Fortschritt. Denn aller Voraussicht nach wäre damit eines der gravierendsten Probleme der Transplantationsmedizin zu lösen: das der sog. Histokompatibilität, der Immunverträglichkeit von Spender- und Empfängergewebe.[323] Heutige Empfänger einer postmortalen Organspende sind lebenslang auf die Einnahme schwerer Medikamente zur Immunsuppression angewiesen, damit das fremde Organ nicht abgestoßen wird. Diese Medikamente verringern nicht nur die Lebensqualität, sondern auch die Lebenserwartung der Betroffenen erheblich. Denn sie erhöhen mit der Ausschaltung der körpereigenen Immunabwehr die Anfälligkeit für jederlei Infektion und vor allem für Tumorerkrankungen beträchtlich. Dieses Problem müßte, wenngleich vermutlich in geringerem Ausmaß, auch die Transplantation von Gewebe aus embryonalen Stammzellen belasten – sofern dieses Gewebe genetisch mit dem des Empfängers nicht übereinstimmte.[324] Eine solche Übereinstimmung wäre aber erreichbar, wenn die Stammzellen aus einem Embryo gewonnen werden könnten, der aus dem DNA-Kern einer somatischen Körperzelle des späteren Gewebeempfängers geklont worden wäre. Das aus solchen Stammzellen entwickelte somatische Gewebe wäre genetisch gewissermaßen das eigene

---

[323] Zu diesen Zusammenhängen, den vernünftig begründbaren Aussichten sowie technischen und molekularbiologischen Einzelheiten s. den Überblick in den »Empfehlungen der DFG zur Forschung mit menschlichen Stammzellen« (Anm. 282), Naturwissenschaftlicher Hintergrund, Ziff. 5, S. 11 ff. (m. w. N.).

[324] S. allerdings zu den guten Chancen einer Verringerung des Histokompatibilitäts-Problems bei ES-Zellen auf verschiedenen wissenschaftlichen Wegen *Odorico/Kaufman/ Thomson* (2001), 197 f., 200 ff.; *NIH* (USA) (2001), 17, 103 f. (m. w. N.).

des Empfängers. Ein Problem der Immunabwehr gäbe es aller Wahrscheinlichkeit nach nicht. Die wissenschaftliche Erforschung und die mögliche Entwicklung einer therapeutischen Chance dieser Reichweite erhält damit den Status einer gewichtigen moralischen Pflicht. Deren Erfüllung von Gesetzes wegen vollständig zu blockieren, bedarf es profunder Gründe.

Gewiß ist es beim augenblicklichen Stand der Forschung eine offene Frage, ob sich solche Hoffnungen technisch überhaupt verwirklichen ließen und ob die mit einem solchen Verfahren verbundenen klinischen Risiken hinreichend kontrollierbar wären.[325] Aber das ist nichts Ungewöhnliches; es ist am Beginn neuer wissenschaftlicher Entwicklungen, die auf eine spätere praktische Anwendung zielen, stets der Fall. Daraus läßt sich selbstverständlich kein Einwand gegen eine Forschung herleiten, deren Zweck gerade darin besteht, diese Fragen zu klären und die positiven Möglichkeiten dann ggf. zu verwirklichen.

3. Ein solcher Einwand, der über die oben erörterten allgemeinen Gründe für die Ablehnung von Forschungsembryonen hinausreicht, ergibt sich aber möglicherweise aus der besonderen Technik des therapeutischen Klonens. Die unterschiedlichen Argumente, die seit der Geburt des Schafes Dolly gegen eine Anwendung dieses Verfahrens zum Zweck der menschlichen Reproduktion formuliert worden sind, können hier allerdings dahinstehen. Denn sie zielen ausnahmslos auf die moralische Verwerflichkeit des Klonens von Embryonen, die implantiert und später als Kinder geboren werden sollen. Nur aus dieser Orientierung bezieht die Kritik ihre Plausibilität (soweit sie plausibel ist[326]). Die Er-

---

[325] Hierzu *National Academy of Sciences* (USA) (2001), 24 f.; knapp auch die »Empfehlungen« der DFG (2001), 13 f.

[326] Dazu nur so viel: Beim derzeitigen Stand der Kenntnis und der Technik liefe die Anwendung dieses Verfahrens zur Erzeugung eines Kindes auf die Mobilisierung eines unbekannten, gänzlich unkontrollierbaren und hohen Schädigungspotentials für dieses Kind hinaus. Schon deshalb ist das reproduktive Klonen dieser Art moralisch nicht akzeptabel und rechtlich weiterhin zu verbieten. Die außerdem oft herangezogenen prinzi-

zeugung von Embryonen zur Stammzellgewinnung wird davon nicht berührt. Weder die Menschenwürdeverletzung, die oft in der Erzeugung eines genetisch nicht singulär individualisierten Menschen, noch die prinzipielle Freiheitsverletzung (»genetische Versklavung«), die in dem Octroi eines bereits vorhandenen individuellen Genoms gesehen wird[327], kommen als Argumente gegen die Klonierung eines Embryos in Betracht, der sich über das Blastozystenstadium, also über das Alter von etwa fünf Tagen hinaus, nicht entwickeln wird.

Doch könnte, so wird oft gesagt, die Zulassung des therapeutischen Klonens dazu führen, daß die Methode des Zellkerntransfers, die ja immerhin wissenschaftlich entwickelt und technisch »trainiert« werden müßte, eines Tages zum reproduktiven Klonen mißbraucht werden könnte. Das Verfahren der Erzeugung des Embryos sei schließlich in beiden Fällen dasselbe. Auch der drohende Beginn einer »schiefen Bahn« wird beschworen, die zuletzt in der Freigabe und dem ungehemmten reproduktiven Klonen enden könnte. Daher müsse jede Möglichkeit der auch nur technischen Förderung dieser Risiken gänzlich ausgeschlossen werden und das therapeutische Klonen ebenfalls verboten bleiben.

Diese Risiken sind äußerst unwahrscheinlich. Der Angsttraum von einer allgemeinen Freigabe des reproduktiven Klonens ist offensichtlich bis zum Abwegigen irreal. Die biologisch-technischen, ökonomischen, ethischen und rechtlichen Gründe dafür brauchen wohl nicht eigens aufgezählt

---

piellen Argumente sind dagegen keineswegs immer überzeugend (s. etwa die folgende Anm.); sie brauchen aber hier nicht erörtert zu werden; s. dazu *Pence* (1998).

[327] Beide Argumente sind aus verschiedenen Gründen wenig einleuchtend. Ihre Triftigkeit scheitert schon daran, daß der Akt der »Menschenwürdeverletzung« bzw. der »genetischen Versklavung« für den dadurch angeblich Verletzten die notwendige Bedingung seiner Existenz ist. Denn für ihn gäbe es die Alternative, als nichtgeklonter Mensch zu leben, selbstverständlich nicht; jeder andere Weg der Zeugung hätte nicht zu seiner, des Geklonten, Existenz, sondern zu der eines ganz anderen Menschen geführt. Unterstellt man, was auf der Hand liegt, daß es auch einem geklonten Mensch lieber ist zu leben, als nicht zu leben, dann ist nicht einzusehen, wieso der Akt, dem *allein* er seine Existenz verdankt und unter allen Umständen nur hätte verdanken können, ihn zugleich zum Opfer gemacht, nämlich seine Menschenwürde verletzt und ihn »versklavt« haben soll.

zu werden. Und was das Risiko eines möglichen Mißbrauchs des Verfahrens in Einzelfällen angeht, so ist an die obigen Ausführungen zum normativen Status solcher Argumente zu erinnern: Befürchtete Mißbräuche können einen zulässigen, möglicherweise ethisch gebotenen Gebrauch nicht desavouieren und dessen Totalverbot daher nicht legitimieren.[328]

4. Einige empirisch-pragmatische Erwägungen lassen sich anschließen. Es liegt auf der Hand, daß sich die Geburt eines durch Kerntransfer geklonten Kindes schwerlich verheimlichen ließe. Ein solcher Mißbrauch wäre als kriminelle Tat einem hohen Entdeckungsrisiko ausgesetzt. Die Präventionswirkung eines aufrecht erhaltenen Verbots des reproduktiven Klonens wird daher von der Zulassung des therapeutischen Klonens nicht berührt.[329] Der befürchtete technische »Trainingseffekt« des erlaubten therapeutischen Klonens für die verbotene reproduktive Variante dürfte über das Klonen von Säugetieren, das weltweit genauso wie hierzulande intensiv betrieben wird, ebenfalls zu erzielen sein. Er liefert im übrigen ohnehin keinen Verbotsgrund, der über die allgemeine Mißbrauchsbefürchtung hinausreichen könnte. Und schließlich dürfte die gebotene staatliche Kontrolle des therapeutischen Klonens alle diese Risiken bis weit unter die Schwelle drücken, ab der sich ein Totalverbot legitimieren ließe.

Gewiß birgt die Methode der Embryonenerzeugung durch Zellkerntransfer für die anschließende Gewinnung von Stammzellen und deren möglichen Gebrauch in der Transplantationsmedizin eine Reihe anderer und wirklicher, nämlich zellbiologischer Risiken, die bislang gänzlich ungeklärt sind.[330] Aber das ist selbstverständlich kein Einwand gegen

---

[328] S. oben 4. Abschnitt, A. II.

[329] Und daß es offenbar skrupellose Ärzte gibt, die solche reproduktiven Klonversuche irgendwo auf der Welt, wo sie nicht verboten sein mögen, tatsächlich unternehmen wollen, würde ja offensichtlich auch von einem Totalverbot des therapeutischen Klonens in Deutschland nicht verhindert.

[330] S. *National Academy of Sciences* (2001), 24 f.; s. auch die DFG-Empfehlungen (2001), 13 f.

eine Forschung, die sich genau damit befaßt. Diese Fragen zu klären, wäre im Gegenteil eine ihrer primären Aufgaben. Jede medizinische Grundlagenforschung hat als ihren eigenen Gegenstand auch die bio- und physiologischen Risiken ihrer möglichen späteren Anwendung. Nicht zuletzt deshalb wird sie betrieben.

5. Für das Verbot des therapeutischen Klonens gibt es daher keine genuin ethischen Gründe. Was bleibt, sind auch hier die oben skizzierten »Kulturnorm«-Erwägungen, die derzeit das Gesamtverbot aller Formen der Erzeugung von Forschungsembryonen hinnehmbar machen, sofern die Forschung an Stammzellen aus überzähligen Embryonen ermöglicht wird. Dieses Gesamtverbot sollte aber vom Gesetzgeber im Blick behalten und jeweils zu gegebener Zeit wieder evaluiert werden. Die öffentliche Diskussion sollte auch beim vorläufigen Fortbestand des Verbots die Frage des therapeutischen Klonens nicht tabuisieren und ausklammern. Vielmehr sollte die ethische Klärung der involvierten Probleme intensiv weiterbetrieben werden. Es wäre verhängnisvoll und ein gravierendes moralisches Unrecht gegenüber (künftigen) schwerkranken Menschen, die klinischen Hoffnungen, die sich gerade mit dem Verfahren des therapeutischen Klonens verbinden, ad infinitum einfach zu ignorieren und an einem ethisch grundlosen Verbot bloß deshalb festzuhalten, weil man die Mehrheit der Bevölkerung auf ihren irrigen Vorstellungen sitzenläßt.[331]

---

[331] Im Ergebnis ebenso: *National Academy of Sciences* a. a. O., S. 38 f.; *Department of Health* (England) (2000), 39 ff.; *National Consultative Ethics Committee for Health and Life Sciences* (Frankreich) (2001), 7 f. (Mehrheitsmeinung); *Ogilvie et al.* (2001), 5. – Ähnlich auch *Lanza/Caplan/Silver/Cibelli/West/Green* (2000), 3175 ff.; *Savulescu* (1999), 87 ff.

C. Alternativen zur Forschung an embryonalen Stammzellen und ihre ethische Bedeutung

I. Äquivalenz der Forschung an sog. adulten Stammzellen und an embryonalen Keimzellen?

Nicht selten wird die Forderung propagiert, die Forschung an embryonalen Stammzellen schon deswegen weiterhin zu verbieten, weil sich inzwischen wissenschaftliche Alternativen zu ihr eröffneten, die in ihren therapeutischen Aussichten gleichwertig, aber ethisch unproblematisch seien. Die Rede ist dabei vor allem von den sog. adulten oder gewebespezifischen Stammzellen.[332] Das sind weitgehend unspezialisierte Zellen, die sich auch in zahlreichen spezialisierten Gewebetypen des entwickelten menschlichen Körpers noch finden. Sie haben dort[333] für die gesamte Lebensdauer des Organismus die Fähigkeit zur Selbsterneuerung und – in bestimmten Grenzen – zur Entwicklung in einen oder mehrere der rund 300 unterschiedlichen Zelltypen des menschlichen Körpers. Adulte Stammzellen sind das regenerative Potential des Körpers. Es wird bei Bedarf, vor allem nach Verletzungen oder anderen Gewebsverlusten, zur Wiederherstellung aktiviert (wenngleich nur in manchen Körperregionen) und kann sich dann in den konkret benötigten Zelltyp des jeweiligen Herkunftsgewebes ausdifferenzieren.[334]

Neuere Forschungen haben gezeigt, daß die Plastizität solcher adulten Stammzellen erheblich größer ist, als man zuvor

---

[332] Zu denen auch die hämatopoietischen Stammzellen gerechnet werden können, die aus Nabelschnurblut nach Geburten gewonnen werden.

[333] Freilich nach derzeitigem Erkenntnisstand offenbar *nur* im Körper, nicht dagegen *in vitro* – was eines der hauptsächlichen Hindernisse für ihren Einsatz in der Transplantationsmedizin und einen ihrer hauptsächlichen Nachteile gegenüber embryonalen Stammzellen ausmacht; s. dazu weiter unten im Text.

[334] *(NIH)* (USA) (2001), Executive Summary, ES-6 sowie eingehend 23 ff.; s. auch die »Empfehlungen« der DFG (2001), 9.

angenommen hatte. »Plastizität« bezeichnet die Fähigkeit einer erwachsenen Stammzelle, die aus einem bestimmten Gewebetyp des Körpers stammt, spezialisierte Zellen eines anderen Gewebetyps zu generieren.[335] Jedenfalls bei einigen Arten von adulten Stammzellen ist diese Fähigkeit zur Ausdifferenzierung in herkunftsfremde Gewebsarten *in vivo*, also im menschlichen Körper, inzwischen experimentell nachgewiesen.[336] Manche dieser neuen Untersuchungen geben Anlaß für die Hoffnung, die Bandbreite dieser Differenzierungsmöglichkeiten werde sich künftig über das bisher Beobachtete hinaus noch erheblich erweitern oder gezielt erweitern lassen.

Daraus ist die oben angedeutete normative Forderung abgeleitet worden, sich ausschließlich auf die ethisch problemlose Forschung an adulten Stammzellen zu konzentrieren und die an embryonalen Stammzellen weiterhin zu verbieten.[337] Die erstere sei der letzteren nicht nur im Hinblick auf die erwartbaren Ergebnisse gleichwertig. Sie verspreche für die Transplantationsmedizin überdies den großen Vorteil, die Gewinnung von genetisch körpereigenem Gewebe der potentiellen Empfänger zu ermöglichen, die ja zuvor auch die jeweiligen Spender der Stammzellen gewesen seien. Damit erledige sich von vornherein das Problem der Gewebeunverträglichkeit und deshalb zugleich der Ruf nach einer Zulassung des therapeutischen Klonens. Da somit die ethisch hochumstrittenen Formen der embryonalen Stammzellgewinnung für die therapeutischen Ziele der Forschung nicht mehr notwendig erschienen, seien sie schon deshalb unzulässig geworden und weiterhin zu verbieten.

Die Argumentation wirft drei Fragen auf:

---

[335] Definition nach *NIH*, a. a. O., Executive Summary, ES-2,

[336] *NIH,* a. a. O., 26 ff. (m. w. N.); s. auch die DFG-Empfehlungen (2001), 10.

[337] Warum die letztere ethisch problemlos ist, liegt auf der Hand: Hier ist kein tödlicher Embryonenverbrauch im Spiel; und solche Stammzellen würden selbstverständlich nur nach vorheriger wirksamer Einwilligung des jeweiligen Zellspenders entnommen. Das Transplantationsgesetz (TPG) ist hier übrigens ebenfalls nicht einschlägig.

(1) Ob die Forderung – sofern man ihre behauptete Grundlage voraussetzt: die Äquivalenz von adulten und embryonalen Stammzellen für die angestrebten Ziele – normativ richtig ist;
(2) ob diese Voraussetzung sachlich zutrifft;
(3) wie sich Zweifel, Ungewißheit oder Streit in diesem Punkt auf die normative Beurteilung auswirken.

II. Kein Ausschluß der »Erforderlichkeit« einer Forschung an embryonalen Stammzellen

1. Die Antwort auf die Frage (1) ist ein einfaches Ja. Unterstellt man, daß embryonale im Vergleich zu adulten Stammzellen für die angestrebten Ziele der Forschung keinerlei erkennbaren Vorteil böten, dann wäre der Verbrauch von Embryonen dafür nicht zu legitimieren; sein Verbot wäre ethisch wie rechtlich begründet. Für wie schwerwiegend immer man die Tötung frühester Embryonen halten mag: daß sie normativ überhaupt kein Problem sei, wird niemand ernsthaft behaupten. Schon daraus folgt, daß sie für die mit ihr verfolgten Ziele erforderlich sein muß, um gerechtfertigt werden zu können. »Erforderlichkeit« eines eingesetzten Mittels bedeutet zweierlei: daß es für die mit ihm angestrebten Zwecke geeignet und daß es dafür unter allen gleich geeigneten das »mildeste« Mittel sein muß, daß also kein normativ weniger problematisches zur Verfügung steht. Das letztere wäre aber – unserer vorläufigen Voraussetzung nach – der Fall: eben mit und in der Forschung an adulten Stammzellen.

2. Freilich ist die Voraussetzung unrichtig. Diese Feststellung bedeutet selbstverständlich nicht, daß ich hier im Rahmen rechtsethischer Analysen zu einer naturwissenschaftlichen Kontroverse Position bezöge. Schon der Versuch, die fachinterne Debatte über die Perspektiven der unterschiedlichen Richtungen in der Stammzellforschung kritisch zu

mustern, wäre eine Kompetenzanmaßung, die mir fernliegt. Sie würde aber vor allem die Aufgabe unserer Untersuchung verfehlen. Die erzielten oder behaupteten Resultate naturwissenschaftlicher Forschungen zu beurteilen oder die daraus abgeleiteten Theorien zu überprüfen, gehört grundsätzlich nicht zur Zuständigkeit der Normwissenschaften.[338] Ethiker, Rechtsphilosophen und Juristen, die sich um eine Klärung der normativen Probleme solcher Forschungen bemühen, sind darauf verwiesen, ihren Überlegungen die sachlichen Auskünfte der naturwissenschaftlichen Experten zugrunde zu legen. Gibt es unter diesen unterschiedliche Auffassungen über Ergebnisse, Sinn, Reichweite und Aussichten ihrer Forschungen, so müssen sich Normwissenschaftler primär an einer ggf. vorherrschenden Meinung orientieren. Sie sollten aber außerdem alle ernstzunehmenden Minderheitsmeinungen zur Kenntnis nehmen, auf ihre normativen Konsequenzen überprüfen und diese mit denen der herrschenden Auffassung in Beziehung setzen.

a) Projiziert man diese einfachen methodischen Maximen auf die Frage nach der Konkurrenz der Zukunftsperspektiven, die von den unterschiedlichen Bereichen der Stammzellforschung eröffnet werden, so ergibt sich ein klares Bild: Ein weitreichender internationaler Konsens unter den zuständigen Fachwissenschaftlern besagt, daß embryonale Stammzel-

---

[338] Man wird an dieser Stelle allerdings und in aller Bescheidenheit auch einmal umgekehrt auf eine gewisse fachliche Sonderkompetenz der Normwissenschaften, vor allem der Moral- und der Rechtsphilosophie, für die Fragen der Ethik hinweisen dürfen. In der Mediendebatte zum Embryonenschutz wurde gelegentlich die Parole propagiert, alles was man zur kundigen Beurteilung dieser moralischen Probleme brauche, sei ein »anständiger Charakter« (*Erinnerungszitat aus der FAZ*), weswegen man z. B. als Journalist umstandslos für die verbindliche Auskunft über alle Zweifelsfragen zuständig sei. Das ist zwar komisch, aber falsch. Daß die *Entscheidungen* über diese Probleme zuletzt von der ganzen Gesellschaft getroffen werden, also im Parlament fallen müssen, heißt nicht, daß jedes Mitglied der Gesellschaft (oder des Parlaments) dafür genau die gleiche Kompetenz mitbrächte, wie sie z. B. die Diskussionen einer hochtrainierten und international kommunizierenden Elite von zuständigen Fachphilosophen kennzeichnet. Wofür leistete sich die Gesellschaft sonst für viel Geld solche Leute? Daß es auch *schlechte* Normphilosophen gibt, ist wahr und so wenig erstaunlich wie der Umstand, daß es schlechte Journalisten oder schlechte Abgeordnete gibt.

len im Hinblick auf die erhofften therapeutischen Fernziele derzeit das mit Abstand meistversprechende Potential bieten. Sie demonstrieren zumindest einige wesentliche Eigenschaften, die für die mögliche Verwirklichung jener Ziele erforderlich und die an adulten Stammzellen (jedenfalls bislang) nicht oder nicht in gleicher Stärke oder experimenteller Nutzbarkeit nachweisbar sind.[339] Das betrifft vor allem zwei dieser Eigenschaften. Zum einen die Fähigkeit zur Proliferation im undifferenzierten Zustand *in vitro*, also zu einer hinreichenden extrakorporalen Vermehrung einer genügenden Menge unspezialisierter Zellen, um für eine Umwandlung in transplantables Gewebe überhaupt in Frage zu kommen. Diese Fähigkeit, die bei embryonalen Stammzellen auch des Menschen inzwischen mehrfach zweifelsfrei nachgewiesen worden ist, fehlt bei adulten Stammzellen offenbar weitgehend oder vollständig; sie sterben *in vitro* entweder ab oder differenzieren sich aus und werden dadurch gerade für die vorgesehenen Zwecke unverwendbar.[340] Zum anderen: adulte Stammzellen sind in ihren Ursprungsgeweben im Körper zumeist sehr selten (von den hämatopoietischen Zellen des Nabelschnurbluts abgesehen) und es ist offenbar schwierig, sie genau zu identifizieren, zu isolieren und – vor allem – von Beimischungen anderer Zellen zu reinigen. Daher ist bislang auch noch kein Nachweis gelungen, daß reine adulte Stammzellen wirklich – wie embryonale – pluripotent sind, daß nämlich ihre bislang demonstrierte Plastizität *in vivo* tatsächlich auf einzelne Stammzellen zurückgeht und nicht auf ein eben nur im Körper realisierbares Zusammenspiel mit weiteren und unbekannten biologischen Faktoren.[341] Daß dies ihre Nutzbarkeit schon zu Forschungs- und jedenfalls zu etwa

---

[339] Aus der inzwischen umfangreichen Literatur statt aller nur *NIH*, (2001) ES-6, ES-9; *National Academy of Sciences* (2001) 31, 36 f.; Überblick bei *Vogel* (2000), 1418.

[340] Statt aller *NIH*, a. a. O.; außerdem ebd., 34, 43 (für hämatopoietische Stammzellen); 83 (für neurale Stammzellen); zu den vermuteten Gründen: ebd., 103 sowie Appendix C, SC-1.

[341] Zu all diesen Schwierigkeiten und offenen Fragen *NIH*, a. a. O., ES-6, ES-9 f., 37 f.

später möglichen Transplantationszwecken deutlich begrenzen müßte, liegt auf der Hand.

b) Aus diesen Umständen folgert die große Mehrzahl der zellbiologischen Wissenschaftler, daß die Forschung an embryonalen und die an adulten Stammzellen zum gegenwärtigen Zeitpunkt nebeneinander und vergleichend betrieben werden sollten.[342] Von einer Äquivalenz der beiden Stammzelltypen für die angestrebten Forschungsziele könne keine Rede sein. Selbst wenn adulte Stammzellen künftig die Ressource der Wahl werden sollten, wird diese Zukunft nach Auffassung der Mehrheit der Forscher nur über genau jenes Verständnis der Phänomene zellulärer Pluripotenz erreichbar sein, das allein von der Forschung an embryonalen Stammzellen ermöglicht werde.[343] Im übrigen gibt es eine Reihe perspektivischer Vorzüge für Forschung und Therapie, insbesondere den der Histokompatibilität, durchaus auch umgekehrt auf seiten der adulten Stammzellen. Beide Forschungsbereiche sind deshalb nach allem derzeit verfügbaren Expertenwissen zum Zweck einer optimalen Zielorientierung aufeinander angewiesen. Die embryonale Stammzellforschung als die dafür grundlegende Schlüsseltechnologie zu untersagen, müßte die Entwicklung, so die weit überwiegende Auffassung, im besten Fall deutlich verzögern, im schlechteren dauerhaft blockieren. Diese Verzögerung, daran sei erinnert, ist ein *moralisches* Problem, nicht etwa eines für die Fortschrittsbeflissenheit der Wissenschaft (oder was der gängigen Schablonen mehr sind). Denn bezahlt wird sie nicht mit Zumutungen an die Geduld umtriebiger Forscher, sondern möglicherweise mit großen Opfern an Menschenleben und -schicksalen.

3. Das zu den adulten Stammzellen Ausgeführte gilt *mutatis mutandis* auch für die als Alternative ebenfalls vorgeschla-

---

[342] Exemplarisch: *NIH*, a. a. O., ES-10 und passim; *National Academy of Sciences* (2001), 36 ff.; *Department of Health* (2000), 19, 41 f.; *Canadian Institutes of Health Research* (2001), zit. nach *Shanner* (2001), 48; *Ogilvie et al.* (2001), 4.
[343] Dazu die Nachweise der vorigen Anm.

gene Forschung an embryonalen Keimzellen, also an Stammzellen, die aus den primordialen Keimzellen abortierter Embryonen oder Feten gewonnen werden (sog. EG-Zellen).[344] Sie übertreffen nach allen bisherigen Forschungsergebnissen die Plastizität adulter Stammzellen; insofern liegen sie in ihrer Leistungsfähigkeit gewissermaßen näher an den embryonalen Stammzellen. Freilich gibt es auch deutliche Unterschiede. Und diese mindern die Brauchbarkeit der EG-Zellen im Vergleich zu der der ES-Zellen in mancherlei Hinsicht. Insbesondere scheinen EG-Zellen nicht annähernd die gleiche Fähigkeit zur zeitlich unbegrenzten Selbstreplikation *in vitro* zu haben wie jene.[345] Diese und andere Differenzen lassen auch hier das Votum der Mehrheit in der »scientific community« eindeutig ausfallen: die Forschung weiterhin an beiden Stammzelltypen zu betreiben. Daher mag das Problem der möglicherweise ebenfalls moralisch »unreinen« Herkunft der EG-Zellen, nämlich aus Abtreibungen, hier auf sich beruhen.

4. Damit ist die Antwort auf unsere obige Frage (3), die nach der Unsicherheit der Prognosen vorgezeichnet. Zu erinnern ist zunächst an ihre Voraussetzung: das hohe Gut der Forschungsfreiheit. Sie ist nicht ein Privileg für die Neugier bestimmter Professionen oder Individuen. Und sie ist weitaus mehr als nur der äußere Garant für die Zukunftsfähigkeit einer Gesellschaft, wenngleich sie gewiß auch dies ist. Sie beglaubigt, repräsentiert und versinnbildlicht vielmehr auf besondere Weise deren innere Freiheit: die Freiheit des Denkens, Fragens und Suchens. Verfassungsrechtlich unterliegt sie daher keiner förmlichen, sondern nur der immanenten Schranke aller Grundrechte, der Pflicht zur Beachtung der rechtlich geschützten Sphäre anderer. Eine solche Begrenzung betrifft vor allem im Bereich der Naturwissenschaften

---

[344] S. dazu schon oben 1. Abschnitt, A. I. und II. 2.
[345] Eingehend zu Gemeinsamkeiten und Unterschieden beider Zelltypen *NIH* (2001), 11 ff., 14, 18 f. sowie Appendix C; zu dem genannten Nachteil der EG-Zellen auch *Department of Health* (2000), 25; ebenfalls DFG-Empfehlungen (2001), 7 ff.

aus naheliegenden Gründen die experimentellen Methoden stärker als etwa die Bestimmung der Forschungsziele oder die Antwort auf die Frage, welche unterschiedlichen Wege der Erkundung sinnvoll erscheinen, um zu diesen Zielen zu gelangen. Für die letzteren gibt es eine natürliche Definitionsmacht der »scientific community«. Sie ist gegen Zumutungen externer Vorgaben und Beschränkungen weitgehend immun, und sie darf, ja muß dies sein.

Auch und sogar die experimentellen Verfahren der Forschung an embryonalen Stammzellen, deren Gewinnung eingeschlossen, sind verfassungsrechtlich wie rechtsethisch legitim. Das hat unsere Analyse zu zeigen versucht. Diese Legitimität endet nicht an der Unsicherheit der Forschungsprognosen. Ein solches Risiko des schließlichen Scheiterns kennzeichnet jede Wissenschaft. Und ebensowenig kann der Verweis auf bestimmte, aus politischen oder weltanschaulichen Gründen erwünschte Forschungswege die Sperrung bestimmter anderer begründen, wenn gerade diese anderen der Wissenschaft selbst vielversprechender erscheinen und moralisch legitim sind. Abwegig ist die in manchen politischen Kreisen gehandelte Direktive, die Stammzellforscher sollten zunächst die Erreichbarkeit ihrer Ziele und dann die Ausschließlichkeit gerade des Weges über die Embryonenforschung nachweisen oder wenigstens glaubhaft machen, bevor sie nach Erlaubnissen fragten. Welche Erwartungen und Hoffnungen begründet und welche möglichen Wege zu den erstrebten Zielen naturwissenschaftlich vernünftig sind, darüber kann niemand anderer entscheiden als die Gemeinschaft der zuständigen Forscher selbst. Mischt sich der Staat in *diese* Fragen und stützt Verbote auf Antworten, die denen der »scientific community« widersprechen, so verletzt er stets Art. 5 Abs. 3 des Grundgesetzes.

Gewiß bedarf die verbrauchende Embryonenforschung einer genauen öffentlichen Kontrolle. Und ebenso sicher genügen Verfahren, die schon wissenschaftlich unvernünftig sind, dem normaviten Kriterium der Erforderlichkeit nicht, das die

Forschung an embryonalen Stammzellen erfüllen muß.[346] Aber Kontrolleure dieser rein wissenschaftlichen Rationalität ihrer Verfahren können nur aus den zuständigen Naturwissenschaften selbst kommen. Auf ihre Expertise sind die Kontrolleure der rechtlichen, ethischen und politischen Vernunft solcher Forschungen unumgänglich angewiesen. Nicht zulässig ist es, wenn Normwissenschaftler oder Politiker aus der Vielfalt naturwissenschaftlicher Stimmen sich aussuchen, was ihnen behagt, und verwerfen, was ihnen mißfällt. Sie haben für die Frage, was zu erwarten vernünftig und was zu versuchen vielversprechend ist, die deutlich vorherrschende Meinung der zuständigen »scientific community« als ganzer zu akzeptieren. Dann erst beginnt ihre eigene Aufgabe: zu klären, ob solche Forschungswege normativ akzeptabel sind.

Daß sie es sind, haben die Analysen unserer Untersuchung gezeigt. Daher schließt weder die Unsicherheit der therapeutischen Fernziele noch die Möglichkeit, vielleicht auch ohne den Verbrauch von Embryonen dorthin zu gelangen, dessen moralische Legitimation aus. Die öffentliche Kontrolle dieser Forschung muß eine naturwissenschaftliche Evaluierung durch zuständige Experten einschließen. Daran ist nichts Ungewöhnliches. Solche Forschungen kennt und überwacht die Gesellschaft seit langem. Nichts spricht dafür, daß ihr dies mit der Stammzellforschung nicht genauso gelänge.

[346] Vgl. oben unter II. 1.

D. Ergebnis zu den schützenswerten Belangen der Gesellschaft und zu den gebotenen Abwägungen

I. Wider den heimlichen Utilitarismus von »schiefe Bahn«-Argumenten

Keiner der Gründe, die zugunsten des Gesellschaftsschutzes gegen die Forschung an ES-Zellen vorgebracht werden, vermag zu überzeugen. Die Befürchtungen des großdimensionierten Mißbrauchs und einer »schiefen Bahn« zur Erosion fundamentaler Normen sind schon empirisch in hohem Grade unplausibel. Sie lenken von ihrer sachlichen Unwahrscheinlichkeit ab, indem sie einigermaßen gespenstische Szenarien auf den Horizont unserer Zukunft projizieren. Genau diesem Verfahren dürften sie ihre öffentliche Konjunktur verdanken. Denn solche Folgen will niemand. Daher erhält Zustimmung, wer sie zu bekämpfen verspricht.

Demgegenüber ist an zweierlei zu erinnern: erstens an den Grundsatz jeder sachlichen Diskussion, wonach man für empirische Behauptungen die Last ihrer Glaubhaftmachung zu übernehmen hat, die keineswegs schon dadurch erfüllt wird, daß man die jeweilige Behauptung zur Schreckensvision stilisiert. Und zweitens daran, daß »slippery slope«-Argumente gerade deshalb, weil ihre Verfechter jenen Grundsatz gerne ignorieren, den wohl meistmißbrauchten Argumenttyp in den sozialethischen Diskussionen des gesamten vergangenen Jahrhunderts darstellen. Eine solche Tradition sollte die gegenwärtige Debatte nicht fortsetzen. Sie wäre die Festschreibung eines groben moralischen Unrechts: die Anmaßung eines unbesehen zwingenden Vorrangs diffuser gesellschaftlicher Befindlichkeiten vor den schweren Leiden individueller Menschen.[347] Diese Vulgärform eines sozusagen schlafwandlerischen Utilitarismus sollte sich eine moralisch aufgeklärte Gesellschaft nicht mehr gestatten.

---

[347] Daß es um eine Hilfe erst in möglicherweise fernerer Zukunft geht, und für Menschen,

II. Ethische Legitimierbarkeit aller vier Varianten der Gewinnung von embryonalen Stammzellen
Ausschluß der Erzeugung von Forschungsembryonen aus kultur-normativen Gründen

1. Gezeigt hat sich auch, daß die vier Varianten der Erforschung bzw. der Gewinnung embryonaler Stammzellen – von deren Import über ihre Gewinnung aus »Reproduktionsembryonen« bis zum therapeutischen Klonen – nicht etwa, wie oft behauptet wird, eine Eskalation der Verwerflichkeit bilden. Vielmehr sind alle vier mit guten ethischen Gründen zu legitimieren. Schon deshalb ist die Befürchtung einer forschungsinternen »schiefen Bahn« von der ersten zur vierten Variante ohne moralische Bedeutung. Ist eine bestimmte Entwicklung moralisch erlaubt, ja – wie unsere Analyse gezeigt hat – geboten, so ist ihr Eintritt nicht zu befürchten, sondern zu begrüßen. Sie sollte daher nicht die Folge einer »slippery slope«, sondern die eines Handelns aus guten Gründen sein.

Allerdings muß beim gegenwärtigen Stand der öffentlichen Diskussion, die erst begonnen und (trotz des in jeder Hinsicht mißratenen neuen Stammzellgesetzes) ersichtlich noch nicht zu einer klaren, auf genau erwogenen Gründen beruhenden Urteilsbildung der Gesellschaft geführt hat, die verbreitete intuitive Abneigung großer Teile der Bevölkerung gegen eine gezielte Erzeugung von Forschungsembryonen selbst als ethisch bedeutsamer Umstand anerkannt werden. Es wäre derzeit nicht nur politisch, sondern auch moralisch falsch, solche Intuitionen mit der Durchsetzung der eigenen Einsicht zu überrollen, auch wenn sich diese langfristig als die richtige erweisen sollte. Deshalb ist die verbreitete Ablehnung der Erzeugung von Forschungsembryonen als gegen-

die heute vielleicht noch gar nicht leben, ändert daran nichts. Es ist bloß das probate Mittel einer Psychologie der Verdrängung, die sich von Schlagworten wie »Ideologie des Heilens« ihre moralische Vorstellungskraft abkaufen läßt, wenn sie die jeweils Betroffenen nicht mit Haut und Haaren vor sich sieht.

wärtig vorherrschende Kulturnorm zu akzeptieren. Moralisch substantiell begründet ist sie freilich nicht. Daraus ergibt sich auch die Maxime, die öffentliche Klärung der Probleme intensiv voranzutreiben. Worum es dabei vor allem zu gehen hat, ist zunächst das Durchsichtigmachen unserer ethischen Grundnormen, über deren Inhalte in Wahrheit ein weithin unangefochtener Konsens besteht, und dann die Klärung ihrer Konsequenzen für eine allgemein akzeptable Lösung der ·Probleme.[348]

Auf diesem Hintergrund erscheint es angemessen, die gezielte Erzeugung von Forschungsembryonen einschließlich des sog. therapeutischen Klonens vorläufig unter ihrem derzeitigen Verbot zu belassen. Etwas anderes gilt für die Forschung an überzähligen Reproduktionsembryonen, die schon heute auf eine wesentlich größere Akzeptanz in der Öffentlichkeit trifft. Der Gesetzgeber sollte sie, guten moralischen Gründen und dem Beispiel von immer mehr Staaten unseres Kulturkreises folgend, erlauben. Die Fortgeltung des gegenwärtigen Totalverbots, ausgedehnt nun auch noch auf den Regelfall des früher erlaubten Imports von Stammzellen, ist nicht Ausdruck einer hohen, möglicherweise übertriebenen, sondern einer irrigen Moral und in ihrem Ergebnis verwerflich.

2. Wären die Möglichkeiten, die von ethisch unumstrittenen Alternativen, insbesondere der Forschung mit adulten Stammzellen, eröffnet werden, den Chancen der embryonalen Stammzellforschung gleichwertig, so wäre die letztere für ihre eigenen Ziele nicht erforderlich und damit moralisch illegitim. Nach dem weltweit eindeutig vorherrschenden Urteil der zuständigen Naturwissenschaftler ist die Behauptung einer solchen Äquivalenz indessen unrichtig. Daß sich adulte Stammzellen irgendwann einmal sogar therapeutisch als die bessere Alternative erweisen könnten (und es dann moralisch

---

[348] Daß hierbei die eigene Überzeugung aller (und selbstverständlich auch die hier begründete) stets zur Disposition der besseren Argumente zu stehen hat, ist selbstverständlich.

gewissermaßen zweifach wären), ändert daran nichts. Solange dies nicht der Fall ist, solange im Gegenteil nach dem Urteil der zuständigen Experten der Weg dorthin nur und allenfalls über die Embryonenforschung führen kann, wird deren moralische Legitimität von der Möglichkeit künftiger anderer Einsichten und Möglichkeiten nicht berührt. Doch ergibt sich daraus das Gebot einer nachdrücklichen Förderung der Forschung an adulten Stammzellen und einer engen Kooperation beider wissenschaftlicher Zweige. Auch muß deren jeweilige Entwicklung genau beobachtet und regelmäßig evaluiert werden. Sollte im dargelegten Sinn die Erforderlichkeit der Forschung an ES-Zellen tatsächlich irgendwann entfallen, so würde die weitere Fortsetzung des Verbrauchs von Embryonen unzulässig.

Das ist ersichtlich ein normativer Satz; die Feststellung seiner sachlichen Grundlagen bleibt allerdings allein dem Urteil der zuständigen Naturwissenschaftler vorbehalten. Dieses Urteil wird schwerlich jemals als zwingender Beweis oder unbestrittener Konsens, vielmehr stets nur als Mehrheitsvotum der »scientific community« zu haben sein. Als solches muß es von Juristen, Ethikern und vor allem von Politikern akzeptiert werden. Es ist nicht nur politisch unvernünftig, sondern rechtsethisch wie verfassungsrechtlich unzulässig, für die Durchsetzung zwangsrechtlicher Normen eine irgendwo und inter alia auch vertretene naturwissenschaftliche These als Grundlage zu reklamieren, die zwar die eigene Position stützt, aber zur vorherrschenden Auffassung der zuständigen Experten im deutlichen Widerspruch steht. Eine solche These ist, jedenfalls derzeit, die Behauptung, die Forschung an adulten Stammzellen oder an EG-Zellen sei der Forschung an ES-Zellen im Hinblick auf die angestrebten Ziele äquivalent. Mit dieser Behauptung die Fortgeltung des Verbots der verbrauchenden Embryonenforschung zu begründen, wäre daher ein Verstoß gegen die Forschungsfreiheit Art. 5 Abs. 3 GG.

5. Kapitel
Gesamtergebnis/
Empfehlungen für die Rechtspolitik

I. Resümee

1. Damit sind sämtliche Elemente der gebotenen Gesamtabwägung geprüft und in ihrem normativen Gewicht bestimmt. Das Resümee kann nun knapp ausfallen. Die verfassungsrechtliche Analyse ergab eine *Tabula rasa*: ein Schweigen aller verfassungsrechtlichen Quellen zu der Ausgangs- und Titelfrage des vorliegenden Gutachtens. Diese Feststellung bezieht sich auch auf die Judikatur des BVerfG. Zwar hat es in den Leitsätzen seiner beiden Abtreibungsurteile den Status des Embryos als einer grundrechtlich geschützten Rechtsperson bestimmt. Zugleich aber hat es eine Rechtslage mitgestaltet und für Staat und Gesellschaft zwangsverbindlich durchsetzen geholfen, die einen solchen Status für den Embryo definitiv ausschließt. Dieser Judikatur des BVerfG läßt sich daher eine Antwort auf die Frage nach jenem Schutzstatus und einem daraus etwa ableitbaren prinzipiellen Verbot der verbrauchenden Embryonenforschung so wenig entnehmen wie dem Text des Grundgesetzes selbst. Deshalb kann die Frage *de lege lata* insgesamt nicht als verfassungsrechtliche entschieden werden.

Das hat unserer Untersuchung den Weg für die grundsätzliche ethische Analyse eröffnet. Und diese hat gezeigt, daß es auch keine guten moralischen Gründe gibt, dem frühesten Embryo denselben normativen Status wie geborenen Personen zuzuschreiben. Eine Auffassung, die dies dennoch fordert, muß eine ganze Reihe von Inkonsistenzen in Kauf nehmen, unter denen die für den Abtreibungskonflikt nur die sinnfälligste ist. In keiner wirklichen oder denkbaren Kollision mit einigermaßen gewichtigen Interessen geborener Menschen wird der frühe Embryo auch nur annähernd als gleichrangiger Inhaber von Schutzrechten behandelt, und für diese unterschiedliche Behandlung gibt es durchschlagende und allgemein anerkannte ethische Gründe. Dann darf man aber den ihm geschuldeten Schutz nicht als einen subjektiv-grundrechtlichen kennzeichnen. Wer dies dennoch tut, desavouiert die Glaubwürdigkeit und Dignität der fundamentalen Normen unserer Rechts- und Moralordnung. Auch eine andere, sozusagen externe Inkonsistenz ist immerhin der Erwähnung wert. Es wäre mehr als seltsam, sollte eine Forschung, die inzwischen von der Mehrzahl unserer europäischen Nachbarn, die von Amerika, Kanada, Israel, Japan, Australien und vielen anderen Ländern nach gründlicher ethischer Prüfung für zulässig befunden und entweder schon eingeführt worden ist oder dies in absehbarer Zeit wird, sollte also eine solche Forschung in Deutschland einen der schwersten und vom Grundgesetz *ad infinitum* untersagten Normverstöße überhaupt darstellen: die Verletzung der Menschenwürde und des Grundrechts auf Leben. Selbstverständlich ist es nicht ausgeschlossen, daß der Rest der Welt irrt und uns an moralischer Einsicht und Lauterkeit so eindrucksvoll unterlegen ist. Wahrscheinlich ist es nicht.

Begründet ist aber ein objektiver Schutz des Embryos. Seine Wurzeln sind einerseits eine solidarische *prima-facie*-Pflicht gegenüber auch frühesten Embryonen, ihnen ihre natürliche Entwicklungschance nach Möglichkeit zu sichern, und andererseits Erwägungen zum gesellschaftlichen Normenschutz. Beide Pflichten sind aus offensichtlichen Gründen abwägbar. Solidaritätspflichten gegenüber frühen Embryonen sind dabei in ihrem eigenen Recht von sehr geringem Gewicht. Doch werden sie durch Normschutzerwägungen deutlich verstärkt. Diese ihrerseits gehören bereits zum Bereich gesellschaftlicher Schutzinteressen. Sie leiten damit über zu weiteren kollektiven Belangen, die von einer Forschung an embryonalen Stammzellen berührt sein könnten. Keiner unter ihnen hat sich als normativ tragfähige Grundlage für die Zuschreibung eines subjektrechtlichen Status zum frühen Embryo erwiesen.

2. Mit diesen Einzelergebnissen unserer Untersuchung ist das Resultat der Gesamtabwägung vorgezeichnet. Die therapeutischen Ziele der Forschung an embryonalen Stammzellen, zu denen im übrigen neben den transplantatiosmedizinischen noch gewichtige andere gehören[349], überwiegen unsere Schutzpflichten gegenüber frühen Embryonen und die von einer solchen Forschung möglicherweise nachteilig berührten Gesellschaftsinteressen *deutlich* und *bei weitem*. Das gilt um so mehr, als die Forschung aus den oben erörterten Gründen zunächst auf überzählige Embryonen der Reproduktionsmedizin beschränkt bleiben sollte.

Selbstverständlich gibt es für ein solches Abwägungsurteil keine beweisbaren Maßstäbe *more geometrico*. Gleichwohl steht das Resultat auf der Grundlage der hier unternommenen Analysen außer Zweifel. Das dürfte nun einer besonderen Beglaubigung nicht mehr bedürfen. Bestreitbar ist es freilich, wenn man eine prinzipiell andere Perspektive der Begründung moralischer Normen bezieht. In ihr wäre der Schutzstatus des Embryos etwa aus christlich-religiösen oder aus sonst metaphysischen Gründen als unantastbar zu postulieren.[350] Erwägungen zur subjektiven Verletzbarkeit als dem primären Grund genuin subjektiver moralischer Schutzrechte, die in der vorliegenden Untersuchung eine tragende Rolle spielen, wären für diese Sicht der Dinge bedeutungslos. Allein der als objektiv aufgefaßte, theologisch begründete Wert des embryonalen menschlichen Lebens wäre maßgebend. Es sei noch einmal hervorgehoben, daß eine solche Position von den hier vorgetragenen Argumenten nicht widerlegt werden kann – freilich auch von allen denkbaren anderen und überhaupt von rationalen Erwägungen nicht. Der Preis einer solchen Unwiderlegbarkeit ist hoch: die prinzipielle

---

[349] Überblick in *NIH* (2001), Executive Summary, ES-4 f.

[350] Allerdings erzwingt, entgegen den Verlautbarungen jedenfalls der deutschen offiziellen Amtskirche, selbst eine katholisch-theologische Betrachtungsweise dieses Unantastbarkeitspostulat für den Präimplantationsembryo keineswegs; vgl. dazu statt vieler die eingehende christlich-philosophische Analyse von *Ford* (1988), 181 f.

Unverbindlichkeit der so immunisierten Position in einer Gesellschaft, deren Normen auf jene metaphysischen Voraussetzungen ethisch wie rechtlich nicht mehr verpflichtet werden können und dürfen.

Moralisch nicht akzeptabel und im Ergebnis, wenn auch gewiß nicht in ihren Motiven verwerflich sind dagegen alle Positionen, die das Verbot der verbrauchenden Embryonenforschung allein aus Gründen des Gesellschaftsschutzes ableiten wollen. Schon die empirischen Voraussetzungen und die davon abgezogenen Gefahrprognosen sind alles andere als überzeugend. Entscheidend ist aber das Irrige einer Ethik, die im Modus eines im Wortsinne bedenkenlosen Utilitarismus jede auch nur entfernt mögliche Irritation gesellschaftlicher, ja manchmal bloß eigener Befindlichkeiten und deshalb jede symbolische Beruhigung des zuvor verunsicherten allgemeinen Gewissens für gewichtiger hält als das schwere Leid konkreter Personen, denen schon die Chance einer später vielleicht möglichen Hilfe abgeschnitten werden soll. Dieses Verdikt, im einzelnen oben begründet, sei hier abschließend mit Nachdruck wiederholt.

II. Empfehlungen: Vorschlag zur Änderung des Embryonenschutzgesetzes

Die Empfehlungen können sich nun beschränken auf zwei Vorschläge an den Gesetzgeber. Zunächst sollte das neue, unter jedem Blickwinkel unehrliche und »doppelmoralische« Stammzellgesetz ersatzlos gestrichen werden; der Import von Stammzellen wäre dann wie zuvor ohne Einschränkung zugelassen. Zweitens sollte das ESchG nach den Ergebnissen unserer Untersuchung geändert werden. Eine solche Novellierung könnte in ihrem Kern etwa die folgende Gestalt haben:

Änderungen des Embryonenschutzgesetzes

Das Embryonenschutzgesetz vom 13. Dezember 1990 (BGBl. I S. 2746) wird wie folgt geändert:

Nach § 2 werden die folgenden neuen Paragraphen eingefügt:

§ 2a Stammzellforschung

(1) Die Tatbestände der §§ 2 Absatz 1 und 6 Absatz 1 verwirklicht nicht, wer einem extrakorporal erzeugten menschlichen Embryo bis zum achten Tag seit der Kernverschmelzung Stammzellen entnimmt, sofern diese einer Forschung zu dienen bestimmt sind, die zur Entwicklung möglicher Heilverfahren für die Behandlung lebensbedrohlicher Krankheiten nach dem Stand der Wissenschaft erforderlich erscheint. Dasselbe gilt, wenn derart gewonnene Stammzellen ohne Gewinnerzielungsabsicht veräußert, abgegeben, erworben oder verwendet werden. Stammzellen dürfen jedoch nur solchen menschlichen Embryonen entnommen werden, die ursprünglich mittels künstlicher Befruchtung zum Zwecke der Herbeiführung einer Schwangerschaft erzeugt wurden und die dafür nicht mehr verwendet werden können. Die Entnahme von Stammzellen aus menschlichen Embryonen bedarf der Erlaubnis.

(2) Vor der Entnahme von Stammzellen aus einem menschlichen Embryo ist die Einwilligung beider Spender der Keimzellen, aus denen der Embryo erzeugt worden ist, einzuholen. Die Keimzellspender sind vor Erteilung ihrer Einwilligung über die Verwendung des Embryos und die damit zu fördernden Ziele der Forschung aufzuklären. Der Einwilligung eines Keimzellspenders bedarf es nicht, wenn er verstorben oder unerreichbar ist.

(3) Die Erzeugung eines menschlichen Embryos allein zum Zwecke der Entnahme von Stammzellen nach Absatz 1 ist verboten. Als Erzeugung in diesem Sinne gilt nicht das Auftauen von tiefgefrorenen Vorkernstadien,

271

wenn diese ursprünglich allein zur Herbeiführung einer Schwangerschaft erzeugt worden sind und hierfür nicht mehr verwendet werden können. Als Vorkernstadium im Sinne dieser Vorschrift gilt die menschliche Eizelle, in der nach dem Eindringen einer Samenzelle der Befruchtungsvorgang begonnen, aber noch nicht zur Kernverschmelzung geführt hat.

(4) Der Import von menschlichen embryonalen Stammzellen aus dem Ausland ist erlaubt, wenn sichergestellt ist, daß die Stammzellen dort unter denselben Voraussetzungen gewonnen worden sind, wie sie Absatz 1 für die Gewinnung solcher Stammzellen in Deutschland verlangt.

(5) Die Erlaubnis zur Entnahme von Stammzellen aus menschlichen Embryonen zum Zwecke der in Absatz 1 bezeichneten Forschung erteilt das Bundesministerium für Gesundheit. Diesem obliegt auch die Überwachung der Durchführung einzelner Forschungsvorhaben. Das Bundesministerium für Gesundheit prüft nach Stellung eines Antrags auf Erlaubnis der Entnahme menschlicher embryonaler Stammzellen, ob die gesetzlichen Voraussetzungen erfüllt sind. Es führt ein öffentliches Register, das die erlaubten aktuellen Forschungsvorhaben im Sinne des Absatzes 1 sowie die bereits etablierten und verfügbaren Linien von Stammzellen aus menschlichen Embryonen verzeichnet. Das Nähere regelt eine Verordnung. Zuständig für deren Erlaß ist das Bundesministerium für Gesundheit.

§ 2b Entnahme embryonaler Stammzellen ohne Erlaubnis

Wer unter den Voraussetzungen des § 2 a Absatz 1, jedoch ohne die nach Absatz 1 Satz 4 und Absatz 5 erforderliche Erlaubnis einem menschlichen Embryo Stammzellen entnimmt, wird mit Freiheitsstrafe bis zu einem Jahr oder mit Geldstrafe bestraft.

In § 8 wird folgender Absatz 4 eingefügt:
(4) Embryonale Stammzellen im Sinne dieses Gesetzes sind aus der inneren Zellmasse eines Embryos im Blastozystenstadium gewonnene, pluripotente, zur Ausdifferenzierung in unterschiedliche Zelltypen des menschlichen Körpers, jedoch nicht mehr zur Bildung eines gesamten menschlichen Individuums befähigte Zellen.

Literaturverzeichnis

Alexy, *Robert*, Begriff und Geltung des Rechts, 1992

Alexy, *Robert*, Theorie der Grundrechte, 1986

Amit, *Michael* / *Carpenter*, *Melissa K.* / *Inokuma*, *Margaret S.* / *Choy-Pik*, *Chiu* / *Harris*, *Charles P.* / *Waknitz*, *Michelle A.* / *Itskovitz-Eldor*, *Joseph* / *Thomson*, *James A.*, Clonally derived human embryonic stem cell lines maintain pluripotency and proliferation potential for prolonged periods of culture, in: Developmental Biology 227 (2000) S. 271 ff.

Australian Academy of Science, Human Stem Cell Research, 2001

Barry, *Brian*, Political Argument, 1965

Bayertz, *Kurt*, Begriff und Problem der Solidarität, in: *ders.* (Hg.), Solidarität, 1998, S. 11 ff.

Bayertz, *Kurt*, Die Idee der Menschenwürde: Probleme und Paradoxien, in: Archiv für Rechts- und Sozialphilosophie, 81 (1995), 465 ff.

Beckmann, *Rainer*, Rechtsfragen der Präimplantationsdiagnostik, in: Zeitschrift für Lebensrecht, 1999, S. 65 ff.

Beier, *Henning M.*, Definition und Grenze der Totipotenz: Aspekte für die Präimplantationsdiagnostik, in: Ethik in der Medizin, Sonderband 11, 1999, S. 23 ff.

Beier, *Henning M.*, Zum Status des menschlichen Embryos in vitro und in vivo vor der Implantation, in: Reproduktionsmedizin 5 (2000), S. 332 ff.

Belling, *Claus*, Die Rechtfertigungsproblematik beim Schwangerschaftsabbruch nach dem 2. Fristenlösungsurteil des Bundesverfassungsgerichts, in: Medizinrecht 1995, S. 184 ff.

Benda, *Ernst*, Die Verfassung und das Leben, in: *Geyer* (Hg.) (2001), S. 247 ff.

Benda, *Ernst*, Menschenwürde und Persönlichkeitsrecht, in: *ders.* / *Maihofer*, *Werner* / *Vogel*, *Hans Jochen* (Hg.) Handbuch des Verfassungsrechts, 2. Aufl., 1994, S. 161 ff.

Bennett, *Jonathan*, The Act Itself, 1995

Bernat, *Erwin*, Anmerkung zum Urteil des Österr. Verfassungsgerichtshofs vom 14.10.1999, in: Medizinrecht 2000, S. 394 ff.

BGHSt = Entscheidungen des Bundesgerichtshofs in Strafsachen (Bd.-Nr. + Seitenzahl)

Birnbacher, *Dieter*, Embryonenforschung – erlauben oder verbieten?, in: *Neumann, Ulfrid / Schulz, Lorenz* (Hg.), Verantwortung in Recht und Moral, 2000, S. 157 ff.

Birnbacher, Dieter, Gefährdet die moderne Reproduktionsmedizin die menschliche Würde?, in: *Leist, Anton* (Hg.), Um Leben und Tod, 1990, S. 266 ff.

Black, Max, Reasoning with Loose Concepts, in: *ders.*, Margins of Precision, 1970, S. 1 ff.

Böckenförde, Ernst-Wolfgang, »Das Tor zur Selektion ist geöffnet«, in: *Geyer* (Hg.) (2001), S. 112 ff.

Buchanan, Allan / Brock, Dan / Daniels, Norman / Wikler, Daniel, From Chance to Choice. Genetics and Justice, 2000

Büchner, Bernward, Ist das »Beratungskonzept« besser als andere Fristenregelungen?, in: Schriftenreihe der Juristen-Vereinigung Lebensrecht Nr. 15, 1998, S. 9 ff.

Büchner, Bernward, Ist Abtreiben wirklich noch Unrecht?, in: Schriftenreihe der Juristen-Vereinigung Lebensrecht Nr. 17, 2000, S. 1 ff.

Büchner, Bernward, Kommentierungen der Abtreibungsparagraphen, in: Zeitschrift für Lebensrecht 1999, S. 60 f.

Büchner, Bernward, Präimplantationsdiagnostik – rechtswidrig, aber straffrei?, in: Zeitschrift für Lebensrecht 2001, S. 62 f.

Bundesärztekammer, Zentrale Ethikkommission, Übertragung von Nervenzellen in das Gehirn von Menschen, in: Deutsches Ärzteblatt 95 (1998), A-1869 ff.

Bundestags-Drucksache 11/7980 (1990)

BVerfGE = Entscheidungen des Bundesverfassungsgerichts (Bd.-Nr. + Seitenzahl)

Callahan, Joan, On Harming the Dead, in: Ethics 97 (1986/87), S. 341 ff.

Callahan, Daniel, The puzzle of profound respect, in: Hastings Center Report 25 (1) (1995), S. 39 f.

Canadian Institutes of Health Research, Human Stem Cell Research: Opportunities for Health and Ethical Perspectives, Report 2001, jeweils zit. nach *Shanner, Laura*, Embryonic Stem Cell Research: Canadian Policy and Ethical Considerations. A Report for Health Canada, Policy Division, 2001

Coester-Waltjen, Dagmar, Befruchtungs- und Gentechnologie bei Menschen – rechtliche Probleme von morgen?, in: Zeitschrift für das gesamte Familienrecht 1984, S. 230 ff.

Cohen, The case for the use of animals in biomedical research, in: New England Journal of Medicine 315 (1986), S. 867 ff.

Cywes, S., Challenges and Dilemmas for a Pediatric Surgeon, in: Journal of Pediatric Surgery 29 (1994), S. 960 ff.

Däubler-Gmelin, Herta in: Süddeutsche Zeitung vom 13. Mai 2001, S. 8.

Department of Health, The Chief Medical Officer's Expert Group (England), Stem Cell Research: Medical Progress with Responsibility, 2000

Deutsche Forschungsgemeinschaft (DFG), Empfehlungen zur Forschung mit menschlichen Stammzellen, (2001), *www.dfg.de/aktuell/ stellungnahmen/lebenswissenschaften/empfehlungen_stamm- zellen_03_05_01.html*; sowie: *www.dfg.de/aktuell/stellungnahmen/ lebenswissenschaften/empfehlungen_stammzellen_hintergrund_ 03_05_01.pdf*.

Dreier, Horst, Kommentierung zu Art. 1, in: *ders.* (Hg.), Grundgesetz. Kommentar, Bd. I, 1996, S. 130 ff.

Dürig, Günther, Kommentierung zu Art. 1, in *Maunz, Theodor / Dürig, Günter / Herzog, Roman / Klein, Hans-Hugo / Lerche, Peter / Papier, Hans-Jürgen / Randelzhofer, Albrecht / Schmidt-Aßmann, Eberhardt / Scholz, Rupert*, Grundgesetz, Kommentar, Loseblattsammlung 1958 ff. (39. Lieferg. 2001)

Enders, Christoph, Die Menschenwürde in der Verfassungsordnung, 1997

Enders, Christoph, Vorbemerkung vor Art. 1, in: *Friauf, Karl Heinrich/ Höfling, Wolfram* (Hg.), Berliner Kommentar zum GG, I. Die Grundrechte, 2000

Engels, Eve-Marie, Die Grenzen des Erlaubten – Konfliktfelder der embryonalen Stammzellforschung, in: *Wissenschaftszentrum Nordrhein-Westfalen,* Jahrbuch 2000/2001, S. 163 ff.

Europäisches Parlament, Ausschuß für Humangenetik, Entwurf eines Berichts, 29.8.2001, Teil 1

European Group on Ethics in Science and New Technologies, Ethische Aspekte der Forschung und Verwendung menschlicher Stammzellen, Revised edition, 2001

Faßbender, Kurt, Präimplantationsdiagnostik und Grundgesetz, in: Neue Juristische Wochenschrift, 2001, S. 2745 ff.

Feinberg, Joel, The Moral Limits of the Criminal Law, Vol. 1: Harm to Others, 1984

Feinberg, Joel, Seven Modes of Reasoning that Can Justify the Merits of the Individual Case – When the Facts are Right, in: *ders.*, Freedom and Fulfillment, 1992, S. 283 ff.

Feinberg, Joel, The Rights of Animals and Unborn Generations, in: *ders.*, Rights, Justice and the Bounds of Liberty, 1980, S. 159 ff.

Fischer, Johannes, Pflicht des Lebensschutzes nur für Menschen, in: Neue Zürcher Zeitung, 12.9.2001, S. 16.

Fisher, John Andrew, Why Potentiality Does Not Matter. Reply to Stone, in: Canadian Journal of Philosophy 24 (1994), S. 261 ff.

Ford, Norman M., When did I begin?, 1988

Frankena, William K., The Naturalistic Fallacy, in: Mind 48 (1939), 464 ff., dt. in: *Grewendorf/Meggle* (Hrsg.), Seminar: Sprache und Ethik, 1974, S. 83 ff.

Friauf, Karl Heinrich / Höfling, Wolfram (Hg.), Berliner Kommentar zum Grundgesetz, 2000

Gearhart, John, New Potential for Human Embryonic Stem Cells, in: Science 282 (1998), S. 1061 ff.

Geddert-Steinacher, Tatjana, Menschenwürde als Verfassungsbegriff, 1990

Geiger, Willi, Der Schwangerschaftsabbruch, in: Festschrift für Herbert Tröndle, 1988, S. 647 ff.

Geyer, Christian (Hg.), Biopolitik, 2001

Gillam, Lynn, Arguing by Analogy in the Fetal Tissue Debate, in: Bioethics 11 (1997), S. 397 ff.

Gillam, Lynn, Prenatal diagnosis and discrimination against the disabled, in: Journal of Medical Ethics 25 (1999), S. 163 ff.

Grashoff, Karin, Entscheidungswege und Begründungen des Karlsruher Urteils, in: Archives of Gynecology and Obstetrics 257, Verhandlungen der Deutschen Gesellschaft für Gynäkologie und Geburtshilfe, 1995, S. 372 ff.

Griffin, James, Well Being, 1986

Grobstein, Clifford, Science and the Unborn, 1988

Gropp, Walter, Das zweite Urteil des Bundesverfassungsgerichts zur Reform der §§ 218 ff. – ein Schritt zurück?, in: Goltdammer's Archiv für Strafrecht 1994, S. 147 ff.

Guckes, Barbara, Das Argument der Schiefen Ebene, 1997

Habermas, Jürgen, Die Zukunft der menschlichen Natur, 2001

Harris, John / Holm, Søren (Hg.), The Future of Human Reproduction, 2000

Hart, Herbert Lionel Adolphus, Der Positivismus und die Trennung von Recht und Moral, in: *ders.*, Recht und Moral, 1971, S. 14 ff.

Herdegen, Matthias, Die Menschenwürde im Fluß des bioethischen Diskurses, in: Juristenzeitung 2001, S. 773 ff.

Herzog Roman, Der Verfassungsauftrag zum Schutze des ungeborenen Lebens, in: Juristische Rundschau 1969, S. 441 ff.

Hillgruber, Christian, Der Schutz des Menschen vor sich selbst, 1992

Hillier, Stephen G., Controlled ovarian stimulation in women, in: Journal of Reproduction and Fertility 120 (2000), S. 201 ff.

Hirsch, Günter E., Die »Pille danach«, in: Medizinrecht 1987, S. 12 ff.

Höffe, Otfried, Wessen Menschenwürde?, in: Die Zeit, Nr. 6 vom 1.2.2001, 43, wiederabgedruckt in *Geyer* (Hg.), (2001), S. 65 ff.

Höfling, Wolfram, Offene Grundrechtsinterpretationen, 1987

Höfling, Wolfram, Um Leben und Tod: Transplantationsgesetzgebung und Grundrecht auf Leben, in: Juristenzeitung 1995, S. 26 ff.

Höfling, Wolfram, Kommentierung zu Art. 1, in *Sachs, Michael* (Hg.), Grundgesetz. Kommentar, 2. Aufl., 1999, S. 120 ff.

Hofmann, Hasso Die versprochene Menschenwürde, in: Archiv für öffentliches Recht 118 (1993), S. 353 ff.

Holland, Suzanne / Lebacqz, Karen / Zoloth, Laurie (Hg.), The Embryonic Stem Cell Debate, 2001

Holm, Søren, The Moral Status of the Prepersonal Human Being, in: *Evans* (Hrsg.), Conceiving the Embryo, 1996, S. 193 ff.

Horstmann, Ralf Peter, Artikel »Menschenwürde«, in: *Ritter, Joachim / Gründer, Karlfried* (Hg.), Historisches Wörterbuch der Philosophie, Bd. 5, 1980, Sp. S. 1124 ff.

Hoyle, Mark R., Surgical Separation of Conjoined Twins, in: Surgery, Gynecology & Obstetrics 170 (1990), S. 549 ff.

Hügli, A., Artikel »Naturalismus, ethischer«, in: *Ritter, Joachim / Gründer, Karlfried* (Hg.), Historisches Wörterbuch der Philosophie, Bd. 6, 1984, Sp. S. 519 ff.

Hume, David, A Treatise of Human Nature (1740); dt. Ein Traktat über die menschliche Vernunft (übersetzt von *Th. Lipps*), neu hg. von *R. Brandt*, Bd. 2, 1978.

Hursthouse, Rosalind, Beginning Lives, 1987

Ipsen, Jörn, Der »verfassungsrechtliche Status« des Embryos in vitro, in: Juristenzeitung 2001, S. 989 ff.

Ipsen, Jörn, Staatsrecht II (Grundrechte), 4. Aufl., 2001

Isensee, Josef / Kirchhof, Paul (Hg.), Handbuch des Staatsrechts, Bd. V, 2. Aufl., 2000; Bd. VI, 2001

Isensee, Josef, Abtreibung als Leistungstatbestand der Sozialversicherung und der grundgesetzliche Schutz des ungeborenen Lebens, in: Neue Juristische Wochenschrift 1986; S. 1645 ff.

Jacquette, Dale, Two Kinds of Potentiality: a Critique of McGinn on the Ethics of Abortion, in: Journal of Applied Philosophy 18 (2001), S. 79 ff.

Jakobs, Günther, Lebensschutz durch Pflichtberatung?, in: Schriftenreihe der Juristenvereinigung Lebensrecht 17, 2000, S. 17 ff.

Jakobs, Günther, Rechtmäßige Abtreibung von Personen?, in: Juristische Rundschau 2000 [zit.: 2000 a]

Jarass, Hans D. / Pieroth, Bodo, Grundgesetz für die Bundesrepublik Deutschland. Kommentar, 5. Aufl. 2000

Jerouschek, Günter, Vom Wert und Unwert der pränatalen Menschenwürde, in: Juristenzeitung 1989, S. 279 ff.

Jones, Gareth D. / Telfer, Barbara, Before I Was an Embryo, I Was a Pre-Embryo: Or Was I?, in: Bioethics 9 (1995), S. 32 ff.

Kaminsky, Carmen, Embryonen, Ethik und Verantwortung, 1998;

Kant, Immanuel, Grundlegung zur Metaphysik der Sitten, in: *ders.,* Werke, Akademieausgabe Bd IV, 1903

Kant, Immanuel, Metaphysik der Sitten, Tugendlehre, in: *ders.,* Werke, Akademieausgabe Bd. VI, 1907

Keller, Rolf / Günther. Hans-Ludwig / Kaiser, Peter, Embryonenschutzgesetz. Kommentar, 1992

Kelsen, Hans, Wer soll der Hüter der Verfassung sein?, in: Die Justiz VI (1931), S. 576 ff.

Kersting, Wolfgang, Die politische Philosophie des Gesellschaftsvertrags, 1994

Knoepffler, Nikolaus, Forschung an menschlichen Embryonen. Was ist verantwortbar?, 1999

Kollek, Regine, Falsche Rechtfertigungen und vernachlässigte Alternativen, in: *Graumann, Sigrid* (Hg.), Die Genkontroverse, 2001, S. 148 ff.

Kollek, Regine, in: Süddeutsche Zeitung vom 30. 5. 01, 17

Koller, Peter, Theorie des Rechts, 2. Aufl. 1997

Krüger, Herbert, Allgemeine Staatslehre, 2. Aufl. 1966, S. 178 ff.

Küper, Wilfried, Der »verschuldete« rechtfertigende Notstand, 1983.

Lackner, Karl / Kühl, Kristian, Kommentar zum Strafgesetzbuch, 24. Aufl. 2001

LaFolette, Hugh (Hg.), Ethics in Practice, 1997;

LaFolette, Hugh / Shanks, Niall, The Origin of Speciesism, in: Philosophy 71 (1996), S. 41 ff.

Lamb, David, Down the Slippery Slope, 1988

Lanza, Robert P. / Caplan, Arthur L. / Silver, Lee M. / Cibelli, Jose B. / West, Michael D. / Green, Ronald M., The Ethical Validity of Using Nuclear Transfer in Human Transplantation, in: Journal of the American Medical Association 284 (2000), S. 3175 ff.

Lanza, Robert P. / Cibelli, Jose B. / West, Michael D., Human therapeutic cloning, in: Nature Medicine 5 (1999), S. 975 ff.

Laufs, Adolf, Fortpflanzungsmedizin und Arztrecht, 1992

Laufs, Adolf, Die deutsche Rechtslage zur Präimplantationsdiagnostik, in: Ethik in der Medizin 11 (1999), S. 55 ff.

Lauritzen, Paul (Hg.), Cloning and the Future of Human Embryo Research, 2001

Leist, Anton, Eine Frage des Lebens, 1990

Lorenz, Dieter, Das Recht auf Leben und körperliche Unversehrtheit, in: *Isensee, Josef /Kirchhof, Paul* (Hg.), Handbuch des Staatsrechts der Bundesrepublik Deutschland, Bd. VI, 2001, § 128, S. 3 ff.

Mackie, John L., Artikel »Fallacies«, in: *Edwards, Paul* (Hrsg.), The Encyclopedia of Philosophy, Vol. III, 1972, S. 169 ff.

Macklon, N.S. / Fauser, B.C.J.M., Alternative Approaches to Ovarian Stimulation for IVF, in: Reproductive Medicine Review 9 (2001)

Mangoldt v., Hermann / Klein, Friedrich / Starck, Christian (Hg.), Kommentar zum Bonner Grundgesetz, Bd. I, 4. Aufl., 1999.

Merkel, Reinhard, Tödlicher Behandlungsabbruch und mutmaßliche Einwilligung bei Patienten im apallischen Syndrom, in: Zeitschrift für die gesamte Strafrechtswissenschaft 107 (1995), S. 545 ff.

Merkel, Reinhard, Extrem unreife Frühgeborene und der Beginn des strafrechtlichen Lebensschutzes, in: *Orsi, Giuseppe / Seelmann, Kurt / Smid, Stefan / Steinvorth, Ulrich* (Hg.), Rechtsphilosophische Hefte VIII, Medizin – Ethik – Recht, 1998, S. 103 ff.

Merkel, Reinhard, Hirntod und kein Ende, in: Jura 1999, S. 113 ff.

Merkel, Reinhard, »Früheuthanasie«. Rechtsethische und strafrechtliche Grundlagen ärztlicher Entscheidungen über Leben und Tod in der Neonatalmedizin, 2001

Merkel, Reinhard, Rechte für Embryonen?, in: Die Zeit Nr. 5 vom 25.1.2001, 38 f., wieder abgedruckt in *Geyer* (Hg.), (2001), S. 51 ff.

Merkel, Reinhard: An den Grenzen von Medizin, Ethik und Strafrecht: Die chirurgische Trennung sogenannter siamesischer Zwillinge, in: *Roxin, Claus / Schroth, Ulrich* (Hg.), Medizinstrafrecht, 2. Aufl. 2001, S. 145 ff.

Moore, Keith L., Embryologie, 4. Aufl., 1999

Morgan, Derek / Lee, Robert, Blackstone's Guide to the Human Fertilisation and Embryology Act, 1991

Mori, Maurizio, On the Concept of Pre-embryo, in: *Harris, John / Holm, Søren* (Hg.), The Future of Human Reproduction, 2000, S. 38 ff.

Morowitz, Harold J. / Trefil, James S., The Facts of Life. Science and the Abortion Controversy, 1992

National Academy of Sciences (USA), Committee on the Biological and Biomedical Applications of Stem Cell Research, Stem Cells and the Future of Regenerative Medicine, 2001

National Bioethics Advisory Commission (USA), Cloning Human Beings, 1997

National Bioethics Advisory Commission (USA), Ethical Issues in Human Stem Cell Research, Vol. I: Report and Recommendations, 1999

National Bioethics Advisory Commission (USA), Ethical Issues in Human Stem Cell Research, Vol. II: Commissioned Papers, 2000

National Bioethics Advisory Commission (USA), Ethical Issues in Human Stem Cell Research, Vol. III: Religious Perspectives, 2000 (zit.: 2000 a)

National Consultative Ethics Committee for Health and Life Sciences (Frankreich), Opinion on the preliminary draft on the laws of bioethics, No. 67, 18. Jan. 2001

National Institutes of Health (NIH) (USA), Report of the Human Embryo Research Panel (HERP), 1994

National Institutes of Health (NIH) (U.S.A.), Report – Stem Cells: Scientific Progress and Future Research Directions, 2001

National Research Council, Board on Life Sciences (USA), Stem Cells and the Future of Regenerative Medicine, 2001

Neidert, Rudolf, Brauchen wir ein Fortpflanzungsmedizingesetz?, in: Medizinrecht 1998, S. 347 ff.

Nelson, Leonard, Grundlagen der Ethik I, Kritik der praktischen Vernunft, 1917

Neumann, Ulfrid, Die Tyrannei der Würde, in: Archiv für Rechts- und Sozialphilosophie 1998, S. 153 ff.

Nida-Rümelin, Julian, Kritik des Konsequentialismus, 1993

Nida-Rümelin, Julian, Strukturelle Rationalität, 2001

Nida-Rümelin, Julian (Hg.), Angewandte Ethik, 1996

Enneccerus, Ludwig / Nipperdey, Hans Carl, Allgemeiner Teil des Bürgerlichen Rechts, 1. Halbband., 15. Aufl. 1959

Nozick, Robert, Anarchy, State, Utopia, 1974

Nuffield Council on Bioethics (England), Stem Cell Therapy: the ethical issues, 2000

Odorico, Jon S. / Kaufman, Dan S. / Thomson. James A., Multilineage Differentiation of Human Embryonic Stem Cell Lines, in: Stem Cells 19 (2001), S. 193 ff.

Ogilvie, Bridget M. / Campbell, Alastair V. / Bartram, Claus R. / Lendahl, Urban / van der Saag, Paul T. / Hovath, Outi / Samarut / Jacques, Human stem cell research: Scientific uncertainties and ethical dilemmas, in: European Science Foundation Policy Briefings 14 (June 2001)

Okarma, Thomas B., Human Embryonic Stem Cells: A Primer on the Technology and Its Medical Applications, in: *Holland, Suzanne / Lebacqz, Karen / Zoloth, Laurie* (Hg.), The Embryonic Stem Cell Debate, 2001, S. 3 ff.

Ola, Bolarinde / Afnan, Masoud / Sharif, Khaldoun / Papaioannou, Spyros / Hammdieh, Nahed / Barratt, Christopher L.R., Should ICSI be the treatment of choice for all cases of in-vitro conception?, in: Human Reproduction 16 (2001), S. 2485 ff.

Parens, Erik, On the Ethics and Politics of Embryonic Stem Cell Research, in: *Holland, Suzanne / Lebacqz, Karen / Zoloth, Laurie* (Hg.), The Embryonic Stem Cell Debate, 2001, S. 37 ff.

Parens, Erik / Asch, Adrienne, (Hg.), Prenatal Testing and Disability Rights, 2000

Patzig, Günther, Der Unterschied zwischen subjektiven und objektiven Interessen und seine Bedeutung für die Ethik, in: *ders.,* Gesammelte Schriften I, Grundlagen der Ethik, 1994, S. 72 ff.

Pence, Gregory E., Who's afraid of Human Cloning?, 1998

Perry, Daniel, Patients' voices: the powerful sound in the stem cell debate, in: Science 287 (2000), S. 1423

Pigden, Charles R., Naturalism, in *Singer, Peter* (Hg.), A Companion to Ethics (1995), S. 421 ff.

Post, Stephen, The Emergence of Species Impartiality, in: Perspectives in Science and Medicine 36 (1993), S. 294 ff.

Ratzel, Rudolf / Heinemann, Nicola, Zulässigkeit der Präimplantationsdiagnostik nach Abschnitt D, IV Nr. 14 2 Musterberufsordnung – Änderungsbedarf?, in: Medizinrecht 1997, S. 540 ff.

Rawls, John, A Theory of Justice (1971), dt.: Eine Theorie der Gerechtigkeit, 1975

Rawls, John, Gerechtigkeit als Fairneß: politisch, nicht metaphysisch, in: *ders:* Die Idee des politischen Liberalismus, 1992, S. 255 ff.

Reiman, Jeffrey, Abortion and the Ways We Value Human Life, 1999

Riedel, Ulrike, Der erschlichene Embryo, in: *Geyer* (Hg.) (2001), S. 116 ff.

Robertson, John, Ethics and Policy in Embryonic Stem Cell Research, in: Kennedy Institute of Ethics Journal 9 (1999), S. 109 ff.

Röhl, Klaus F., Allgemeine Rechtslehre, 2. Aufl. 2001

Roxin, Claus, Strafrecht Allgemeiner Teil, Bd. 1, 3. Aufl. 1997

Rudolphi, Hans-Joachim / Horn, Eckhard / Günther, Hans-Ludwig / Hoyer, Andreas / Samson, Erich, Systematischer Kommentar zum StGB, 7. Aufl., 32. Lieferung, Stand April 2000 *(zit. mit jeweiligem Bearbeiternamen)*

Rüfner, Wolfgang, Grundrechtsträger, in: *Isensee, Josef / Kirchhof, Paul* (Hg.), Handbuch des Staatsrechts der Bundesrepublik Deutschland, Bd. V, 2. Aufl. 2000, § 116, S. 485 ff.

Sachs, Michael, (Hg.), Grundgesetz. Kommentar, 2. Aufl. 1999

Savulescu, Julian, Should we clone human beings? Cloning as a source of tissue for transplantation, in: Journal of Medical Ethics 25 (1999), S. 87 ff.

Scarre, Geoffrey, Utilitarianism, 1996

Schiemann Gottfried, Das allgemeine Schädigungsverbot: »alterum non laedere«, in: Juristische Schulung 29 (1989), S. 345 ff.

Schlaich, Klaus, Neutralität als verfassungsrechtliches Prinzip, 1972

Schlink, Bernhard, Die Entthronung der Staatsrechtswissenschaft durch die Verfassungsgerichtsbarkeit, in: Der Staat 28 (1989), S. 161 ff.

Schlüter, D., Artikel »Gottesebenbildlichkeit«, in: *Ritter, Joachim / Gründer, Karlfried* (Hg.), Historisches Wörterbuch der Philosophie Bd. 3, 1974, Sp. S. 814 ff.

Schmitt, Carl, Der Hüter der Verfassung, 1931

Schneider, Susanne, Auf dem Weg zur gezielten Selektion – Strafrechtliche Aspekte der Präimplantationsdiagnostik, in: Medizinrecht 2000, S. 360 ff.

Schneider, Ingrid, Stellungnahme in »Kontroverse über das therapeutische Klonen. Wo beginnt die Menschenwürde?«, in: Universitas 658 (2001), S. 401 ff.

Schockenhoff, Eberhard, in: Süddeutsche Zeitung vom 30. 5. 01, 17;

Schöne-Seifert, Bettina, Medizinethik, in: *Nida-Rümelin, Julian* (Hg.), Angewandte Ethik, 1996, S. 552 ff.

Schönke, Adolf / Schröder, Horst (mit jeweiligem Bearbeiternamen), Kommentar zum StGB, 26. Aufl. 2001

Schreiber, Hans-Ludwig, Von richtigen rechtlichen Voraussetzungen ausgehen. Zur rechtlichen Bewertung der Präimplantationsdiagnostik, in: Deutsches Ärzteblatt 2000, SA-1135 f.

Schroeder, Friedrich-Christian, Die Rechtsgüter des Embryonenschutzgesetzes, in: Festschrift für Koichi Miyazawa, 1995, S. 533 ff.

Schroeder, Friedrich-Christian, Neuartige Absichtsdelikte, in: Festschrift für Theodor Lenckner, 1998, S. 333 ff.

Schroth, Ulrich, Forschung mit embryonalen Stammzellen und Präimplantationsdiagnostik im Lichte des Rechts, in: Juristenzeitung 2002, S. 170 ff.

Seidelman, William E., Mengele Medicus: Medicine's Nazi Heritage, in: The Milbank Quarterly 66 (1988), S. 221 ff.

Shamblott, Michael J. / Axelman, Joyce / Wang, Shunping / Bugg, Elizabeth M. / Littlefield, John W. / Donovan, Peter J. / Blumenthal, Paul D. / Huggins, George R. / Gearhart, John D., Derivation of pluripotent stem cells from cultured human primordial germ cells, in: Proceedings of the National Academy of Sciences (U.S.A.) 95 (1998), S. 13726 ff.

Shanner, Laura, Embryonic Stem Cell Research: Canadian Policy and Ethical Considerations. A Report for Health Canada, Policy Division, 2001

Siegel, Andrew W., Locating Convergence: Ethics, Public Policy, and Human Stem Cell Research, in: *National Bioethics Advisory Commission*, Vol. II (2000), J-1 ff.;

Singer, Peter / Wells, Deane, The Reproduction Revolution, 1984

Singer, Peter, Animal Liberation, 2. Aufl., 1990, dt.: Die Befreiung der Tiere, 1996 (zit: 1996)

Singer, Peter / Dawson, Karen, IVF technology and the argument from potential, in *Singer, Peter / Kuhse, Helga / Buckle, Stephen / Dawson, Karen / Kasimba, Pascal* (Hg.), Embryo Experimentation, 1990, S. 76 ff.

Singer, Peter (Hg.), A Companion to Ethics, 1995

Smith, Austin G., Embryo-Dervived Stem Cells: Of Mice and Men, in: Annual Review of Cell Developmental Biology 17 (2001), S. 435 ff.

Spaemann, Robert, Gezeugt, nicht gemacht: in: Die Zeit vom 18.1.2001, 47, wiederabgedr. in: *Geyer* (Hg.) (2001), S. 41 ff.

Steinbock, Bonnie, Life Before Birth, 1992

Steinbock, Bonnie, Disability, Prenatal Testing and Selective Abortion, in: *Parens/Asch* (Hg.), Prenatal Testing and Disability Rights, 2000, S. 108 ff.

Steinbock, Bonnie, Respect for Human Embryos, in: *Lauritzen, Paul* (Hg.), Cloning and the Future of Human Embryo Research, 2001, S. 21 ff.

Stone, Jim, Why Potentiality Matters, in: Canadian Journal of Philosophy 17 (1987), S. 815 ff.

Strowitzki, Thomas, Indikationsbereiche IVF vs. ICSI, in: Der Gynäkologe 33 (2000), S. 777 ff.

Taupitz, Jochen, Der rechtliche Rahmen des Klonens zu therapeutischen Zwecken, in: Neue Juristische Wochenschrift 2001, S. 3433 ff.

The Nordic Committee on Bioethics, Ethical issues in human stem cell research, Opinion, 10-11 Oct. 2000

Thomas von Aquin, Summa Theologiae, II. Buch, II. (1954)

Thomson, James A., Human Embryonic Stem Cells, in: *Holland, Suzanne / Lebacqz, Karen / Zoloth, Laurie* (Hg.), The Embryonic Stem Cell Debate, 2001, S.15 ff.

Thomson, James A. / Itskovitz-Eldor / Joseph, Shapiro / Sander S. / Waknitz, Michelle / Swiergel, Jennifer J. / Marshall, Vivienne S. / Jones, Jeffrey M., Embryonic Stem Cell Lines Derived from Human Blastocysts, in: Science 282 (1998), S. 1145

Thomson, Judith J.: A Defence of Abortion, in: Philosophy & Public Affairs I.1. (1971), 47 ff.; deutsch in: *Leist, Anton* (Hg.), Um Leben und Tod, 1990, S. 107 ff.

Tooley, Michael, Abortion and Infanticide, in: Philosophy & Public Affairs 2 (1992), S. 37 ff.

Tröndle, Herbert / Fischer, Thomas, Kommentar zum Strafgesetzbuch, 49. Aufl. 1999

Tröndle, Herbert, Das Schwangeren- und Familienhilfeänderungsgesetz, in: Neue Juristische Wochenschrift 1995, S. 3009 ff.

UNESCO – International Bioethics Committee, The Use of Embryonic Stem Cells In Therapeutic Research, Report, 2001

van der Burg, Wibren, The Slippery Slope Argument, in: Ethics 102 (1991), S. 42 ff.

Vitzthum, Wolfgang, Graf von, Die Menschenwürde als Verfassungs-begriff, in: Juristenzeitung 1985, S. 201 ff.

Viville, Stéphane / Ménézo, Yves, Human embryo research in France, in: Human Reproduction 17 (2002), S. 261 ff.

Vogel, Gretchen, Can Old Cells Learn New Tricks?, in: Science 287 (2000), No. 5457, S. 1418.

Vogel, Hans-Jochen, Interview in der Frankfurter Allgemeinen Zeitung vom 20.11.2001

Walton, Douglas, Slippery Slope Arguments, 1992

Warnock, Mary, A Question of Life: The Warnock Report on Human Fertilisation and Embryology, 1985

Warren, Mary Ann, Moral Status, 1997

Wernicke, Kurt Georg, Kommentierung zu Art. 2 (Erstbearbeitung), in: *Dolzer, Rudolf / Vogel, Klaus / Graßhoff, Karin* (Hg.), Bonner Kommentar zum Grundgesetz, 1950 ff., Stand: 100. Lieferung 2002

Williams, Bernard, Which slopes are slippery?, in: *ders.*, Making Sense of Humanity, 1995, S. 213 ff.

Wilmut, Ian / Schnieke, Angelika E. / McWhir, Jim / Kind, Alex J. / Campbell, Keith H., Viable offspring derived from fetal and adult mammalian cells, in: Nature 385 (1997), S. 810 ff.

Sachregister

20 Tage im 20. Jahrhundert

Herausgegeben von
Norbert Frei, Klaus-Dietmar Henke und Hans Woller

Norbert Frei
Paris, 13. Mai 1968
Kulturprotest und
Gesellschaftsreform
<u>dtv</u> 3-423-30612-2
(i. Vb.)

Brigitte Röthlein
Mare Tranquillitatis,
20. Juli 1969
Die wissenschaftlich-
technische Revolution
<u>dtv</u> 3-423-30613-0

Wilfried Loth
Helsinki, 1. August 1975
Entspannung und
Abrüstung
<u>dtv</u> 3-423-30614-9

Harold James
Rambouillet,
15. November 1975
Die Globalisierung der
Wirtschaft
<u>dtv</u> 3-423-30615-7

Mária Huber
Moskau, 11. März 1985
Die Auflösung des
sowjetischen Imperiums
<u>dtv</u> 3-423-30616-5

Franz J. Brüggemeier
Tschernobyl,
26. April 1986
Die ökologische
Herausforderung
<u>dtv</u> 3-423-30617-3

Klaus-Dietmar Henke,
Kurt Sontheimer
Berlin, 9. November 1989
Die deutsche Frage
<u>dtv</u> 3-423-30618-1
(i. Vb.)

Walther L. Bernecker
Port Harcourt,
10. November 1995
Aufbruch und Elend
in der Dritten Welt
<u>dtv</u> 3-423-30619-X

Michael Jeismann
Boston,
26. Dezember 2000
Schöne neue Welt:
Erwartung und
Erfahrung
<u>dtv</u> 3-423-30620-3
(i. Vb.)

20 Tage im 20. Jahrhundert

Herausgegeben von
Norbert Frei, Klaus-Dietmar Henke und Hans Woller

Diese Buchreihe ist die Grundlage der gleichnamigen Fernsehdokumentation der ARD.

Denkanstöße
Philosophie im dtv

dtv-Atlas Philosophie
dtv 3-423-03229-4

Michael Hauskeller
Geschichte der Ethik
Mittelalter
dtv 3-423-30727-7

Christoph Helferich
Geschichte der
Philosophie
Von den Anfängen bis zur
Gegenwart und östliches
Denken
Mit Abbildungen
dtv 3-423-30706-4

Martin Morgenstern
Robert Zimmer
HinterGründe
Die Philosophie und ihre
Fragen
dtv 3-423-30709-9

Philosophie und Sex
Zeitgenössische Beiträge
Herausgegeben von
Philipp Balzer und
Klaus-Peter Rippe
dtv 3-423-30728-5

Bertrand Russell
Denker des Abendlandes
Eine Geschichte der
Philosophie
dtv 3-423-30019-1

Eike von Savigny
Der Mensch als
Mitmensch
Wittgensteins ›Philoso-
phische Untersuchungen‹
dtv 3-423-04691-0

Max Scheler
Grammatik der Gefühle
Das Emotionale als
Grundlage der Ethik
Herausgegeben von
Paul Good
dtv 3-423-30770-6

Der Sinn des Lebens
Herausgegeben von
Christoph Fehige, Georg
Meggle und Ulla Wessels
dtv 3-423-30744-7

Richard Tarnas
Idee und Leidenschaft
Die Wege des westlichen
Denkens · dtv 3-423-30715-3

Norbert Tholen
Kennen Sie Nietzsche?
dtv 3-423-30655-6

Wilhelm Weischedel
Die philosophische
Hintertreppe
34 große Philosophen in
Alltag und Denken
dtv 3-423-30020-5

Deutsche Geschichte nach 1945

dtv-Atlanten

informativ, zuverlässig, handlich und preisgünstig

dtv-Atlas Akupunktur
von C.-H. Hempen
dtv 3232

dtv-Atlas Anatomie
von W. Kahle,
H. Leonhardt und
W. Platzer
3 Bände · dtv/Thieme
3017/3018/3019

dtv-Atlas Astronomie
von J. Herrmann
Mit Sternatlas
dtv 3006

dtv-Atlas Atomphysik
von B. Bröcker
dtv 3009

dtv-Atlas Baukunst
von W. Müller
und G. Vogel
2 Bände
dtv 3020/3021

dtv-Atlas Biologie
von G. Vogel und
H. Angermann
3 Bände
dtv 3221/3222/3223

dtv-Atlas Chemie
von H. Breuer
2 Bände · dtv 3217/3218

dtv-Atlas Deutsche Literatur
von H. D. Schlosser
dtv 3219

dtv-Atlas Deutsche Sprache
von W. König
dtv 3025

dtv-Atlas Englische Sprache
von W. Viereck, K. Viereck
und H. Ramisch
dtv 3239

dtv-Atlas Ernährung
von G. Hauber-Schwenk
und M. Schwenk
dtv 3237

dtv-Atlas Erste Hilfe
von H. Karutz und
M. von Buttlar
dtv 3238

dtv-Atlas Informatik
von H. Breuer
dtv 3230

dtv-Atlas Mathematik
von F. Reinhardt
und H. Soeder
2 Bände
dtv 3007/3008

dtv-Atlanten

dtv-Atlas Musik
von U. Michels
2 Bände
dtv 3022/3023

dtv-Atlas Namenkunde
von Konrad Kunze
dtv 3234

dtv-Atlas Ökologie
von D. Heinrich
und M. Hergt
dtv 3228

dtv-Atlas Pathophysiologie
von S. Silbernagel
und F. Lang
dtv 3236

dtv-Atlas Philosophie
von P. Kunzmann,
F.-P. Burkhard und
F. Wiedmann
dtv 3229

dtv-Atlas Physik
von H. Breuer
2 Bände
dtv 3226/3227

dtv-Atlas Physiologie
von S. Silbernagl und
A. Despopoulos
dtv/Thieme 3182

dtv-Atlas Psychologie
von H. Benesch
2 Bände
dtv 3224/3225

dtv-Atlas Stadt
von J. Hotzan
dtv 3231

dtv-Atlas Weltgeschichte
von W. Hilgemann
und H. Kinder
2 Bände
dtv 3001/3002